J'arrive
où je suis étranger

DU MÊME AUTEUR

Pour sortir de la violence
Éditions de l'Atelier, 1983

La Dissuasion civile
Principe de la résistance non-violente
dans la stratégie française
Fondation pour les études de Défense nationale, 1985

Sans armes face à Hitler
La résistance civile en Europe, 1939-1943
(préface de Jean-Pierre Azéma)
Payot, 1989 et « Petite Bibliothèque Payot », 1998, n° 340

La Non-Violence
(avec Christian Mellon)
PUF, « Que sais-je ? » n° 2912, 1994

Quand les dictatures se fissurent
Résistances civiles à l'Est et au Sud
Desclée de Brouwer, 1995

La Liberté au bout des ondes
Du coup de Prague à la chute du mur de Berlin
(préface d'André Fontaine)
prix du Comité d'histoire de la radio
Belfond, 1997

La Non-Violence expliquée à mes filles
Seuil, 2000

Purifier et détruire
Usages politiques des massacres et génocides
prix Philippe-Habert
Seuil, 2005

Jacques SÉMELIN

J'arrive où je suis étranger

ÉDITIONS DU SEUIL
27 rue Jacob, Paris VIe

« J'arrive où je suis étranger » est le titre d'un poème de Louis Aragon extrait de son recueil *Le Voyage de Hollande*, publié en 1964 et réédité en 2005 dans la collection « Poésie d'abord » des Éditions Seghers.

ISBN 978-2-02-088398-6

www.editionsduseuil.fr

À mes parents

INTRODUCTION

Le secret

CE JOUR-LÀ, les robes des filles étaient plus belles que d'habitude. Un soleil printanier rayonnait sur Paris et les terrasses des cafés ouvraient leurs bras aux passants. Du haut de mes 16 ans, je remontais la rue Gay-Lussac. J'étais alors en seconde au lycée Lavoisier. J'avais une heure de libre entre deux cours ; et je me rendais à l'Institut national de l'orientation professionnelle pour connaître le résultat de mes tests. Comme bien des ados, je ne savais que faire de ma vie, à quel métier me destiner. Au lycée, la conseillère d'orientation qui, je m'en rendis compte, ne conseillait pas grand-chose, m'avait suggéré : « Pourquoi n'allez-vous pas passer des tests à l'INOP ? C'est juste à côté du lycée. » Jamais entendu parler de cet organisme... Mais pourquoi pas, en effet ? J'avais suivi son conseil : on m'avait fait passer des tests ainsi qu'une visite médicale, notamment pour les yeux. J'étais donc curieux de savoir ce qu'on allait me dire. En franchissant la grande porte de cet immeuble, je ne me doutais de rien.

Je fus reçu par une dame qui me parut gentille. Et pourtant, elle semblait embarrassée. Sans grand ménagement, elle m'annonça :

« Monsieur, vous a-t-on dit que vous alliez devenir aveugle ? »

J'en eus le souffle coupé, et je murmurai un petit *non*.

« Votre examen ne laisse pas de doute : vous avez une maladie de la rétine et vous allez perdre la vue.

— Mais quand ?

— Personne ne saura vous le dire ; mais cela arrivera.

— Alors, quel métier choisir ?

— Vos tests montrent que vous avez des possibilités. Mais évidemment, votre choix professionnel est très limité. Peut-être pourriez-vous devenir kinésithérapeute, ou instituteur ? »

Notre entretien se termina rapidement, et elle me laissa à mon destin. En retournant au lycée, je n'étais plus le même. J'avais reçu un énorme coup sur la tête et pourtant je ne saignais pas. Je n'éprouvais aucune douleur. À vrai dire, cette nouvelle brutalement annoncée me paraissait complètement irréelle. Il est vrai que je portais des lunettes depuis une dizaine d'années et que je m'étais rendu compte que, de temps à autre, je ne percevais pas certains objets. Mais de là à devenir un jour complètement « miro »... Dans la rue Gay-Lussac, j'eus un bref instant une sensation bizarre, comme une absence au monde. Cet autobus qui passait devant moi, il n'était plus le même. Ces visages que je croisais dans la rue me semblaient un peu étranges. Je les regardais comme si j'étais à l'extérieur de la scène. Un jour, ils me quitteraient, je les quitterais. Pourtant, cette terrible nouvelle restait abstraite, puisque je voyais !

Revenu au lycée, je déjeunai à la cantine, comme d'habitude. Le tohu-bohu du quotidien me ramena brutalement et heureusement à la vie. À la sortie, je retrouvai mon meilleur ami, qui me proposa d'aller prendre un café à la terrasse d'un bistrot, puisque le soleil était toujours de la partie. Nous devisâmes de tout et de rien, des profs, des autres élèves, etc. Tout à coup, la sensation d'absence éprouvée rue Gay-Lussac revint. Tandis qu'il me parlait du prochain contrôle de maths, je repensai subitement à ce que je venais d'apprendre. Pour la première fois de ma vie, j'ai dû éprouver alors, quelques secondes, ce qu'on nomme, je crois, du désarroi, un désarroi profond, comme une sorte de vague océane, qui vous submerge, étouffante et glaçante à la fois. À ce moment précis, nous nous trouvions à une distance intersidérale l'un de l'autre. S'en est-il rendu compte ? Je ne le pense pas. Je faisais tout pour être là, présent au monde. Je m'efforçais d'être dans la conversation, de rire avec lui de nos blagues sur les profs. Et j'eus le désir violent de lui dire, de lui crier : « Tu sais, mon pote… »

Et puis rien, pas un mot n'est sorti de ma bouche. Après tout, rien ne m'était arrivé. Je ne venais pas de me faire renverser par une voiture ou de subir je ne sais quoi d'autre de grave. J'étais bien là, toujours le même, devant lui. J'ai eu trop peur de le perdre ; peur qu'une distance s'installe entre nous, qu'il ressente ensuite pour moi de la pitié ou que sais-je encore. Nous sommes retournés en cours comme si de rien n'était. Je n'ai rien dit ce jour-là, ni plus tard. J'ai gardé mon secret. Je l'ai gardé pendant des années, ne me confiant à personne.

Le soir même, je n'ai pas davantage parlé à mes parents de la visite à l'INOP. À quoi bon les inquiéter inutilement ?

Rien n'allait se passer dans les jours prochains, pas plus que dans les mois ni même, qui sait ?, les années à venir. De toute façon, on ne parlait pas beaucoup à la maison, je veux dire de choses profondes, de soi. Pour l'ado que j'étais, cette nouvelle n'était tout simplement pas communicable. C'est en tout cas ainsi que je l'ai vécue.

Cependant, une question obsédante a commencé alors à m'habiter, qui ne me quittera plus : que faire de ma vie ? Comment me construire, puisqu'un jour je ne verrai plus ? Vers quoi me diriger, tout en sachant que le sol se dérobera sous mes pas ? J'avais le sentiment qu'un sort m'avait été jeté. Par qui ? Le Méchant n'avait pas de visage, mais son venin allait faire effet en moi : lentement, imperceptiblement, inexorablement.

J'ai donc dû avancer vers le monde inquiétant des ombres et du brouillard perpétuel. C'est ce voyage forcé que je voudrais aujourd'hui raconter, à la manière d'un explorateur parvenu dans un pays dont on ne revient pas. Oh ! le lecteur ne trouvera pas ici les exploits d'un aventurier enfoncé dans la jungle amazonienne ; pas plus que les prouesses physiques d'un sportif de l'extrême. Pourtant, je prétends avoir vécu une aventure qui m'a fait rencontrer plus d'une fois le danger, me forçant à aborder les rivages d'un univers monstrueux et mutilant. Et cependant, maintenant que j'y ai mes repères, je dirai que ce pays a du charme, qu'il est quelque part envoûtant, que vous pouvez y découvrir de nouvelles Muses. Mais surtout, ne vous y précipitez pas...

C'est donc de ces contrées lointaines que je vous écris aujourd'hui, pour vous faire le récit de ce très long voyage. Sans pathos inutile, je souhaite vous raconter les étapes essentielles de ce périple de quelque trente ans, certes jalonné de moments de dépression et d'amertume mais aussi d'anecdotes amusantes, de rebondissements et de petits triomphes. Car, peu à peu, en tâtonnant, j'ai réussi à me tracer un chemin, porté par la rage de vaincre, et par un flot de regards aimants.

Ayant désormais le sentiment d'y voir un peu plus clair sur ce passé, je pense être suffisamment fort pour y revenir, après des années de silence et de combat. Mais n'allez pas croire que j'aborde cette écriture sans appréhension. Si je l'entreprends, c'est aussi parce que l'on m'interroge souvent : « Mais comment vous débrouillez-vous ? » Cette question ne me gêne plus vraiment, bien qu'elle continue parfois à m'irriter, car je dois toujours répéter plus ou moins les mêmes choses. Alors, pourquoi ne pas écrire un livre pour y répondre ? Ainsi pourrai-je rétorquer une fois pour toutes à mon questionneur avec un brin d'ironie : « Lisez mon livre et vous le saurez ! » C'est donc pour répondre à une telle curiosité, parfaitement compréhensible, et en profiter pour aborder au passage la place de « l'aveugle » dans une société de l'image, que j'ai décidé de témoigner, même s'il me coûte de livrer publiquement des détails de ma vie. Puisse cette histoire aider en quelque manière d'autres hommes, d'autres femmes, d'autres jeunes, qui pourraient éprouver un jour la même détresse.

CHAPITRE I

Se découvrir vulnérable

JE SUIS NÉ un jour de printemps, et cela me convenait parfaitement. J'adore le printemps plus que toute autre saison, parce qu'il est éveil des sens et promesse de vie. Mais je suis né aussi sous l'étoile de la fatalité. Je n'étais pas un enfant désiré ; plutôt un accident de l'amour. À ma naissance, ma mère avait déjà 39 ans et mon père 40. Ma sœur Claude était née treize années avant moi, et mon frère Frantz me précédait aussi de dix ans. Dans le petit appartement du Plessis-Robinson, en région parisienne, il n'y avait d'ailleurs pas vraiment de place pour moi. La famille Sémelin, fort modeste, ne pouvait envisager de déménager. Mon père était alors simple gendarme de l'armée de l'air, affecté à l'aéroport militaire de Villacoublay, près de Versailles. Ma mère ne travaillait pas, bien occupée avec ses deux premiers enfants et un nouveau bébé...

Au milieu des années 1930, comme nombre de jeunes de leur génération, mes futurs parents avaient fui la campagne pour la ville. Ils venaient pourtant d'un endroit magnifique : l'île de Noirmoutier. Fils unique d'agriculteurs, mon père, Alexis, aurait bien voulu continuer l'école après son certificat d'études, mais son père ne l'entendait pas ainsi : il avait grand besoin à la ferme de son unique fils, et seul enfant. Mon grand-père était un véritable miraculé de la guerre de 14, dont il était revenu avec « seulement » une jambe abîmée. Engagé dans la bataille de Verdun, à l'assaut de la « cote 304 », il fut l'un des six fantassins à survivre parmi les cent trente hommes de sa compagnie. Était-ce la conséquence d'avoir ainsi frôlé la mort ? De retour au village de Barbâtre, il n'avait eu de cesse d'acheter de nouvelles terres pour léguer une belle exploitation à son fils. Doté d'une force physique exceptionnelle, il s'imposait à tous comme un travailleur acharné. Sa femme était au contraire de santé fragile. Je revois encore ma grand-mère près de sa cheminée, respirant des feuilles d'eucalyptus pour soigner un asthme chronique. Mais elle ne rechignait pas pour autant à la tâche. Tant et si bien que leur ferme, dite *La Maison Rouge*, était devenue l'une des plus importantes de la commune. Ainsi, mon grand-père voulait être un exemple pour son fils et lui tracer sa vie.

Mais mon père avait vu ses parents se tuer à la tâche. Il ne souhaitait vivre à aucun prix cette « vie de misère », disait-il. À sa majorité, il décida donc de partir. Entre les deux hommes, l'incompréhension fut totale et durable. Sans véritable formation professionnelle, mon père n'avait pas grand choix. Il chercha à se faire recruter dans la gendarmerie. Pour qui entendait s'extraire de la paysannerie, devenir fonctionnaire constituait une ambition en soi : un avenir assuré.

Quant à ma mère, Augusta, elle venait du même petit village de Vendée que mon père. Elle aussi aurait voulu continuer ses études. Première de sa classe, elle avait été vivement encouragée à poursuivre sa scolarité par son institutrice, laquelle était certaine qu'elle aurait son brevet et pourrait aller plus loin. Mais ma grand-mère maternelle n'était pas disposée à maintenir sa fille à l'école. Elle s'était mariée à un petit fonctionnaire des douanes de Nantes, qui n'eut pas la même chance à la guerre que mon grand-père paternel : en 1919, il finit par mourir de ses blessures et d'une tuberculose contractée dans les tranchées. J'ai retrouvé les cartes postales qu'il avait envoyées à sa femme entre 1914 et 1919 — du front puis de l'hôpital —, bouleversantes de simplicité et d'amour. Ainsi ma grand-mère s'était-elle retrouvée veuve à 32 ans et ma mère orpheline de son père à 7 ans. Ma grand-mère n'avait pour vivre que le modeste revenu de sa couture et la faible pension de guerre de son mari. Elle préféra donc mettre sa fille unique très tôt au travail, en lui faisant apprendre le même métier qu'elle. À l'âge de 16 ans, ma mère dut ainsi se résoudre à devenir une petite couturière dans son village. Elle y acquit une excellente réputation et ne manquait pas de commandes. On la voyait toujours derrière sa fenêtre, quand on passait devant sa maison, rue du Bois-Gaudin. Elle ne regardait jamais dehors, la tête toujours baissée, absorbée par son ouvrage.

De ces parcours de vie contrariés par la pauvreté et la guerre, je n'ai pourtant pas eu à souffrir. Mes parents gardaient leur passé pour eux, m'entretenant fort peu de leur histoire. C'est moi qui, à force de les interroger de temps à autre, en ai mis au jour quelques bribes. Ma mère, qui avait été une jolie blonde aux yeux bleus, était toute en simplicité et dignité discrète. Mon père, un brun ténébreux qui, paraît-il, faisait chavirer le cœur des filles du village, avait sa fierté et une certaine rudesse. Leur histoire commune avait été bien ordinaire : ayant fait connaissance lors d'un bal champêtre, ils s'étaient épris l'un de l'autre. Pour une jeune fille de la campagne, épouser un fonctionnaire constituait, de surcroît, un bon parti. Augusta — Gusta pour les proches — se maria donc en 1935 avec Alexis, un « gars de *La Maison Rouge* » devenu gendarme.

Si mes parents n'avaient pas désiré ma naissance, je n'ai jamais eu l'impression d'être un intrus, un gêneur. Jamais je n'ai ressenti le reproche d'être né. Un enfant non désiré peut être pleinement accueilli et aimé. Je le fus pleinement. J'ai d'ailleurs le sentiment d'avoir reçu quelque privilège : celui d'avoir bénéficié non seulement de l'amour accueillant de ma mère, mais aussi de l'amour joyeux de ma grande sœur, ravie d'avoir un bébé « en vrai » à la maison. Sans doute cette double tendresse, aux premiers temps de ma vie, m'a-t-elle donné une assise psychologique solide, une force intérieure salutaire, pour affronter les épreuves dont j'ignorais tout. Sans doute le fait d'avoir non seulement un père mais un grand frère a-t-il été une autre source de sécurité et d'assistance qui m'a également aidé à me construire.

Au-delà du cercle familial, je dois aussi le souvenir heureux de mes premières années à un homme que je n'ai pas connu et à qui je tiens pourtant à rendre hommage : l'architecte Maurice Payret-Dortail. C'est lui en effet qui a construit, dans les années 1920, la cité HLM dans laquelle je suis né et où j'ai grandi. Sous l'impulsion d'Henri Sellier, président des HBM (Habitat à bon marché) de la Seine, celui-ci avait bâti la cité basse du Plessis-Robinson, première cité-jardin de France. Cher Monsieur Payret-Dortail, vous avez contribué à mon bonheur de gamin, d'adolescent et de jeune homme. Mais comment se fait-il que vous n'ayez pas fait école ? Votre idée d'immeubles à quatre étages entourés de petits jardins, c'était génial ! Vous vouliez promouvoir un nouvel habitat urbain collectif pour des populations modestes qui venaient de la campagne ? Parole d'un ancien indigène de cette cité : vous y avez pleinement réussi ! Chaque rangée d'immeubles était ouverte, d'un côté, sur une rue bordée de magnifiques platanes, de l'autre, sur des squares et des jardins — ces petits lopins de terre que les locataires pouvaient cultiver pour y récolter quelques légumes ou y faire pousser des fleurs. Mon père avait la chance d'en avoir un juste au bas de notre immeuble et y passait des heures en fin de semaine. D'un terrain à l'autre, les jardiniers du dimanche bavardaient entre eux, et mon père se mêlait volontiers à ces conversations. Le plus surprenant, quand j'y repense, est que cohabitaient dans cette cité nombre d'ouvriers et de modestes employés de bureau, ainsi que gardes mobiles et militaires. En effet, la commune du Plessis-Robinson, gérée par les communistes depuis 1945, accueillait ces familles de gendarmes et de militaires, dont nous étions. En période de crise sociale, ces derniers auraient pu recevoir l'ordre de réprimer les travailleurs pour mettre fin à leurs manifestations ou leurs grèves. Mais, dans les jardins alentour, entre ces hommes qui provenaient tous des mêmes campagnes françaises, cette différence n'existait pas.

Moi, je pouvais voir « notre » jardin de ma chambre. De temps à autre, j'allais me réfugier dans la cabane de verdure que mon père avait construite et j'admirais son parterre de pensées multicolores ou encore ses belles rangées de haricots verts. J'aimais plus que tout sentir l'odeur du lilas mauve en fleur. Bref, nous vivions en ville tout en ayant le sentiment d'être proches de la nature. N'était-ce pas merveilleux ?

Le plus formidable, Monsieur Payret-Dortail, c'était encore les grands squares que vous aviez imaginés entre deux rangées d'immeubles. Nous autres, les gosses du quartier, nous y faisions d'interminables parties de foot. J'ai adoré ce temps où, sitôt finie l'école, nous allions taper dans la balle. Nous pouvions aussi inventer d'autres jeux, pourvu qu'ils soient avec un ballon... À la belle saison, nous y restions jusqu'à la tombée de la nuit. Parfois, des « grands » nous organisaient des rencontres inter-squares. Installés aux balcons de leurs appartements, certains parents nous regardaient de temps à autre, s'enflammant pour telle ou telle équipe. Il régnait dans la cité une atmosphère bon enfant, même si nous étions loin de tous nous connaître.

Puis la télévision est arrivée. Le jeudi après-midi, jour de repos scolaire, il n'y avait désormais plus grand monde dans le square au moment du feuilleton *Rintintin*. Non que chaque famille possédât son poste. Au début des années 1960, je me rappelle très bien que mes parents n'en avaient toujours pas. Mais qu'importe : on se rendait par groupes de cinq ou six gamins chez celui qui avait la chance de posséder déjà chez lui le petit écran magique. J'ai pris conscience bien plus tard que ce feuilleton *(Rintintin)* était à la gloire de l'armée américaine en lutte contre les méchants Indiens pour « pacifier » le Grand Ouest. Mais que voulez-vous, les aventures de ce chien courageux et de son maître Rusty, un petit garçon sympa, qui pouvait avoir notre âge, nous faisaient rêver…

Comment pourrais-je oublier les vacances d'été où la famille se rendait à Noirmoutier ? Notre voyage, une véritable expédition, nous occupait toute la journée. Nous prenions l'autobus 198 qui nous conduisait à la gare de Robinson, puis la ligne de Sceaux (aujourd'hui RER) jusqu'à Denfert-Rochereau. Là, nous prenions le métro jusqu'à Montparnasse-Bienvenüe. Il nous fallait alors porter nos bagages à travers le long couloir souterrain conduisant à la gare. Le tout nous avait déjà pris une bonne heure et demie. Nous montions ensuite dans un train tiré par une locomotive électrique jusqu'au Mans. Au-delà, la ligne n'était plus électrifiée, ce qui nous valait un arrêt prolongé afin que les cheminots accrochent au train une locomotive à vapeur. Tout gamin, je trouvais bien plus amusante cette partie du trajet, car je pouvais observer par la fenêtre les volutes de fumée. Arrivés à Nantes après au moins six heures de voyage, il nous fallait prendre l'autocar qui allait nous conduire à destination. Le chauffeur devait faire preuve d'habileté pour réussir à installer sur le toit tous les bagages des voyageurs ; et cela prenait encore du temps. Enfin, le car s'ébranlait pour un périple d'une heure trente à deux heures, selon la circulation, sur de petites routes de campagne. C'était vraiment la récompense quand nous nous engagions sur le passage du Gois, une chaussée pavée de quatre kilomètres et demi, construite au XIXe siècle, qui se découvre deux fois par jour à marée basse et permet ainsi aux véhicules d'accéder à l'île. Mes parents avaient nécessairement calculé leur voyage en fonction des heures d'ouverture du Gois. Je m'arrangeais toujours pour être près d'une fenêtre, que, le moment venu, j'ouvrais en grand. Alors, je respirais à pleins poumons l'air marin, tout en contemplant au loin le scintillement de la mer qui avait laissé sur le sable des grappes de petits bateaux couchés sur le flanc.

À notre arrivée, ma grand-mère maternelle nous attendait avec sa brouette pour y installer nos bagages. On faisait ainsi plus aisément les quelques centaines de mètres qui nous séparaient de son logis. C'était une petite maison très simple, construite avec des pierres de l'estuaire de la Loire. Ses murs étaient jaune clair, et les fenêtres et la porte bordées de briquettes rouges lui donnaient un air assez riant. Elle avait déjà l'électricité, mais pas encore l'eau courante. Aussi fallait-il puiser l'eau du puits situé au milieu du jardin, tâche dont on me chargeait de temps en temps. La toilette ? Nous la faisions souvent à l'eau froide. Le samedi, notre mère faisait chauffer de l'eau dans la lessiveuse pour une toilette plus complète et aussi pour nous laver les cheveux. Quant à nos besoins naturels, c'était au « petit coin », au fond du jardin. Je ne trouvais rien à redire à cette vie simple, qui me changeait du tout au tout de mes habitudes de petit banlieusard.

En fait, j'adorais venir dans la maison de ma grand-mère parce qu'elle était située à moins de cinq cents mètres de la plage. En cinq minutes, je pouvais monter par la petite venelle ; sitôt en haut, après avoir traversé le bois de pins, j'entendais le bruit de l'océan. Je n'avais plus alors qu'à dévaler la dune, parsemée de buissons sauvages et d'immortelles (ces fleurs dont se dégage une légère odeur de curry), pour me retrouver devant l'immensité bleue. Sur cette longue et blonde plage de Barbâtre, j'ai connu très tôt des parties de baignade infinies. J'ai connu aussi le bonheur de courir vers la mer, de m'y jeter en criant ma joie, de plonger dans les cortèges réguliers de ses vagues blanches et tumultueuses. De l'autre côté de l'île, c'est-à-dire près des digues construites par les Hollandais, j'ai encore connu, avec mon père, de formidables parties de pêche à l'anguille. Les jours où un goémon touffu venait lécher la côte, il n'avait pas son pareil pour soulever, avec sa chevrotière, des paquets d'algues dans lesquels se nichaient les anguilles de mer. Lors des grandes marées, il m'emmenait aussi à la pêche dans le chenal de la baie de Bourgneuf, où nous avions trouvé, un jour, de splendides huîtres de mer que j'avais voulu déguster avant même d'être revenu à la maison…

De temps à autre, toute la famille se rendait au passage du Gois pour voir arriver du continent, à marée basse, les premières voitures. Nous y retrouvions bien d'autres touristes. Assis autour de la croix blanche tournée vers le large, nous regardions, fascinés, le spectacle magique de la mer se retirant peu à peu pour découvrir la route bitumée ou pavée, sorte de trait d'union entre l'île et le continent. Les gros camions étaient les premiers à traverser, grâce à leurs roues plus hautes. Certains n'hésitaient pas à s'aventurer sur la chaussée avant qu'elle soit complètement découverte. Dans leur lente progression, ils projetaient, de part et d'autre de leurs flancs, de grandes gerbes d'eau, ce qui leur donnait encore plus d'élégance. Sitôt sortis du Gois, au moment où ils passaient devant nous, leurs chauffeurs nous faisaient un salut de la main en actionnant leurs klaxons. Et nous, les gamins, nous leur lancions des bravos, les applaudissant avec joie, comme pour les féliciter d'avoir ainsi triomphé de la mer.

~

Au fil tranquille de ces premières années, apparut cependant une pointe d'inquiétude, comme une petite fissure sur un mur trop lisse. Assez tôt, mes parents avaient remarqué que je ne trouvais pas toujours mes jouets. Je semblais voir normalement, mais, curieusement, il m'arrivait de chercher la petite voiture avec laquelle je jouais un instant auparavant et qui se trouvait pourtant juste à côté de moi. Et mon père de me lancer alors : « Mais regarde donc, elle est sous ton nez ! » On se décida à me conduire chez l'ophtalmologiste, qui décréta que je devais porter des lunettes, comme mon frère. Un jour, donc, je fis mon apparition au square avec ma première paire de lunettes sur le nez. J'appréhendais quelque peu les réactions de mes petits camarades, mais tout se passa bien. Je pris ma place dans la partie de foot, comme d'habitude. Plus tard, à l'école, surtout dans la cour de récréation, j'essuyai quand même quelques mots doux, comme le sympathique « Salut le binoclard ! » ou l'incisif « Hé, le miro ! », ou encore les redoutables « Serpent à lunettes ! » et « Espèce de bigleux ! ». Les gamins de 10 ans ont déjà le don de trouver, comme les adultes, les mots qui blessent et qui marquent la différence. Je ne savais pas comment leur répondre. Peut-être avais-je un peu honte ? Peut-être me sentais-je effectivement déjà différent ? Je gardais en moi le malaise qu'ils me renvoyaient.

Heureusement, mes copains de foot m'acceptaient sans difficulté dans leurs jeux. J'avais une assez bonne frappe du pied droit et pouvais marquer des buts. À la longue, je remarquai pourtant quelque chose d'assez étrange : je ne maîtrisais pas toujours le contrôle de la balle. Je mis d'abord cela sur le compte de la maladresse. Cependant, je finis par observer que cette difficulté survenait surtout quand le ballon arrivait de mon côté gauche. En ce cas, j'avais plus de mal à évaluer sa trajectoire. C'est pourquoi j'essayais toujours de me proposer comme ailier ou arrière gauche car, dans cette position, j'avais plus de chance de recevoir la balle de mon « bon » côté (le droit). Cette difficulté à voir était loin de m'obséder. Il ne s'agissait que d'une gêne occasionnelle. Je ne m'en souciais pas trop. Le plus important, c'étaient les copains, le foot. L'école venait ensuite : j'y travaillais assez bien, mais sans plus.

Cependant, j'eus assez tôt le sentiment de la perte. Sans doute était-ce au début de mon adolescence. J'ai alors pris conscience d'avoir perdu quelque chose qui paraîtra peut-être futile mais qui, pourtant, contribue à émerveiller l'enfance. Je veux parler des papillons. Je les adorais. J'en voyais surtout quand j'allais chez mon grand-père, à Noirmoutier, autour de la ferme, dans les champs, sur les plants de pommes de terre et près du figuier où j'aimais grimper après le repas. Je calais mon dos sur ma grosse branche favorite et je restais là à contempler la nature, à écouter les poules piailler, sans oublier de déguster les figues, dont le goût sucré se conjuguait si bien avec la chaleur de l'été. Alors, je ne trouvais pas plus beau spectacle que de contempler le vol de ces papillons aux ailes bariolées de rouge, d'ocre, de jaune, ou bien encore teintées de bleu et de vert, qui virevoltaient devant moi. Comme tout gamin, je m'amusais à en attraper de temps en temps pour les voir de plus près. Et, sale petit gosse que j'étais, je les faisais prisonniers dans ma boîte à camembert.

Un jour, pourtant, les papillons ont disparu à jamais. Je ne saurais dire quand exactement. Je sais seulement qu'ils ne se sont plus présentés devant mes yeux. J'eus certes l'occasion d'en rencontrer encore quelques-uns dans les livres ou sur des planches de sciences naturelles. Mais ceux-là étaient déjà morts ou de simples images. Les papillons « en vrai », comme disent les enfants, avaient disparu à mon regard, et je ne comprenais pas encore pourquoi. Ce n'est pas que j'en devins subitement plus triste. D'ailleurs, j'ai mis longtemps à me rendre compte de leur absence. J'ai simplement dû bientôt admettre cette évidence : « Tiens, je ne vois plus de papillons. Ont-ils donc disparu des champs de mon grand-père ? » Puis, je n'y ai plus pensé. Ce n'était pas si grave : la vie continuait, et elle était plutôt belle.

Elle allait pourtant se charger de me donner quelques claques, de temps à autre. Certains de ces petits « évènements » douloureux sont restés gravés dans ma mémoire, même si je ne peux les dater tous avec précision. Au début, je ne savais pas du tout les anticiper car, le reste du temps, je semblais voir normalement. Et pourtant, je possédais bien un point de fragilité, qui se révélait en certaines circonstances. Alors, c'était comme si on m'avait envoyé un petit électrochoc qui, indépendamment de ma volonté, opérait comme un signal d'alerte, un éveil brutal et forcé à ma future condition.

Il y eut ainsi l'incident du vélo. Mon frère m'avait appris à en faire juste en bas de notre immeuble, rue Gabriel-Péri.

Dans la cité, nous étions beaucoup d'enfants à avoir une bicyclette, qu'on rangeait le soir dans les caves des immeubles. On s'amusait à faire du slalom entre les platanes ou encore sur les petites allées piétonnes en ciment qui zigzaguaient tout au long de nos rues. On osait parfois descendre la côte de Robinson, pour goûter la sensation de vitesse, tout en sachant qu'il faudrait pousser très fort sur les pédales pour remonter par la côte des Bals. Un peu plus grands, nous avions l'audace de nous aventurer dans les rues de Châtenay-Malabry, voire sur les petites routes boisées de Verrières-le-Buisson. Quel bonheur, quand j'y repense, que ces escapades à cinq ou six, qui nous donnaient le goût de la découverte et de la liberté !

Ce jour-là, je roulais un peu vite, sur un trottoir, pour rejoindre mes amis au parc Hachette, non loin de chez moi. Je n'ai pas fait attention à une petite fille, qui était avec sa maman au coin d'une allée. Je l'ai heurtée, et elle s'est mise aussitôt à crier. Elle avait l'air d'avoir très mal ; peut-être avait-elle eu surtout très peur. Heureusement, il n'y avait rien de grave. Je revois encore le regard affolé de sa mère, lourd de reproches, tandis qu'elle me lançait : « Mais comment se fait-il que vous ne l'ayez pas vue ? » Et moi de me confondre en excuses, comme un gosse que j'étais encore : « Madame, je ne l'ai pas fait exprès. » J'étais mort de honte et me sentais terriblement fautif. En même temps, j'en étais certain : c'était encore mon côté gauche qui m'avait trahi. C'était de ce côté-là que venait le mal.

Au collège, un autre incident me mit fort mal à l'aise. Dans le gymnase, nos profs d'éducation physique nous faisaient souvent faire des parties de handball. Je découvris alors que, dans ce jeu, la balle allait trop vite pour moi. En outre, elle était plus petite que le ballon de foot. Je m'efforçais pourtant de participer. Ce qui devait arriver arriva : un élève me lança la balle, que je ne vis pas. Je la reçus en pleine figure, ce qui brisa net ma paire de lunettes. Peut-être ce jour-là s'est-il passé quelque chose dans ma tête ? J'allai voir le prof pour lui expliquer que ce jeu n'était pas pour moi. Il accepta de m'en dispenser. Ce fut un grand soulagement mais, en même temps, j'avais vraiment le sentiment de me retrouver sur la touche.

Est-ce l'accumulation de ces petites déconvenues ? En entrant dans l'adolescence, je perdis un peu de mon insouciance. J'avais même une certaine tendance à me replier sur moi-même. Certes, je savourais le bonheur de ma génération, sa joie de vivre qui s'exprimait si bien à travers les mélodies des Beatles. Je m'étais procuré tous leurs disques et, sur le gros électrophone de mon frère, je ne cessais de passer *She Loves You*, *Twist and Shout* ou *A Hard Day's Night*. Si j'avais bien pour habitude de faire mes devoirs en revenant du collège, ce ne pouvait être qu'à l'écoute de *Salut les copains !*, sur la station de radio Europe 1, où l'on nous parlait des joies et petits malheurs de nos « idoles », Johnny, Sylvie, Eddie, etc. Cependant, je devais avoir quelque part un petit air sérieux, qui me conduisait à me mettre parfois un peu en retrait des groupes.

La conséquence heureuse, pour mes parents et pour moi, fut que je me mis à travailler de mieux en mieux en classe. J'aimais le français, l'histoire, les sciences naturelles. Je n'étais pas mauvais en physique, mais moins bon en maths. Quand nous avions un contrôle dans cette matière, il m'arrivait de loucher très fort sur la copie de mon voisin et meilleur ami, Freddy. Notre professeur s'en aperçut et n'hésita pas, un jour, à mettre entre nous l'écran blanc sur lequel on projetait des diapositives.

Et puis je me rendis compte que j'aimais la poésie et le théâtre. J'adorais dire des textes à haute voix. En classe de troisième, mon professeur de français me parla du comédien Gérard Philipe, me conseillant d'emprunter au collège le disque de vinyle sur lequel était enregistré *Le Cid* — la tragédie de Corneille que nous étions en train d'étudier en classe. L'interprétation du personnage de Rodrigue par Gérard Philipe me subjugua. J'étais fasciné par sa voix, belle et profonde. Entre deux chansons des Beatles ou d'Eddie Mitchell, je mettais sur la platine de l'électrophone la célèbre tirade du Cid pour me pénétrer de ses intonations.

Si j'ai acquis le goût d'apprendre, c'est au cours de cette année-là, au collège Henri-Wallon, juste derrière chez moi. Je le dois certainement à M. Bastier, ce professeur de français, mais aussi d'histoire et de géographie. Nous sentions tous qu'il aimait son métier d'enseignant. Toujours bien habillé, il respectait les élèves mais exigeait d'eux, en retour, qu'ils fournissent autant d'efforts qu'il en dépensait lui-même à préparer ses leçons. Amoureux de la langue française, il mettait beaucoup d'énergie à nous expliquer les règles de grammaire pour nous aider à améliorer notre expression écrite. Et il avait bien du travail ! Il n'avait, en outre, pas son pareil pour rendre vivant tel ou tel évènement historique. Il était lui-même un peu comédien et savait nous faire rire pour, l'instant d'après, mieux capter notre attention et nous communiquer quelque chose d'essentiel à ses yeux.

Cela devait arriver : il y eut aussi un petit incident avec M. Bastier, dont je me serais bien passé. Celui-ci nous proposa de faire un exposé pour présenter un livre devant la classe. Je me portai volontaire, bien que ne l'ayant encore jamais fait. Je dus lire *Le Vieil Homme et la mer*, d'Ernest Hemingway — une histoire qui ne me passionna guère. En revanche, je trouvais intéressant d'en faire le résumé et de communiquer mon point de vue à mes camarades. Le jour J, M. Bastier m'installa derrière son bureau. J'étais un peu impressionné, mais tout se passa bien. Pour la première fois, je découvrais que j'aimais parler devant les autres. Mon exposé terminé, des élèves me posèrent des questions. M. Bastier était resté au fond de la classe et moi à son bureau. Il semblait s'être mis un peu en retrait, me laissant donner la parole à mes camarades à mesure qu'ils levaient la main pour m'interroger, comme si j'étais devenu, en quelque sorte, pour un court instant, le prof. Soudain, sans que je comprenne ce qui se passait, il y eut un grand éclat de rires. M. Bastier regarda un élève et lui demanda : « Quelle est ta question ? » Celui-ci la posa, et je m'efforçai de lui répondre, sans avoir encore saisi la raison de cette hilarité collective. À la fin du cours, j'attendis au bureau que M. Bastier vienne me retrouver pour lui demander ce qu'il avait pensé de mon exposé ; et je brûlais aussi de l'interroger sur la cause de ces rires. Mon travail ? il l'avait trouvé très bien. Les rires ? cela faisait un moment qu'un élève levait la main pour me poser une question ; et moi, bougre d'imbécile, je ne l'avais pas vu ! Aussi commençait-il à faire des pitreries. Comme M. Bastier s'en était aperçu, il avait pressé cet élève de prendre la parole.

En sortant de la classe, je fus gagné par une sensation étrange : d'un côté, j'étais fier d'avoir réussi mon exposé, de l'autre, je me sentais complètement ridicule.

Me retrouvant parmi les meilleurs de mon collège, j'étais destiné à aller dans un lycée d'enseignement général. Mais lequel ? Celui de Châtenay-Malabry n'avait pas, à l'époque, très bonne réputation, et nos professeurs nous conseillaient vivement de ne pas faire ce choix. Le mieux pour nous aurait été le lycée Lakanal, à Sceaux, commune limitrophe du Plessis-Robinson. Mais cela nous était tout simplement interdit. Pourtant, il ne se passait pas une semaine sans que nous ne descendions à Sceaux, pour traîner au Monoprix ou prendre le RER à la gare de Robinson. Nous, les gamins du Plessis, cité communiste et populaire, nous ignorions qu'une barrière invisible s'élevait entre nous et Sceaux « la bourgeoise » : celle de la sectorisation scolaire qui, de manière anonyme et administrative, opérait une ségrégation sociale à nos dépens. Tel était le règlement : nous ne pouvions pas demander Lakanal. Nous n'avions comme autre choix que de présenter notre dossier à un lycée parisien desservi par la ligne de Sceaux. C'est ainsi que nous avons été acceptés au lycée Lavoisier, situé près de la station Port-Royal. Mais pourquoi nous envoyer si loin ? Il fallait se lever à 6 h 30, être dans le bus à 7 heures, attraper le RER de 7 h 20 pour arriver à Port-Royal à 7 h 50 et, enfin, devant la porte du lycée à 7 h 55. Aujourd'hui, je voudrais bien qu'un inspecteur général de l'Éducation nationale m'explique la cohérence pédagogique qui nous a ainsi contraints à passer chaque jour deux heures dans les transports en commun, alors que nous pouvions prétendre à un bon lycée situé à vingt minutes de bus, ou dix minutes de vélo, de chez nous.

Nous avons ainsi été cinq ou six élèves d'Henri-Wallon à partir à Paris. Personne dans nos familles respectives n'était allé jusqu'au baccalauréat. Si nous arrivions à bien nous intégrer au lycée et à suivre les cours, nous devions en principe décrocher notre bac. Dans ma propre famille, ma sœur était allée jusqu'au brevet, pour passer ensuite un certificat de comptabilité. Elle s'était mariée très tôt, quittant le domicile parental à 18 ans. Quant à mon frère, après son brevet, il était entré dans une école militaire à Satory, dont il était sorti parmi les meilleurs de sa promotion. Ayant choisi l'option « électricité », il avait trouvé très vite un poste d'ingénieur au CNRS, dans un domaine de pointe, l'aéronomie, pour participer à des programmes de construction de satellites. Il en était très heureux, et mes parents en étaient également ravis car il avait trouvé un poste de fonctionnaire. Lui aussi allait bientôt quitter la maison pour fonder un foyer.

Et moi, petit dernier, j'avais bien plus de chances, en comparaison du parcours de ma sœur et de mon frère. Quand celui-ci partit de la maison, j'eus l'immense privilège d'avoir une chambre pour moi tout seul, à l'âge de 17 ans. Quel luxe ! Je pouvais y recevoir mes amis quand je voulais et être vraiment tranquille pour y travailler. Entretemps, mon père avait pris sa retraite de l'armée de l'air et commencé une nouvelle carrière dans le civil, au sein d'une compagnie d'assurances. (Les compagnies d'assurances appréciaient en effet les services d'anciens militaires ou policiers ayant appris à faire des constats d'accident, à rédiger des rapports circonstanciés, etc.) Mon père avait pris ce travail pour ne pas se retrouver inactif, mais aussi, me répétait-il souvent, pour me payer mes études.

Devenue plus libre de son temps, ma mère voulut, elle aussi, se mettre à travailler, pour gagner son indépendance, aimait-elle à dire. Je ne sais comment elle se fit connaître. Mais je voyais arriver de temps en temps dans notre petit appartement de bien jolies femmes, pour qui elle faisait des robes sur mesure. Je me souviens d'une dame qui travaillait à la télévision, dans une émission de variétés, et d'une autre qui arrivait toujours au Plessis avec sa Ford Mustang rouge, ce qui ne manquait pas de faire sensation dans le quartier. J'en garde un souvenir précis parce que ma mère semblait fière de travailler pour ces jeunes personnes qui résidaient à Paris et venaient spécialement au Plessis pour elle. Je la revois encore, dans notre petite salle de séjour, aux commandes de sa machine à coudre électrique Singer, de couleur bois, suivre avec application la ligne de son bâti. Ces dames venaient ensuite chercher leur commande, ne disposant pour cabine d'essayage que de la petite chambre à coucher de mes parents, où trônait un grand miroir posé sur la porte d'une armoire, juste devant le lit. Ma mère s'était aussi décidée à sortir de chez elle pour gagner un peu plus que ce que rapportaient ses travaux occasionnels de couturière. Ainsi n'hésita-t-elle pas à se proposer comme femme de ménage dans quelques « bonnes maisons » de Sceaux, chez un éditeur et chez la principale du lycée Marie-Curie (alors réservé aux jeunes filles, comme Lakanal l'était aux garçons).

Au cours de ces années 1960, la petite famille Sémelin commençait à avoir un peu plus d'aisance. Durant cette période, comme nombre de Français, nous avons en effet bénéficié du nouvel essor économique du pays, ce qu'on a appelé les Trente Glorieuses. J'ai vu ainsi arriver à la maison le premier réfrigérateur, dont mon frère, passionné de technique, a voulu aussitôt ouvrir le moteur, curieux d'en découvrir le fonctionnement. Ensuite, le premier poste de télévision en noir et blanc a fait son entrée dans notre appartement. Pour lui faire une place, un petit bureau qui se trouvait dans un coin de la salle à manger fut déplacé et mis dans la chambre que je partageais avec mon frère ; j'y ferai tous mes devoirs du lycée. Puis il y eut la première machine à laver. Au début, ma mère n'en voulait pas car son linge, disait-elle, ne serait pas aussi propre que si elle le lavait elle-même. Plus tard encore, ce fut le téléphone, dont mes parents ne voyaient pourtant pas l'intérêt. Sur l'insistance de leurs enfants, ils avaient quand même fini par se faire installer une ligne. J'allais oublier l'arrivée de la voiture, une Simca 1 300 bleue, que mon père acquit à l'âge de 54 ans ! À l'armée, il avait certes passé son permis militaire mais, en réalité, il avait besoin de se remettre à la conduite. Mon frère lui donna donc quelques leçons de recyclage sur les petites routes tranquilles derrière l'aéroport de Villacoublay.

De cette prospérité naissante, j'ai assurément bénéficié. Il n'y avait point d'urgence à me mettre sur le marché du travail. Nous n'étions plus les uns sur les autres à la maison, puisque je m'y retrouvais tout seul avec mes parents. Porté par cet élan économique, il m'était donc objectivement possible de poursuivre ma scolarité plus loin que mon frère et ma sœur, si, bien entendu, j'avais quelque goût pour les études. Et j'en avais, effectivement. Je me plaisais à Lavoisier, bien que les classes fussent surchargées et certains profs pas toujours très bons. Au bout de quelques mois, mes camarades et moi ressentions quand même la fatigue des trajets quotidiens. On essayait bien de mettre à profit le temps passé en RER pour revoir les cours. Mais de temps à autre, l'un d'entre nous s'assoupissait dans le train, surtout quand nous quittions le lycée en début d'après-midi, pour revenir au Plessis. Alors, entre Denfert-Rochereau et Fontenay-aux-Roses, on fermait les yeux pour quelques minutes réparatrices.

Mais voilà : il y eut la visite à la « dame de l'orientation », rue Gay-Lussac, qui introduisit brutalement comme une cassure dans ma tête. Bien sûr, j'avais déjà observé moi-même, à travers différents indices, que je ne voyais pas bien. Mais de là à imaginer le pire ! Je ne parvenais pas à le croire. Après cette visite, un évènement que j'avais assurément refoulé depuis des années me revint pourtant en mémoire. Je devais avoir 10 ou 11 ans. Mes parents m'avaient emmené faire des examens à Paris, à l'hôpital Lariboisière, je crois. Là, j'avais passé une matinée épouvantable. On m'avait allongé sur un lit en me bloquant la tête. Puis on m'avait collé de petites plaques de verre sur les yeux afin de photographier ma rétine. J'avais reçu ainsi, à intervalles réguliers, des flashes dans les yeux pendant une période que je ne saurais évaluer aujourd'hui, mais qui m'avait paru une éternité. Au terme de cet examen, on m'avait conduit devant un médecin que tout le monde considérait avec grand respect, le professeur Offret. Il s'était montré très gentil avec moi, mais je ne me souviens pas de ce qu'il m'avait dit. En revanche, je suis certain de son nom. Car, quelques semaines plus tard, je le découvris à la « une » du journal *France-Soir* ! Nous étions encore dans la période de la guerre d'Algérie, il venait d'y avoir un attentat de l'OAS à Paris contre André Malraux, et une petite fille (Delphine Renard) avait été gravement touchée aux yeux. On lisait dans le journal que c'était le professeur

Offret qui l'avait opérée. Mais pourquoi donc m'avait-on adressé à un si grand professeur ? Mes parents ne me l'avaient pas expliqué.

Quelque six années plus tard, je me décidai à franchir de nouveau la porte du cabinet d'un ophtalmologiste. Je voulais être certain de ce que l'on m'avait prédit à l'INOP. J'avais donc rendez-vous, ce jour-là, chez le docteur Blanchot, une dame très distinguée qui exerçait à Sceaux. Sans détours, elle me confirma tout ce que j'avais appris. Oui, j'étais atteint d'une maladie de la rétine — une rétinopathie. Oui, j'allais perdre la vue, mais il était impossible de dire quand ; tout dépendrait du développement plus ou moins rapide de l'affection. Le docteur Blanchot me donna quelques éléments d'explication. C'était comme si une sorte de pigment allait envahir peu à peu ma rétine. Tout d'abord, la périphérie de l'œil serait atteinte, puis la pigmentation gagnerait le centre (la fovéa). Les cellules à bâtonnets, nécessaires à la vision nocturne, seraient touchées les premières, puis viendrait le tour des cellules à cônes, indispensables pour voir le jour et pour percevoir les couleurs. Conséquence inéluctable : je verrais de moins en moins bien la nuit, puis mon champ visuel se rétrécirait. Ma vision centrale de jour serait touchée à son tour, jusqu'à ce que je ne puisse plus du tout lire. Cette pigmentation était déjà bien visible sur mon œil gauche, ce qui expliquait les observations que j'avais moi-même pu faire. Le docteur Blanchot me précisa que cette maladie, assez rare, était d'origine génétique et qu'il n'en existait aucun traitement médical. « Si vous voulez, je vous prescris de la vitamine E, qui pourra peut-être ralentir l'évolution », ajouta-t-elle encore. Si je voulais ? Quelle question étrange !

L'expression de son visage et de sa voix montrait qu'elle n'y croyait pas du tout. Je partis pourtant de chez elle avec une ordonnance de vitamine E (*Difrarel E*), que je comptais bien prendre avec application. Que voulez-vous, elle était médecin, n'est-ce pas ? Il fallait donc que je quitte son cabinet avec une ordonnance, même si c'était pour *rien*.

Pour sortir du joli pavillon de banlieue où elle exerçait, on empruntait une petite allée de gravillons qui conduisait à la rue. J'entends encore mes pas résonner sur ce gravier. Bien qu'adolescent, débordant de vie, mes jambes étaient devenues lourdes, très lourdes même. J'avais l'impression que l'on venait de me confirmer la peine à laquelle j'étais condamné. Car je gardais encore le secret espoir que la « dame de l'INOP » s'était trompée, que mon cas n'était peut-être pas si grave. Désormais, il n'y avait plus de doute. Bien sûr, j'étais condamné à une peine « douce », une peine « lente ». Ce n'était assurément pas une peine de prison, encore moins la peine de mort ! C'était une « peine de vie » ou, qui sait, une vie dans la peine. Bref, j'avais le sentiment d'être un condamné *en sursis*. Dans la rue, je restai un moment sur le trottoir, sans but, sans force. En me voyant ainsi, des passants devaient certainement croire que j'attendais quelqu'un. Mais je n'attendais personne. J'étais comme cloué sur place, comme si ma vie se trouvait subitement arrêtée par le verdict qui venait d'être prononcé contre moi.

Pourtant, la vie reprit bien vite le dessus. J'étais heureusement happé par mon existence quotidienne de lycéen : les cours, les potes, les heures passées au café autour de Lavoisier, à jouer au billard, aux dés ou aux cartes. Le mardi soir, il m'arrivait de rester sur Paris pour me rendre au Centre culturel américain, boulevard Raspail. C'était le jour du *Hootenanny*. J'adorais l'ambiance de ces rencontres musicales, car le spectacle se faisait avec les artistes qui se trouvaient dans le public. C'est là que j'ai entendu pour la première fois des musiciens de blues dont le rythme me transportait — sans doute à cause de l'extraordinaire mélange de tendresse et de gravité qui se dégage de cette musique.

Puis arriva Mai 68, avec ses cortèges joyeux et ses slogans frondeurs. Je n'y ai guère participé, sauf à quelques manifestations, vers la fin. Tout en éprouvant de la sympathie pour les étudiants, je n'ai pas toujours compris leurs revendications ni leurs méthodes. Lorsque j'appris, un matin, par la radio, les premières bagarres au Quartier latin, je me précipitai à Paris pour voir, éberlué, la rue Gay-Lussac, que je connaissais si bien, complètement éventrée. Je ne saisissais pas l'intérêt de détruire pour se faire entendre. J'étais alors fort peu politisé. Mai 68 a eu pour conséquence de m'éveiller à la politique, et aux autres en général.

L'année suivante, celle de mon bac, on pouvait élire des délégués de classe. « Pourquoi pas moi ? » me suis-je dit. Et je fus élu. Certes, il s'agissait d'une responsabilité mineure ; mais je l'ai trouvée intéressante. Elle constituait une nouveauté dans le lycée, fondée sur l'ouverture aux autres et à la vie collective de l'établissement. C'est dire que j'étais loin de toujours penser à mes yeux, à mon secret. Peut-être même que j'avais besoin d'activité pour me décentrer de moi-même : on veut oublier, ou faire comme si…

Mais, quoi que vous fassiez, votre « problème » finit toujours par vous revenir à la figure, sans que vous vous y attendiez. Ainsi y eut-il un nouveau signe d'alerte. Sur la ligne de Sceaux, les jours de grand soleil, alors que j'étais plongé dans ma lecture, je me rendais compte que je ne voyais plus rien quand le RER entrait dans un tunnel. Au début, je pensais que ce phénomène était tout à fait normal. Pour une fois, j'en parlai à mes parents afin de sonder leurs réactions. Ceux-ci banalisèrent mon observation : « Nous aussi, cela nous arrive », me répondirent-ils. Mais quand la rame sortait du tunnel, je voyais bien que les autres étaient déjà en train de lire. Ils avaient donc pu continuer leur lecture en dépit de la pénombre, ce qui m'était impossible. Mes yeux ne parvenaient pas à s'accommoder rapidement à l'obscurité. Le docteur Blanchot ne m'avait pas parlé de ce symptôme. Mais j'appris bientôt que c'était encore un autre signe précoce de la rétinite pigmentaire.

Le plus éprouvant fut mon expérience des « trois jours », cette convocation obligatoire adressée à chaque jeune homme par l'armée, en vue de son service militaire. En réalité, ils ne duraient plus à l'époque qu'un jour et demi. On y passait des tests psychologiques et une visite médicale. On nous assénait aussi des discours pour nous convaincre de l'importance de la défense de la patrie, en vantant la beauté du métier des armes, un excellent moyen de découvrir d'autres pays, etc. J'appréhendais beaucoup cette convocation : qu'allait-il se passer pour moi ? Me contraindrait-on à faire mon service ? Ou bien serais-je déclaré inapte ? Parmi mes camarades, personne ne voulait aller à l'armée. Tous considéraient le service militaire comme une perte de temps dans nos études — sauf pour apprendre à conduire un véhicule, disaient certains. Chacun avait sa petite idée pour se faire réformer : pieds plats, problèmes de dos, etc. On citait même le cas d'un élève qui avait simulé la folie, et il paraît que cela avait marché…

Me voici donc convoqué au centre militaire de Blois. Vint le moment fatidique de la visite médicale. Pour les yeux, j'allais être examiné par un homme, plutôt jeune. Il se pencha vers moi avec un petit appareil que je commençais à bien connaître, un ophtalmoscope, qui projette une lumière intense vers le fond de l'œil. Sitôt qu'il se fut rapproché de mon visage, observant ma rétine, il se mit à siffler, comme s'il venait de faire une découverte très intéressante. Sans m'adresser la parole, il cria à un collègue qui se trouvait dans la pièce voisine : « Viens voir la belle rétino ! » Celui-ci accourut et se saisit du même ustensile. Explorant à son tour le fond de mes yeux, il grommela entre ses dents « Pas mal, pas mal… » en forme d'acquiescement. Jamais je n'avais encore eu la sensation d'être considéré comme un cobaye, une variété exotique d'une espèce pathologique. Désormais, c'était fait. En quelques secondes, ils m'avaient transformé en une chose clinique. À leur poste d'observation, voyant passer toutes les jeunes recrues de la région parisienne, ces médecins (ou apprentis médecins ?) guettaient sans doute les « cas » intéressants : avec moi, ils en tenaient un, incontestablement.

Presque en chœur, ils consentirent enfin à me parler : « Vous savez ce que vous avez ? » Comme je faisais oui de la tête, celui qui paraissait être le chef ajouta : « Vous pouvez être exempté sans problème. Bien sûr, si vous tenez à faire votre service, on vous mettra dans un bureau. » Et moi de répondre aussitôt : « Non, non, je n'y tiens pas vraiment. »

J'étais surpris qu'il me propose cette possibilité. Mais outre mon manque évident de motivation, je savais qu'avant de me retrouver dans un bureau, j'aurais dû faire ce qu'on appelait les « classes », une période de quelques semaines d'apprentissage de la discipline militaire et d'entraînement physique, y compris la nuit. Or, j'étais certain que je n'aurais pas été à la hauteur de la situation, risquant de ne pas bien voir dans l'obscurité, et que j'aurais été à coup sûr la risée des autres.

La bonne nouvelle était donc que j'étais tiré d'affaire. Pour la première fois, de mon point de vue, il y avait une conséquence positive à ma maladie. Certes, je ne serais jamais vraiment un « homme », puisque je venais d'échapper à ce rite de passage vers une vie virile et responsable ! Le service militaire obligatoire était encore valorisé comme un mode d'accession collective à la maturité masculine et citoyenne. Toutefois, cette vision traditionnelle tendait à s'effriter dans la France d'après-Mai 68. On ne trouvait plus de « sens » à aller à l'armée. Dans d'autres pays, ne pas faire son service militaire faisait de vous un citoyen de seconde catégorie. Heureusement, ce n'était plus le cas de la France. J'allais donc gagner un an, en comparaison de mes petits camarades, qui me disaient : « Tu as de la chance ! » Sans doute…

Mais « gagner » un an par rapport à quoi ? pour aller vers quoi ? pour faire quel type d'études ? Je n'en savais strictement rien. Je me réfugiai dans mon travail scolaire, voulant absolument décrocher mon bac. Comme j'étais assez bon en physique-chimie et en sciences naturelles, j'avais finalement opté pour une terminale scientifique. Élève travailleur, je n'étais pas vraiment brillant. À l'approche de l'examen, je commençai à m'angoisser, comme bien d'autres. Mais en même temps, une autre source d'angoisse s'était installée en moi, bien plus profonde et diffuse, qui n'allait certainement pas se dissiper par la réussite à un examen. C'était plus fort que moi, je ne pouvais la résoudre en potassant mes livres de classe. Cette question lancinante me paralysait et parfois, pour tout dire, me terrorisait : qu'allais-je devenir ?

CHAPITRE 2

S'engager pour des valeurs

MES PARENTS en éprouvèrent de la fierté : je réussis mon bac et, de surcroît, avec mention. Pour eux qui n'avaient pu faire d'études, c'était une récompense. « C'est le premier bac dans notre famille, et j'en suis très heureuse », me dit spontanément ma mère en m'embrassant tendrement. Cependant, ils ne savaient pas me conseiller pour la suite. Quant à moi, j'ignorais tout des possibilités qui m'étaient ouvertes. Comme mon ami Freddy, nous ne connaissions pas, par exemple, l'existence des classes préparatoires aux grandes écoles. Dans certaines familles, on répète au gamin, dès le collège : « Après ton bac, tu feras une "prépa" pour intégrer une école de commerce ou une école d'ingénieurs. » Nos propres parents n'avaient pas la moindre connaissance de telles filières, et ne pouvaient donc rien nous dire de précis. Handicapé physique, je ne l'étais pas encore ; mais handicapé social, déjà, certainement. J'entends encore mon père me conseiller : « Deviens fonctionnaire, mon fils, car tu auras la sécurité de l'emploi. » Peut-être, mais dans quel domaine ? J'interrogeai mon frère, qui me répondit : « Va le plus loin possible. » D'accord, mais dans quelle direction ? pour quel type de métier ?

À Lavoisier, les informations sur les études supérieures étaient proches de zéro. On nous renvoyait vers l'INOP, comme on l'avait fait pour moi, ou vers des centres d'information et d'orientation (CIO). J'y étais allé plusieurs fois, pour en ressortir pas plus avancé. Aujourd'hui, j'y repense : on ne nous y parlait jamais de Sciences Po ni de HEC, mais bien plutôt de telle ou telle école pour devenir assistante sociale, menuisier ou préparateur en pharmacie. Dans ces centres d'orientation, l'information était effectivement « orientée » : ils étaient conçus pour les élèves des classes moyennes, non ceux des classes supérieures — au sein desquelles on connaissait déjà les filières d'excellence.

D'un côté, ma situation était fort banale : nombre de jeunes, à 17-18 ans, ne savent pas vraiment à quoi se destiner ; ils doivent faire des choix qui peuvent être irrémédiables sans rien connaître encore de la vie professionnelle. D'un autre côté, elle était malheureusement exceptionnelle : quelle que soit la direction vers laquelle je me tournais, je voyais partout des sens interdits. La « dame de l'INOP » m'avait dit : « Vous pourriez devenir instituteur ou kinésithérapeute. » Instituteur ? C'est assurément un beau métier, mais j'imaginais pouvoir aller plus loin. Kinésithérapeute ? Vraiment, non, merci. Je n'en avais pas une bonne image : je ne me voyais pas masser la cellulite de ces dames...

À l'époque, je me projetais dans deux professions bien différentes. Venant d'une terminale scientifique, j'envisageais pouvoir entreprendre des études de médecine. Je pensais en avoir les moyens et aussi la motivation. Mais que se passerait-il si ma vue se dégradait très vite ? Peut-être ne pourrais-je même pas terminer mes études ? Sans même aller jusqu'à ce scénario-catastrophe, je me disais que je ne serais pas capable d'interpréter les radios des patients. Pourquoi ce détail me trottait-il dans la tête ? Simplement parce que je commençais à ne plus bien voir dans l'obscurité. J'en déduisais que l'analyse précise des contours plus ou moins sombres des os et organes, identifiables sur une radiographie, constituerait déjà pour moi une épreuve insurmontable. Mieux valait donc oublier la médecine.

Mon autre idée me portait vers l'enseignement. Je me voyais bien prof dans un lycée, plutôt en histoire et géographie. Sans doute mon ancien professeur de troisième au collège Henri-Wallon y était-il pour quelque chose. Je me décidai à aller en parler au docteur Blanchot, que je voulais revoir pour cette question d'orientation professionnelle. « Vous n'y pensez pas », me dit-elle d'un ton assuré. Et de me citer le cas d'une jeune femme qu'elle avait suivie, qui venait de tenter l'agrégation, dans une discipline dont je n'ai plus le souvenir ; la visite médicale ayant révélé un grave problème aux yeux, l'Éducation nationale n'avait pas voulu l'accepter dans le corps de ses fonctionnaires. L'argument du docteur Blanchot était clair : « Même si vous êtes brillant dans vos études, vous ne passerez pas le cap de la visite médicale, nécessaire pour être titularisé comme fonctionnaire. » Il me restait, selon elle, à enseigner dans un établissement privé, mais avec le risque d'être remercié dès que je ne verrais plus. Je la crus sur parole. Je ne sais d'où elle tirait ses informations, mais en réalité elle avait tout faux. Cela, je ne l'apprendrais que quelque vingt ans plus tard… J'y reviendrai.

J'étais donc dans le brouillard le plus total. Le croirez-vous ? Je ne me décidai pour rien. L'été qui suivit ma réussite au bac, je ne m'inscrivis nulle part ! Je partis en Provence participer à un chantier de jeunes : la restauration d'une petite église. J'avais besoin de souffler après cette année scolaire, gardant en moi un fond d'inquiétude permanent, d'autant que ma vision nocturne commençait à me jouer des tours. L'ambiance du chantier, avec des jeunes de différentes nationalités, était très sympathique. On travaillait tôt le matin pour éviter la chaleur, puis on allait se baigner l'après-midi dans une rivière proche. Les soirées se passaient à bavarder sur la petite place du village ou à chanter non loin des tentes où nous dormions.

J'avais sympathisé avec Anne, une jeune Allemande rigolote. Entre deux coups de burin pour décoller un vieux crépi, on se faisait des blagues. C'était la première fois que je nouais une relation avec une personne du sexe opposé… À Lavoisier, on était toujours entre mecs ! Les jours passant, on se rapprochait un peu plus l'un de l'autre, osant un jour aller nous balader en dehors du groupe, en fin d'après-midi. Mon cœur commençait à battre un peu plus fort, et je sentais que je ne lui étais pas indifférent. Bref, à mesure que les jours passaient, nous commencions à vivre une amourette. Le dernier jour, n'y tenant plus, je lui proposai de la retrouver le soir même dans sa tente. Anne sembla un moment hésiter, comme si j'étais allé trop loin. Puis, prenant un petit air entendu, et presque sérieux, elle me dit *oui* tout bas.

Chacun sait ce qu'il peut ressentir en un tel moment. Moi, je me suis envolé. Je volais au-dessus des champs de lavande : tout me semblait léger et beau. J'étais sûr que, pour elle aussi, ce serait la première fois. Elle m'avait donné rendez-vous à minuit, en me précisant où était située sa tente. Mais catastrophe ! Ce soir-là, la nuit était très sombre (ou bien est-ce moi qui ai eu l'impression qu'il faisait grand noir ?). Je n'ai pas réussi, bougre d'imbécile, à retrouver son emplacement. Tournant et retournant sur mes pas, je ne parvenais pas à me repérer. J'en fus malheureux comme les pierres, ne fermant pas l'œil de la nuit. Le lendemain, je lui expliquai ce qui s'était passé. Je vis dans son regard de l'incompréhension et même un peu de tristesse, ce qui ajouta à mon malheur.

C'est ainsi que je me rendis compte que je voyais de moins en moins dans l'obscurité. La « prophétie » du docteur Blanchot commençait à se réaliser. Si le lieu était éclairé par la lumière électrique, cela allait encore. Mais si je me retrouvais la nuit en pleine nature, sans source lumineuse, c'était la panique. Aussi commençai-je à éviter de me mettre dans de telles situations. À Noirmoutier, où j'allais retrouver mes parents, je me joignais rarement aux bandes de jeunes qui se formaient durant l'été. Il m'arrivait de m'insérer dans un groupe, sur la plage, au cours de la journée. Mais cette intégration restait superficielle, car ces jeunes restaient entre eux, par la suite, une bonne partie de la nuit. Or, je ne voulais pas les suivre, n'ayant aucune envie qu'ils se rendent compte de mes difficultés nocturnes. Je me retrouvais donc souvent solitaire durant les vacances.

Cette difficulté croissante à voir dans l'obscurité provoquait parfois des situations cocasses. Avec mes amis du Plessis-Robinson, on commençait à fréquenter les dancings de la célèbre «côte des Bals». Après la construction de la ligne de Sceaux, au milieu du XIXe siècle, une guinguette très animée le dimanche s'était installée au lieu-dit « les Quatre-Chemins ». On y festoyait sur les terrasses de verdure et dans des cabanes aménagées en haut de gros châtaigniers. On pouvait aussi y déguster du pain d'épices et tirer à la carabine. Au fil des ans, de véritables dancings avaient été construits, de part et d'autre de la côte qui longeait la Vallée-aux-Loups. L'endroit était devenu à la mode : on venait de Paris pour se distraire aux bals de Robinson.

Nous, les jeunes du Plessis, nous avions l'habitude d'aller, le samedi soir, *Au Grand Arbre* : l'ambiance y était formidable. Nous prenions une table autour de la piste, et nous dansions et flirtions une grande partie de la nuit. Je découvris que j'aimais beaucoup danser, surtout le rock... et la valse ! Je ne détestais pas le slow non plus. Mais, là encore, je ne parvenais pas à me détendre complètement. Une fois sur la piste, tout allait bien, même si nous étions dans la pénombre. Mais la danse terminée, s'il fallait que je regagne par moi-même la table de mes amis, j'étais perdu. Dans ce lieu peu éclairé, je ne retrouvais pas mon chemin, alors que mes amis étaient seulement à quelques mètres de moi. Pour y parvenir malgré tout, j'essayais de me donner certains indices : une lumière rouge (dont j'avais remarqué qu'elle était située à gauche de notre table) ou bien encore les sons de l'orchestre (sachant que nous nous étions installés plutôt sur sa droite). J'avançais ainsi à peu près dans la bonne direction et souvent, à l'approche de notre table, une voix amie me lançait : « Jacques, on est là ! »

Le plus déroutant était de trouver une partenaire. On dansait, par exemple, un rock endiablé puis, juste après, tout en restant sur la piste, on était invité à choisir une autre cavalière — cette fois-ci pour un slow langoureux. En général, cette situation me paralysait, car je ne savais comment m'y prendre. En effet, il fallait faire très vite pour identifier une fille disponible, attraper son regard et lui proposer de danser. C'est ainsi que je me suis retrouvé bien souvent comme un con au milieu de la piste, entre les couples qui s'étaient reformés. Une fois pourtant, sûr de mon coup, je m'avançai vers une personne et, de mon plus beau sourire, je lui lançai : « Voulez-vous danser avec moi ? » J'entendis alors une voix virile me répondre : « Non, mon gars, tu n'es pas mon genre ! »

Je ne me sentais donc pas très bien dans ma peau. De retour à Paris, je voulus aller voir une psychologue, pour tenter de comprendre ce qui était en train de se passer. Je me mis aussi à écrire davantage sur mes petits tourments. Comme bien des ados, j'avais commencé une sorte de journal quelques années auparavant. Maintenant, mon désir d'écriture s'affirmait, sans doute comme une forme de thérapie. J'éprouvais le besoin de prendre de la distance avec ce que j'étais en train de vivre, à travers des mots et des phrases couchés sur des feuilles de papier.

C'est dans ce contexte que je me suis finalement décidé à m'inscrire à la Sorbonne… en psychologie ! Sans doute pense-t-on qu'en prenant des cours de psychologie on va pouvoir résoudre plus facilement ses « problèmes ». Illusion, bien sûr. Dans mon cas, j'ai aussi choisi cette voie parce qu'elle ne me semblait pas complètement barrée. Je me disais : « Le travail du psychologue n'est-il pas d'abord d'écouter les patients ? Même si tu ne vois plus, tu pourras toujours le faire. » Comme je développais un jour ce point de vue dans une conversation, quelqu'un me répondit :

« C'est vrai. Pourtant, il est important de voir le visage des gens. » Un argument que je ne voulais pas entendre. Il fallait bien que je me décide pour quelque chose. C'est donc *par défaut*, comme on dit en mathématiques, que je me suis inscrit en psycho, faute d'une autre solution qui aurait pu mieux me convenir mais que je ne parvenais pas à identifier.

Quand les cours débutèrent, ce fut tout de suite la déception. Je me retrouvais dans des amphithéâtres bondés, avec des professeurs donnant des cours très abstraits. Plutôt que de nous parler de la psychanalyse — qui intéressait beaucoup les étudiants à l'époque —, on nous infligeait un enseignement fort ennuyeux sur l'histoire des théories de la perception depuis les Grecs. « Mais qu'est-ce que tu fais là ? » me suis-je demandé à plusieurs reprises.

Heureusement, par ailleurs — je veux dire : en dehors de la fac —, j'ai connu durant cette période de vraies satisfactions et même une forme de bonheur. Je pense d'abord à mes virées en auto-stop, au début des années 1970. J'ai sillonné les routes de France du nord au sud, d'est en ouest, au petit bonheur la chance, seul, avec un ami ou un simple compère. Faire du stop m'apportait un sentiment nouveau de liberté et d'évasion. Était-ce le non-choix de mes études qui se reflétait dans une forme d'errance ? À moins que cela ne fût tout simplement un besoin de s'émanciper de la famille, propre aux jeunes de mon âge. On en voyait alors bien plus que de nos jours recourir à cet économique moyen de transport. Certains automobilistes — presque toujours des hommes — n'hésitaient pas à s'arrêter pour les prendre. À Paris, nombre de ces candidats au voyage se retrouvaient notamment à la porte d'Orléans, en direction de l'autoroute du Sud. Ils se tenaient sur le bas-côté de la route, les uns debout avec une pancarte indiquant leur destination, les autres assis sur leur sac à dos, préférant cette position confortable mais plus passive.

Avec l'expérience, je me bâtis une petite théorie du stop pour augmenter les chances de monter dans une voiture : se mettre dans un endroit bien visible (le choix de l'emplacement est bien entendu crucial) qui laisse au chauffeur le temps et la place pour arrêter son véhicule ; ne pas prendre un bagage trop lourd, qui interdit de courir rapidement vers l'auto, voire de le mettre dans le coffre si celui-ci est déjà bien rempli ; porter une tenue correcte qui inspire aussitôt confiance ; proscrire toute position avachie sur le bord de la route ; se poster de manière dynamique et, s'il vous plaît, avec le sourire ; dans la poignée de secondes où une voiture passe devant soi, regarder bien droit dans la direction du chauffeur, agiter un peu le bras avec le pouce levé afin de devenir un instant une silhouette animée devant son volant, laquelle pourrait éventuellement briser la monotonie de sa conduite ; enfin, bouger nettement les lèvres pour qu'il en voie le mouvement en lançant, par exemple, un « Hello ! » qui invite à la communication.

Ainsi le stop était-il d'abord pour moi comme un jeu de séduction, où l'on gagne parfois et où l'on perd souvent. Cette activité aléatoire et, somme toute, assez amusante, pouvait aussi être riche de surprises et de rencontres. Outre l'intérêt — considérable pour un étudiant plutôt fauché — de se déplacer gratuitement, ce qui m'attirait avant tout dans le stop c'était le conducteur lui-même. Sitôt installé dans la voiture ou le camion, j'éprouvais la curiosité irrésistible de savoir avec qui j'étais monté par hasard. Après tout, nous allions passer ensemble un moment, parfois assez long ; pourquoi ne pas faire plus ample connaissance ? Dans certains cas, c'était la grosse déception. J'avais beau m'efforcer d'engager la conversation, je ne récoltais que des « Ouais » ou des « Bof » peu encourageants. Je n'insistais pas, me calant dans mon siège pour regarder le paysage. Mais, le plus souvent, le contact s'établissait, et aussitôt les kilomètres passaient plus vite. J'en déduisis que la plupart des conducteurs qui acceptaient de prendre des auto-stoppeurs avaient plutôt envie d'avoir de la compagnie.

Je garde par exemple en mémoire celui qui me prit en stop un jour de juillet 1972, du côté de la frontière luxembourgeoise, pour m'emmener jusqu'à Metz. Il conduisait une voiture puissante très confortable, et j'étais ravi de l'aubaine. Proche de la cinquantaine, d'allure distinguée, il m'apprit qu'il exerçait des responsabilités importantes dans une entreprise internationale. Comme le contact passait bien entre nous, en arrivant à Metz, il me proposa de déjeuner ensemble. Je n'allais sûrement pas refuser cette occasion ! Dans un très bon restaurant, l'homme se mit à me raconter sa vie, et surtout à me parler de son métier. Le gamin de 20 ans que j'étais découvrait un univers dont il ignorait tout, où se mêlaient argent, pouvoir et au besoin corruption, comme le recours à des prostituées de luxe afin de séduire les décideurs et emporter un marché. Visiblement, cet homme n'était pas à l'aise avec de telles pratiques. Je me contentai de l'écouter sans le juger. Me parlait-il comme à un fils qu'il n'avait pas ? ou bien voulait-il me faire passer le message : « Dans la vie, mon garçon, n'oublie pas les valeurs » ? Toujours est-il que je ressortis du restaurant très ému, avec le sentiment d'avoir fait une rencontre exceptionnelle. Nous savions l'un et l'autre que nous ne nous reverrions jamais ; c'est sans doute pourquoi il m'avait fait ces confidences, me parlant de ses problèmes de conscience. C'est ainsi que je découvris que j'avais le goût des autres, que j'aimais chercher à comprendre leurs parcours de vie. Finalement, mon inscription à la fac en psychologie avait quand même du sens.

Et puis, il y eut le choc de ma première visite à Taizé où, justement, je me rendis en stop. Fils de Vendéen, j'avais nécessairement reçu, dès mon enfance, une bonne éducation catholique. Mes parents étaient assez pratiquants, bien que ma mère s'arrangeât toujours pour arriver en retard à la messe. Je finis par me demander si ce n'était pas, pour elle, une façon d'écourter un moment qu'elle savait ennuyeux sans pouvoir se l'avouer ouvertement. Car cela ne se discutait pas : se rendre à l'église le dimanche et participer à la messe faisaient partie du « devoir dominical ». J'ai donc grandi dans ce catholicisme traditionnel qui ne tombait pas pour autant dans de la bondieuserie. Toutefois, à mesure que l'on entre dans la vie d'adolescent et de jeune adulte, on mesure mieux le poids des conventions et du formalisme dans ce qui vous a été inculqué en matière de religion. Je n'ai pas échappé à cette évolution critique, qui m'a conduit à dénoncer les bons sentiments et les mots creux dans des sermons plaqués.

Si je ne me mis pas, alors, à l'écart de l'Église, c'est parce que j'entendis parler de la communauté de Taizé comme d'un lieu de forte spiritualité, à l'écoute des jeunes. Au Plessis-Robinson, Marie-Anne, une fille très dynamique qui fréquentait la paroisse, me suggéra d'aller y faire un tour. Elle avait l'air si convaincue et fut si convaincante que je décidai très vite de m'y rendre. J'en revins enthousiaste ! Dans leur communauté aux bâtiments perchés sur une petite colline de Saône-et-Loire, les Frères de Taizé, en majorité protestants, rayonnaient de simplicité et d'authenticité. Leur dépouillement n'invitait pourtant pas à la tristesse, au contraire. Les offices étaient de toute beauté et, quand montait du chœur de l'église la vague des alléluias entonnés par les frères et les milliers de jeunes qui les entouraient, chacun était gagné par une forme d'allégresse intérieure. Frère Roger, le fondateur de cette communauté, invitait alors au recueillement. Sa voix profonde vous prenait l'âme. Et ce silence ! Jamais je n'avais écouté le silence. Jamais il ne m'avait envahi ainsi, comme une source de paix.

En dehors des offices, nous étions invités à former des groupes de réflexion sur les questions de la foi et de l'engagement. Ces temps de parole étaient des moments de découverte mutuelle entre jeunes de différents pays. Il y avait là non seulement des Italiens, des Allemands ou des Hollandais, mais aussi quelques Polonais, Hongrois ou Tchèques. Leur présence était assez exceptionnelle car l'Europe était alors divisée en deux blocs. Au cœur des discussions : le sens de sa vie, la lutte pour la justice, la force de la réconciliation. Ce dernier thème était particulièrement porté par la communauté de Taizé qui, dans l'esprit de son fondateur, se devait d'œuvrer, à travers l'œcuménisme, au rapprochement entre les chrétiens. Mais la dimension proprement politique n'en était pas absente, avec l'histoire de la réconciliation franco-allemande donnée en exemple.

Tout était nouveau pour moi à Taizé. Je redécouvrais la richesse des textes qui avaient été au cœur de mon éducation religieuse. Jamais on ne m'avait invité à la lecture de l'Ancien Testament, pour m'ouvrir au protestantisme et au judaïsme. Taizé eut ainsi l'effet salutaire de m'aider à me débarrasser de mon costume de petit catholique et de m'entraîner, non pas à jeter la religion par-dessus bord, mais à me poser des questions universelles : celles de la foi, de l'engagement, ou plutôt celle de la foi *et* de l'engagement. Car nous n'étions pas incités à une pure démarche contemplative de Dieu, qui ignorerait les problèmes brûlants de la société. Il s'agissait plutôt de répondre à cette interrogation existentielle : « Au nom de ta foi ou de ton questionnement sur Dieu, que fais-tu de ta vie pour servir l'Homme ? »

Ces séjours à Taizé — j'en fis deux ou trois — eurent pour effet de me questionner sur le sens de mes valeurs. Ils n'étaient cependant qu'une parenthèse dans mon existence inquiète et incertaine. « Que veux-tu faire de ta vie ? » m'avait-on demandé là-bas. Justement, je ne le savais pas. Et mon manque d'intérêt pour les premiers cours de psychologie à la fac n'était pas pour arranger les choses. Sans doute étais-je gagné par un début d'état dépressif qui, en fait, me menaçait depuis quelque temps. J'ai la conviction d'avoir été alors « sauvé » par mon ami Freddy, qui vint me sortir de ma coquille. Lui aussi était allé à Taizé et, comme moi, en était revenu enthousiaste. Mais il eut plus vite que moi le sens pratique de l'engagement. Il avait entendu dire qu'un cours d'alphabétisation allait se monter au Plessis, au niveau de la paroisse. C'est une fois de plus la très dynamique Marie-Anne qui était dans le coup. Freddy proposa que nous fassions partie de l'équipe. Je n'hésitai pas une seconde. L'idée me paraissait lumineuse, dans le droit fil de ce que nous venions de vivre à Taizé. Avec le recul du temps, je pense même que c'est à partir de ce jour-là que j'ai commencé à avoir le souci des autres : pour moins me morfondre dans le souci de moi.

Nos « élèves » étaient pour l'essentiel des travailleurs maghrébins, dans l'ensemble plus âgés que nous. Comment se prénommaient-ils ? Mohammed ? Youssef ? Ali ? Je ne m'en souviens plus très bien. Mais je sais qu'ils étaient heureux de faire notre connaissance. Chaque lundi, nous arrivions avec nos livres de français, nos feuilles de papier et nos stylos. Nous les prenions le plus souvent possible en cours individuels. Ils faisaient de leur mieux pour prononcer les mots et les phrases que nous leur proposions. Mais la fatigue d'une journée de travail sur le chantier se lisait sur leurs visages, et leurs progrès étaient lents. De temps en temps, ils nous demandaient de remplir pour eux des papiers administratifs que, de toute façon, ils ne comprenaient pas. Pour être plus efficaces, nous avions besoin d'une formation, ne serait-ce que pour mieux nous adapter à leurs conditions d'existence. Plusieurs d'entre nous suivirent un stage au CLAP (Comité de liaison pour l'alphabétisation et la promotion). Cette formation pédagogique ne changea pas grand-chose à la dynamique de leur apprentissage du français. Leurs progrès restaient toujours aussi lents.

En réalité, ces travailleurs immigrés venaient au « cours », moins pour apprendre notre langue que pour nouer des contacts humains avec de jeunes Françaises et Français. Ils étaient comme « parqués » sur leur chantier, en marge de la vie sociale de la cité. Nous ignorions tout de leurs conditions d'existence. Ils n'en parlaient jamais ; je suppose qu'ils en avaient honte. Comme nous commencions un peu à nous connaître, ils nous invitèrent un soir à prendre le thé « chez eux » — c'est-à-dire sur leur chantier, dans des petits baraquements misérables. Quel choc ! Ce qui nous frappa, ce n'est pas seulement le caractère rudimentaire de leur « logis » ; c'est aussi le fait qu'ils résidaient au milieu des habitants du Plessis, non loin d'une rue passante et de son trafic automobile. Bien sûr, on le savait implicitement. Mais notre visite, ce soir-là, nous en donna une perception concrète. Quand on passait dans le quartier, chacun pouvait certes constater que des immeubles étaient en construction de ce côté de la ville, mais sans se poser de questions sur ceux qui y travaillaient, et moins encore sur leur habitat. Je pris ce jour-là mieux conscience que, bien que voyant, on pouvait se refuser à voir.

C'est dans ce contexte que je fus submergé par une vague de bonheur à laquelle je ne m'attendais guère. Je fis la connaissance de Danièle, une fille aux cheveux châtain clair, qui venait comme moi le lundi soir au cours d'alphabétisation. Après le cours, on prit l'habitude de rentrer ensemble. Qui peut expliquer la magie d'une rencontre ? ce qui incline deux êtres à mieux se connaître ? Danièle était pétillante de vie. J'adorais sa joie de vivre, son rire espiègle, ses yeux profonds. De son côté, je ne sais pas vraiment ce qui l'attirait en moi. J'étais plus jeune qu'elle : elle avait 23 ans et moi 19. Institutrice en école maternelle, elle avait déjà un métier et je n'étais qu'étudiant. Toujours est-il que Danièle me fit comprendre pour la première fois ce qu'aimer veut dire. Alors que je doutais de moi, cette relation a illuminé ma vie. Danièle m'a donné confiance en moi : finies les « ruminations » sur mes yeux ; je n'y pensais plus, je ne lui en parlais pas, et je trouvais un peu plus d'intérêt à mes cours de psychologie, même si j'en séchais pas mal pour la rejoindre.

Notre relation était à la fois passionnée et romantique. Nous passions de longs moments à lire ensemble de la poésie et à écouter les chansons de Serge Reggiani. Danièle me fit découvrir Pablo Neruda, Paul Eluard et Garcia Lorca. Elle me fit aussi aimer de longues promenades dans les bois alentour. Elle me parlait souvent de son métier et, à l'écouter, j'appris beaucoup sur la pédagogie de Freinet et la psychologie de l'enfant. D'ailleurs, peu importe ce sur quoi nous échangions. En la retrouvant, le temps semblait subitement s'arrêter, me plongeant dans un moment d'amour et de paix.

Mais était-il écrit quelque part que mon destin était de connaître à nouveau le tourment ? Dans ce moment si délicieux où j'avais le sentiment de me construire, je reçus à nouveau un coup qui contribua à me déstabiliser. Depuis la dernière année de lycée, j'avais pris l'habitude de circuler sur une petite mobylette grise. Je me sentais en état de la conduire, et ce nouveau moyen de locomotion me rendait d'immenses services. Je l'utilisais pour aller plus vite à Paris, rendre visite à ma sœur, ou encore retrouver Danièle. Je me disais : « Certes, tu ne pourras peut-être pas toujours en être capable, mais tant que c'est possible, profites-en au maximum ! » En revanche, j'avais renoncé à prendre des leçons de conduite automobile. Cette décision avait été difficile : je voyais autour de moi tous mes amis passer leur permis. Conduire une voiture constitue un pas supplémentaire vers la vie adulte, vers l'intégration sociale. À nouveau, j'allais me retrouver en marge des autres. Il me semblait pourtant plus raisonnable de ne pas m'engager dans cette voie : au volant, je savais que j'aurais été un véritable danger public. Mon pote Freddy arriva un jour chez moi d'un air triomphant : « Ça y est, je l'ai ! » Il voulait bien sûr parler de son permis ; et moi de lui répondre : « Bravo, c'est super ! » J'étais vraiment content pour lui, mais peut-être a-t-il perçu un peu d'amertume dans ma voix. Je me disais dans mon for intérieur : « Toi, tu as toujours la mobylette. Essaie de t'en servir le plus longtemps possible. »

Jusqu'à présent, je n'avais noté qu'une petite gêne, en été : les jours de grand soleil, je ne parvenais plus très bien à discerner la couleur des feux de signalisation. Ébloui, je ne voyais pas si le feu était rouge ou vert. Je résolvais cette difficulté en me rangeant sur le côté à l'abord d'un carrefour, tout en réduisant ma vitesse. M'approchant alors lentement du feu, je pouvais mieux en discerner la couleur. Cependant, je minimisais un autre problème, à savoir ce qui pouvait surgir à ma gauche. Je savais pertinemment que je risquais de le percevoir avec retard. Pour anticiper cette difficulté, je m'efforçais, dans les situations qui me semblaient dangereuses, de jeter des regards sur la gauche avec mon œil droit.

Ces petites tactiques de contournement volèrent un jour en éclats. Du côté de Choisy-le-Roi, à l'approche d'un carrefour, je m'engageai, pensant que le feu était vert, au moment même où une camionnette arrivait sur la gauche : je faillis la heurter de plein fouet. Le chauffeur, m'ayant vu au dernier moment, se mit à klaxonner ; dans un réflexe désespéré, je freinai et obliquai vers la droite, évitant le choc. Je tombai sur le côté, mais je n'eus heureusement rien de grave. Le chauffeur me hurla littéralement dessus. Il avait raison. J'avais eu très peur. Les jours suivants, je me retrouvai à nouveau déprimé, me demandant : « La mobylette, c'est déjà fini ? »

Pourtant, je continuai à m'en servir ! Et je ne dis rien à mes parents et amis de cet accident évité de justesse — et surtout pas à Danièle, de crainte de l'inquiéter. Mais je me rendais compte que j'étais de moins en moins rassuré quand je prenais ma mobylette. C'était plus fort que moi. Je me disais intérieurement : « Ne recommence donc pas tes conneries ! » Et je l'enfourchais quand même. Un peu comme si j'étais « accro à ma mob », pour la satisfaction d'aller plus vite que par les transports en commun et aussi, tout simplement, pour la joie de sentir le vent sur mon visage. J'avais l'habitude de m'en servir pour aller jusqu'à la gare de Bourg-la-Reine, où je la laissais au parking. De là, je prenais la ligne de Sceaux et je me rendais bien plus rapidement à la fac. Un jour, en revenant des cours, la mobylette n'était plus là : on me l'avait volée. Elle ne valait pourtant pas grand-chose ! Je pris cela pour un signe et décidai de m'en passer, une fois pour toutes.

Un soir que nous lisions ensemble de la poésie, Danièle me fit découvrir un poème de Lanza del Vasto, « Tiens-toi droit et souris »[1]. Il vous est certainement arrivé de tomber en arrêt devant un paysage, un tableau de maître ou le texte d'un écrivain. Moi, ce fut devant ce poème. Le relisant aujourd'hui, je le trouve quelque peu naïf. Pourtant, il

1. Lanza del Vasto, *Approches de la vie intérieure*, Paris, Denoël, 1962, p. 109.

me parlait beaucoup dans le contexte de ces années. La première strophe, déjà, me touchait :

Dans l'aise ou dans la gêne,
Dans la misère ou l'opulence,
La maladie ou la santé,
Tiens-toi droit et souris.

C'était moi ! du moins ce que je désirais paraître. En dépit de la saloperie invisible qui me rongeait, je voulais rester debout, conserver ma force et ma dignité. Il y avait aussi cette autre strophe, qui parlait de la compétition et de l'hypocrisie :

Parmi les gens qui jouent des coudes,
Ceux qui tendent les mains pour prendre
Ou bien qui rampent et louvoient,
Tiens-toi droit et souris.

C'était aussi ce que je pensais de la vie, aspirant à me mettre à l'écart des faux-semblants. Je dis à Danièle que je voulais en savoir plus sur cet écrivain. Nous apprîmes qu'il consacrait sa vie à promouvoir la non-violence depuis qu'il avait rencontré Gandhi en Inde, au milieu des années 1930. Je lus son *Pèlerinage aux sources* où il raconte son voyage initiatique et découvris qu'il avait fondé en France la communauté de l'Arche, pour tenter de développer en Occident un modèle de vie simple et agraire inspiré de l'ashram gandhien. Dans la France de l'après-68, ce modèle de vie communautaire à la campagne pouvait séduire certains jeunes, mais ce n'était pas mon cas. En revanche, j'étais curieux d'en savoir plus sur sa philosophie de la non-violence, d'autant que j'appris bientôt qu'il avait joint l'idée à la pratique en s'engageant dans la dénonciation de la torture en Algérie aux côtés d'autres intellectuels comme Jean-Marie Domenach, alors directeur de la revue *Esprit*.

En général, le public non averti perçoit la non-violence comme une idéologie du pacifisme et de la passivité. Dans mon cas, ma première approche fut exactement inverse : à la lecture de « Tiens-toi droit et souris », puis d'autres textes, j'ai pensé d'emblée que l'esprit de non-violence reposait bien davantage sur une attitude de résistance au quotidien, une force morale mobilisable devant les épreuves qui vous assaillent. Avec Danièle, nous nous sommes mis à fréquenter la maison des Amis de l'Arche à Paris, rue Raymond-Losserand. Nous y avions des échanges intéressants sur ces sujets, tout en nous initiant à la pratique du yoga pour avancer, disait-on, vers un certain état de paix intérieure. Dans mon cas, de tels exercices n'étaient pas inutiles...

À la fac, je me trouvais plongé dans une tout autre ambiance. Dans la France de l'après-Mai 68, les discours gauchistes sur la nécessité de la révolution allaient bon train. Les principaux partis de gauche, représentés par François Mitterrand (PS), Georges Marchais (PC) et Robert Fabre (MRG), venaient de signer leur Programme commun de gouvernement. Mais cette volonté de conduire une politique commune, en soi un évènement, était jugée bien trop réformiste par les organisations d'extrême gauche, très présentes à la Sorbonne. Curieux, je lisais parfois leurs tracts et me rendais de temps en temps à leurs réunions. Partout, le marxisme était à la mode ; je me mis moi aussi à lire un peu de Marx, d'Engels et de Trotski. Au Plessis, bien qu'entouré de communistes, je n'avais jamais prêté attention à leur propagande, intéressé seulement par le dernier numéro de *Pif le chien* que des militants vendaient le dimanche matin. Désormais, j'étais sensible à la dénonciation des multiples formes d'injustice sociale par les organisations de gauche et d'extrême gauche. Je finissais par admettre comme une évidence le constat de la lutte des classes dans nos sociétés capitalistes. Mais je n'arrivais pas à accepter la phraséologie du fameux principe de la « dictature du prolétariat », pas plus que celui de la « violence des masses ». Dans l'ensemble, j'adhérais cependant de plus en plus à la vision d'une autre société, plus juste, plus égalitaire et autogestionnaire — à l'image de ces ouvriers de Lip qui, à Besançon, se battaient pour conserver leur usine de fabrication de montres, quitte à la gérer eux-mêmes. Montait ainsi en moi la volonté de militer, non plus seulement en faisant de l'alphabétisation, mais en prenant un véritable engagement politique. Je me sentais assez proche des idées du PSU de Michel Rocard et de la CFDT d'Edmond Maire, ce que l'on appellera bientôt la « deuxième gauche ».

Sans doute est-ce l'une des raisons qui ont contribué à m'éloigner de Danièle. Elle vivait toute la journée avec ses petits enfants de la maternelle, tandis que j'étais avec mes grandes idées révolutionnaires de la fac, et accessoirement avec mes livres de psycho. Mais il y avait encore autre chose. Demeurant chez ses parents, elle aspirait à son indépendance. Aussi envisageait-elle de louer un appartement, me proposant de tenter une vie commune. Plus jeune qu'elle, je ne m'y sentais pas du tout prêt. Elle travaillant et moi encore étudiant pour des années, je ne me voyais guère vivre en couple, et moins encore fonder une famille. Je lui fis part de mes réserves. Commença alors entre nous le temps de la souffrance et de la rupture. Nous nous disions : « C'est fini », puis nous revenions quand même l'un à l'autre. Je lui répétais mes arguments et elle me répondait : « Mais Jacques, on verra bien. » En fait, elle avait confiance en moi, tandis que je doutais : je ne parvenais pas à croire à mon propre avenir.

À la faveur de cette crise, je dus l'admettre avec plus de clarté : ce qui me retenait aussi de m'engager, c'était ce diagnostic de cécité à venir. Pensant et repensant à Danièle, je me disais : « Tu ne peux pas lui faire ça, c'est-à-dire lui infliger de vivre un jour avec un infirme. » Il m'était impossible de me projeter dans cette image négative de moi-même, de me représenter à ses côtés dans cet état. J'avais ainsi de plus en plus tendance à vivre dans le présent, à me cantonner à mon existence d'étudiant et d'aspirant militant. Ce fut donc la rupture, définitive et douloureuse, suivie par mon incapacité, pendant des années, à nouer une relation durable avec une femme.

Ayant quitté Danièle, je me consacrai à mes idées — et je dirai même à une certaine idéologie. L'époque était aux grandes synthèses intellectuelles. On voyait régulièrement des livres ou des colloques sur le thème « Marxisme et psychanalyse » ou « Marxisme et structuralisme ». Dans ce climat général, je voulais plus modestement apporter ma contribution en rapprochant non-violence et politique : bientôt je me mis à écrire mes premiers articles. Ceux qui se reconnaissaient dans les idées de non-violence me semblaient en effet trop souvent pétris de bons sentiments. Je mettais à part le livre que venait de publier Jean-Marie

Muller, *Stratégie de l'action non-violente*. C'était l'ouvrage le plus clair et le plus convaincant qu'il m'avait été donné de lire sur le sujet. L'auteur y démontrait comment les méthodes de l'action non-violente ne « tombaient pas du ciel » mais répondaient à des principes tactiques et stratégiques qui s'adaptaient aux objectifs à atteindre. Il me semblait possible d'aller encore plus loin, notamment dans la formulation politique d'un projet de société.

L'itinéraire d'un Martin Luther King était très intéressant à cet égard. Son combat pour les droits civiques des Noirs américains me fascinait presque davantage que celui de Gandhi pour l'indépendance de l'Inde. La stature du mahatma Gandhi m'impressionnait beaucoup, mais j'étais davantage séduit par ses actions que par ses idées, dont certaines me semblaient parfois étranges. En revanche, je me sentais proche de Martin Luther King, sans doute parce que nous faisions partie du même monde occidental et que je trouvais ici ou là dans ses textes quelques références à la psychologie, voire à la psychanalyse. Or, l'évolution même de son combat aux États-Unis avait fini par poser la question du politique. Dans les années 1950, le pasteur King s'était retrouvé à la tête d'un mouvement social pour les droits civiques des Noirs américains qui, avec beaucoup de persévérance et d'imagination, avait fini par remporter ses premiers succès. Puis le mouvement s'était progressivement déplacé du sud au nord du pays, en se politisant de plus en plus. Dès lors, la question n'était plus seulement : « À quelles méthodes d'action recourir pour que les Noirs obtiennent leurs droits civiques fondamentaux ? », mais plus largement : « Comment transformer la société américaine pour qu'elle accorde aux populations noires, souvent miséreuses, une place plus importante sur le plan économique mais aussi politique ? » C'est cette question des rapports entre non-violence et société que j'avais envie de creuser.

Si j'entendais me battre un jour pour ces idées de non-violence et de justice, je ne voulais pas pour autant y sacrifier mes études. En deuxième année, j'y trouvais d'ailleurs un peu plus d'intérêt, depuis que l'on nous parlait de la psychologie de l'enfant chez Jean Piaget ou que l'on nous initiait à la psychiatrie de l'adulte. Et je n'aurais pas raté un cours de psychologie sociale de Jean-Marie Lemaine. En fait, le militantisme était pour moi un objectif auquel j'entendais me préparer, et l'obtention d'un diplôme, un moyen de rester *ancré* dans la réalité sociale. Je me souviens très bien avoir tenu ce raisonnement curieux : « Certains militent durant leurs études, puis cessent de militer quand ils entrent dans la vie active. Toi, fais plutôt l'inverse : débrouille-toi pour obtenir ton diplôme et ensuite tu militeras. » Je comptais aller jusqu'à l'obtention d'un diplôme professionnel, un DESS délivré par l'Institut de psychologie de la Sorbonne — ce qu'on appelle aujourd'hui un mastère. Mais, paradoxalement, mon projet professionnel, après le diplôme, n'était pas vraiment de devenir psychologue : c'était de militer pour mes idées…

Comme les moyens de mes parents étaient limités, je dus aussi faire des petits boulots pour avoir un peu plus d'aisance durant ces années à la fac. Dès l'âge de 16 ans, mon père m'avait trouvé, pour les vacances, un travail de classement dans la compagnie d'assurances qui l'employait. Pour la première fois, je gagnais un peu d'argent par moi-même et j'en étais évidemment très heureux. Cependant, le comportement des adultes dans cette entreprise me sidérait. Chaque jour, à 17 h 30, retentissait dans tout l'immeuble une sonnerie, signal de la sortie générale des employés. Or, à 17 h 25, ils étaient tous comme des poules à piailler derrière les portes de leurs bureaux, prêts à bondir. Sitôt que la sonnerie retentissait, c'était la cavalcade dans les escaliers. Vraiment, je ne voyais pas grande différence avec la sortie de mon lycée ; et encore, les lycéens me semblaient plus dignes. Ne me sentant pas très à l'aise dans cet emploi administratif, je m'essayai, avec mon ami Freddy, au travail en usine. L'été de nos premières années de fac, nous avions trouvé une place chez Danone, dans la zone industrielle du Plessis-Robinson. Là, c'était une tout autre ambiance que dans les bureaux, mais ce n'était pas vraiment mieux. Nous nous sommes retrouvés à travailler à la chaîne, répétant le même geste durant des séquences de trente minutes. Il fallait attraper, à l'extrémité d'un tapis roulant, les yaourts qui arrivaient à la queue leu leu, pour les déposer par groupes de seize dans un carton qu'on nous tendait environ toutes les soixante secondes. (Il m'est arrivé, une nuit, de faire un cauchemar : je voyais défiler les yaourts devant mes yeux sans pouvoir en interrompre le flot obsédant.) De temps à autre, le contremaître s'en prenait à nous, même s'il faisait preuve d'un peu plus de respect pour les étudiants que nous étions. Inutile de dire que les plaisanteries volaient très bas entre les ouvriers qui étaient là toute l'année. Nous, nous n'étions là que pour un ou deux mois. Cela nous suffisait pour nous rendre compte que cet asservissement quotidien était totalement incompatible avec un travail intellectuel. Au retour de l'usine, nous avions le cerveau en compote : impossible même de lire un livre. Plus tard, je pensai à la remarque de la philosophe

Simone Weil, qui avait travaillé chez Renault : la différence entre elle et les ouvriers, c'était qu'elle ne faisait que passer.

Une autre année, je me suis essayé au métier de pompiste, dans un garage. Mais catastrophe ! Je ne repérais pas assez vite l'emplacement du bouchon du réservoir. Du coup, l'automobiliste s'impatientait et me lançait : « Mais vous êtes miro : il est là ! » Me confondant en excuses, je commençais à déverser le précieux liquide. Toutefois, ne parvenant pas toujours à évaluer le niveau de l'essence qui montait dans le réservoir, il m'arrivait d'en renverser à l'extérieur. Le chauffeur était évidemment furieux, car il devait payer ce qui était tombé. Inutile de dire que je ne suis pas resté très longtemps dans la place. Une autre année, je fus accepté comme manutentionnaire pour le déchargement des camions de livraison du supermarché de Châtenay-Malabry. Ce travail physique ne me faisait pas peur. Cependant, on devait diriger les diables pour déposer les cartons ou les caisses à l'endroit que l'on nous indiquait. Or, il m'arrivait de ne pas trouver les emplacements de rangement, voire de heurter un collègue avec mon chariot. Au bout de quinze jours de ce travail approximatif, le chef magasinier me dit que je ne faisais pas l'affaire et je fus tout simplement remercié.

De tous ces petits boulots de mes années de fac, celui qui me convint le plus fut celui de colleur d'affiches ou, plus exactement, de « déposeur » d'affiches dans les boutiques. Un organisme de formation parisien vantait alors une nouvelle méthode pour apprendre à taper rapidement à la machine à écrire. (Nous n'en étions pas encore à l'âge des ordinateurs.) Cette société employait des étudiants à temps partiel pour placer, chez les commerçants, des affiches publicitaires sur lesquelles était écrit en gros caractères : « Apprenez à taper à la machine en 14 heures. » On nous attribuait un quartier de Paris, dont il fallait sillonner les rues. Chacun pouvait faire ce travail quand il voulait, ce qui était commode avec nos horaires d'étudiants. Entrant dans la boutique, il fallait convaincre en quelques secondes le commerçant de bien vouloir coller ladite affiche sur sa vitrine ou à l'intérieur de son magasin. S'il acceptait, nous avions pour consigne de la scotcher tout de suite, sur un emplacement bien visible. Le commerçant apposait alors son tampon sur le carnet qu'on nous avait donné. De retour à la société, on comptait le nombre de tampons : un franc pour chaque tampon. Si on se débrouillait bien, on pouvait atteindre dans la journée quarante, cinquante, voire soixante tampons — ce qui n'était pas mal payé. J'adorais, prenant un air déterminé, entrer chez les commerçants en lançant un chaleureux « Bonjour ! » pour me faire remarquer et créer si possible un climat de sympathie. Puis, m'approchant du comptoir, j'expliquais à la personne qui venait vers moi, sur le ton de la confidence, la raison de ma visite. J'aimais ce travail qui, bien qu'un peu fatigant, ressemblait à un jeu : gagner, ou non, un nouveau tampon en quelques secondes. Il était basé sur la communication, certes superficielle, mais dans des situations toujours différentes, et il me faisait connaître de nouveaux quartiers de Paris.

Parvenu en licence, j'allais bientôt faire une découverte. Dans le hall de l'Institut de psychologie de Paris, je rencontrai par hasard un garçon de mon âge qui n'avait pas le look habituel des étudiants en psycho. D'allure très sérieuse, il portait cheveux courts et lunettes d'écaille, mais semblait sympathique. Comme je lui demandai ce qu'il faisait dans cet institut, il me répondit qu'il préparait une licence de psychologie tout en étant à Sciences Po. Et moi, ignare, de lui demander : « Sciences Po, qu'est-ce que c'est ? » Un peu surpris, il m'expliqua que c'était une école où l'on étudiait la vie politique française, le droit, l'économie, les relations internationales, toutes matières qui m'intéressaient de plus en plus. Je lui demandai encore : « Et où est-ce ? — Tout près d'ici, me répondit-il. Tu remontes le boulevard Saint-Germain et tu trouves la rue Saint-Guillaume sur ta gauche. » Il ajouta : « Si tu veux, on y va ensemble. » C'est ainsi que je déambulai en sa compagnie pour la première fois dans la « péniche », à la recherche de documentation sur cette école. Pourrais-je m'y inscrire ? Une personne de l'administration m'informa que, dans ma situation, je devais passer un concours. Compte tenu de mes activités, je n'étais guère dans l'état d'esprit de m'y préparer. « C'est dommage, ajouta-t-elle. Comme vous avez eu votre bac en 1969 avec mention, vous auriez pu entrer à l'époque sans examen. » Incroyable !

En ai-je été furieux ou plutôt amer ? J'étais à nouveau en colère contre cette forme de marginalisation sociale qui avait fait de moi un « sous-informé » dans le choix de mes études supérieures. Découvrant l'existence de Sciences Po, ma révolte contre cette injustice était cependant tempérée. Car je dois être honnête : il n'est pas sûr que j'aurais cherché à intégrer cette grande école si j'en avais connu l'existence au moment de passer mon bac. Je n'avais pas les centres d'intérêt, sociaux et politiques, que j'allais découvrir plus tard. De plus, il est probable que j'aurais tenu ce raisonnement : « D'accord, tu peux être accepté à

Sciences Po. Mais pour faire quoi par la suite ? D'accord, les diplômés de cette école peuvent occuper des fonctions intéressantes de responsabilité, dans les administrations ou les entreprises. Mais toi ? On te mettra sur la touche dès qu'on se rendra compte que tu n'y vois plus. » Comme pour l'orientation vers d'hypothétiques études de médecine, j'imaginais à l'avance le sort qui m'aurait été réservé si, d'aventure, j'avais nourri le projet de devenir un cadre supérieur. Mieux valait ne rien regretter de ce qui s'était passé, ou plus exactement de ce qui ne s'était pas passé. Mieux valait n'éprouver aucun ressentiment à cause de cette occasion manquée.

Mon diplôme en poche, je me suis donc engagé dans ce qui me tenait le plus à cœur : militer pour mes idées, défendre mes valeurs. Dans cette France du milieu des années 1970, François Mitterrand, le candidat de la gauche unie, venait de rater de peu l'élection présidentielle face à Valéry Giscard d'Estaing. Pour capitaliser l'élan politique de cette candidature, le PS organisa, fin 1974, les Assises du socialisme, auxquelles je participai. Je me retrouvai, notamment dans le « carrefour » où l'on débattait des problèmes de défense, à écouter Charles Hernu ou Pierre Bérégovoy. Au final, tous les participants étaient conviés à écouter un grand discours de Mitterrand, qui allait tracer les perspectives de lutte pour les années à venir. Bien que j'aie voté pour lui, ses propos parfois grandiloquents ne suscitèrent pas, chez le jeune que j'étais, l'enthousiasme qu'ils étaient supposés déclencher. En fait, je me retrouvai alors parmi ces chrétiens de gauche qui se reconnaissaient dans les idées du socialisme autogestionnaire défendues par le PSU. Et nous regrettions que Michel Rocard, ancien secrétaire général de ce parti, choisisse de rejoindre le PS à l'occasion de ces Assises du socialisme.

Dans cette période d'effervescence politique, j'étais devenu très actif dans les milieux non-violents. Au côté de Jean-Marie Muller, je participai à la création d'un nouveau mouvement qui mettait précisément en avant le caractère déterminant d'une stratégie non-violente dans le changement social, voire révolutionnaire[1]...

Au-delà de ce projet, de cette « utopie créatrice » — expression que nous reprenions d'Ivan Illich —, ce qui me donnait le plus de satisfaction, c'était de me réaliser enfin dans l'*action*. J'apprenais à animer des réunions et à travailler en équipe. Je constatais que les textes que je commençais à écrire suscitaient l'intérêt de mes camarades. Je pris aussi l'initiative d'organiser une session de formation à l'action non-violente qui rencontra un certain succès. Ces diverses activités me faisaient circuler à travers la France, et parfois en Belgique ou en Suisse. Mais ce qui était le plus enrichissant, c'était l'occasion qu'elles me donnaient de faire connaissance avec des personnes très différentes qui partageaient mon idéal ou avançaient dans la même direction.

Ainsi ai-je d'abord en mémoire ma rencontre avec Jacques de Bollardière, ce général intrépide qui refusa la torture en Algérie, pour devenir ensuite... un combattant de la non-violence. Je connaissais déjà son parcours exceptionnel. Je savais qu'il avait été l'un des militaires les plus courageux de sa génération, ayant rejoint l'Angleterre

1. Il s'agit du Mouvement pour une alternative non-violente (MAN), fondé à Poitiers en novembre 1974.

dès juin 1940, pour participer, aux côtés du général de Gaulle, à la résistance de la France libre. Avant même de le rencontrer, j'étais impressionné par son histoire. Or, l'homme avec qui, un jour de 1975, j'étais en train de discuter ne correspondait pas du tout à l'image que j'en avais. Jacques de Bollardière était tout en simplicité et en gentillesse, curieux de faire connaissance avec chacun... Était-ce bien l'homme qui avait participé, avec ses légionnaires, à la bataille de Narvik (Norvège) en 1940 contre l'armée d'Hitler ? qui s'était affronté aux blindés de Rommel, essuyant les déluges de feu de Bir Hakeim puis d'El-Alamein (Égypte), où il avait été blessé ? qui avait subi l'entraînement éprouvant de l'*Intelligence Service* britannique et avait été parachuté, en 1944, dans les Ardennes pour y organiser un maquis ? qui avait commandé les unités parachutistes en Indochine jusqu'en 1953 ?

Assis non loin de lui dans la même réunion du Mouvement pour une alternative non-violente, je tentais de l'observer de côté, me demandant ce qui rappelait le grand soldat qu'il avait été. De corpulence moyenne, plutôt râblé, il conservait une allure énergique et une certaine fermeté dans le regard. Trace d'une dureté passée ? Rien en tout cas, chez cet homme chaleureux alors âgé de 67 ans, de cette raideur que l'on perçoit parfois chez d'anciens militaires de carrière. Jacques de Bollardière, « Bolo » pour ses anciens paras et ses amis militants, était empreint de civilité et respirait la bonté. Et lui qui avait tant bourlingué s'intéressait au jeune homme que j'étais, qui n'avait encore rien vécu.

Ayant appris que je devais aller en Bretagne pour une conférence, il m'invita à lui rendre visite dans sa maison de Guidel, *Le Vieux Talhouët*, près de Quimperlé.

J'y restai quelques jours, faisant la connaissance de sa femme, Simone, et de plusieurs de ses filles. Nous étions en plein hiver et le temps restait désespérément froid et humide. Mais qu'importe, je goûtais la chance de me trouver ainsi plongé dans son intimité familiale. Un soir, nous restâmes à discuter autour d'un bon feu de cheminée. Jacques se mit à me raconter ce qui lui tenait le plus à cœur. Non pas quelque page de sa gloire militaire passée — il n'en parlait jamais — mais celle de son combat moral contre la torture. Aussitôt, sa voix plutôt sourde gagna en clarté et en vigueur. Je l'imaginai tout à coup, avec près de vingt années de moins, jeune général dans la région d'Alger, au cœur de l'Atlas blidéen. Dès le début de son affectation, il ne s'était pas senti à l'aise dans sa mission. Et quand son secteur, en 1957, était passé sous le contrôle du général Massu, il avait demandé à être relevé de son poste. La pratique de la torture était alors en train de se généraliser en Algérie, encouragée par Massu qui se savait couvert par les « politiques ». Bollardière ne voulut à aucun prix cautionner une telle dérive. Pour son acte d'indiscipline, qu'il eut le courage de rendre public dans *L'Express*, le ministre de la Défense voulut le radier de l'armée. Mais, après l'examen de son cas en Conseil des ministres, sa peine fut ramenée à soixante jours de forteresse[1].

Passionné par son récit, je brûlais de lui poser une question qu'il avait dû entendre des dizaines de fois : comment

---

1. « Lettre du général Jacques Pâris de Bollardière à Jean-Jacques Servan-Schreiber », *L'Express*, 27 mars 1957, reproduite dans Jacques de Bollardière, *Bataille d'Alger, bataille de l'homme*, Paris, Desclée de Brouwer, 1972, p. 94.

avait-il eu la force de dire *non*, se doutant bien que son acte serait sanctionné ? Avant de me répondre, Jacques se leva pour remettre une bûche dans le foyer, puis revint se caler dans son fauteuil. La pièce en devint plus lumineuse et son visage aussi. Ce qui l'avait guidé dans son refus ? D'abord sa haute conception de l'honneur du soldat, prêt au sacrifice de sa vie et respectueux de son ennemi. Il ne pouvait imaginer qu'un militaire puisse s'avilir à la pratique dégradante de la torture. Son cheminement politique avait aussi compté. En 1940, il était certain d'être du bon côté de la liberté contre la barbarie nazie. Plus tard, en se battant contre les Vietnamiens, il s'était mis à douter de la légitimité de son engagement. Contre les résistants algériens, il n'y croyait presque plus : la flamme de la Liberté était passée dans le camp d'en face. Mais ce qui avait surtout pesé dans son opposition à la torture, c'était tout simplement sa foi chrétienne, qui lui disait : « Tu ne peux pas faire ça. Tu ne peux pas cautionner une telle dégradation de l'homme. » Jacques prononça ces mots avec force, se redressant dans son fauteuil. Puis il se tut. Respectant son silence, je ne songeai pas à l'interroger davantage. Il n'y avait d'ailleurs plus grand-chose à ajouter. Près de nous, le feu s'éteignait doucement. De temps en temps, le bois crépitait encore, comme si les braises acquiesçaient à ce qui venait d'être dit…

En juin 2000, quand le général Massu a publiquement exprimé des « regrets » à l'égard de la pratique de la torture, j'ai aussitôt pensé à Jacques de Bollardière, et plus particulièrement à cette soirée, restée gravée dans ma mémoire[1].

---

1. On lit dans *Le Monde* du 22 juin 2000 cette déclaration du général Massu : « La torture n'est pas indispensable en temps de

Avant de quitter l'Algérie, Jacques avait eu une conversation orageuse avec Massu. Il lui en avait toujours voulu d'avoir fourvoyé l'armée française dans la pratique de la « gégène », sous prétexte qu'elle était efficace pour empêcher des opérations terroristes. Et pour aboutir à quoi, disait-il ? À ce que la France perde finalement la bataille politique, sanctionnée par l'indépendance de la nation algérienne. Cette déclaration de Massu a constitué une sorte de victoire posthume de Bollardière, qui n'était plus là pour l'entendre. Mais, bonté divine, pourquoi Massu ne s'était-il pas rangé aux arguments de Bollardière, en temps voulu ? Cette remarque, je le sais, est bien naïve. Mais comment ne pas faire ce constat aujourd'hui : si la torture était inutile, quel énorme gâchis ! Que de parcours brisés, que de vies perdues, que de souffrances et de traumatismes durables pour rien ! Quel désastre pour l'honneur même de la France, qui n'a pas su entendre l'un de ses meilleurs soldats !

Comment ne pas penser aussi à mon ami et compère Christian Mellon, que je rencontrai pour la première fois à Lyon en 1974, également dans une réunion militante ? Jésuite, il achevait ses études de théologie, tout en étant engagé, bien plus que moi, dans les mouvements non-violents. Quand il m'invita, l'année suivante, à son ordination par Mgr Ancel, je n'hésitai pas une seconde à m'y rendre. L'intelligence et la clarté de sa pensée m'ont tout de suite fait grande impression. J'ai aussi apprécié son caractère ouvert, le plus souvent d'humeur égale, s'efforçant toujours de voir les choses du bon côté. Qu'il est agréable d'être

---

guerre, on pourrait très bien s'en passer. Quand je repense à l'Algérie, cela me désole. »

proche de ce type de personnalité ! Plus encore, il s'est avéré que, sur le plan des analyses politiques, nos positions étaient souvent proches. J'ai donc senti très vite que je pouvais beaucoup apprendre de lui. Excellant dans la « toilette » des textes, il m'a aidé à mieux développer ma pensée et à améliorer mon style. Christian venait tout juste de fonder la revue *Alternatives non-violentes* avec deux autres Lyonnais, Georges Didier et Christian Delorme. Il me proposa d'accueillir mes premiers articles dans cette toute nouvelle « revue de documentation et de recherche », à la croisée des pratiques militantes et des sciences sociales.

Comment ne pas évoquer une autre de ces rencontres, collective celle-là, avec les paysans du Larzac ? Mon désir d'action, je le réalisai encore plus concrètement en me joignant à leur lutte contre le projet d'extension de l'ancien camp militaire. La propagande officielle affirmait qu'il n'y avait plus que des « vieux » dans cette région de l'Aveyron. Mais c'était faux ! Ces agriculteurs du Causse, qui se retrouvaient au cœur de l'opposition au projet gouvernemental, étaient dans la force de l'âge, certains ayant même bâti des exploitations très modernes. Qu'est-ce qui m'a poussé, durant ces années, à faire de fréquents allers et retours Paris-Millau pour participer, le samedi après-midi et le dimanche matin, aux réunions des « Comités Larzac » qui avaient fleuri dans toute la France pour soutenir la « lutte des 103 » ? Je ne saurais vraiment l'expliquer. Mon cas n'est pas unique : il est celui d'une génération, du moins de certains jeunes de ma génération attirés par ce qui se vivait, ce qui résistait, dans cette belle région de France. Nous rentrions fourbus à Paris, après avoir fait quelque 1 300 kilomètres dans de petites voitures peu confortables, par des routes parfois difficiles et encore peu aménagées. Mais nous avions le sentiment d'avoir participé à quelque chose d'*important*, qui donnait du sens à nos existences.

Les historiens diront sans doute que la lutte du Larzac, née au lendemain de Mai 68, se trouvait à la convergence des mouvements non-violents, gauchistes, régionalistes, écologistes — en somme, tout ce que la France comptait à l'époque de groupes contestataires, œuvrant en dehors des structures politiques traditionnelles. Ils n'auront pas tort. Mais cette analyse intellectuelle doit cependant se doubler d'une compréhension prenant mieux en compte ce que nous ressentions en nous rendant au Larzac. Je veux parler de cette émotion qui nous saisissait à chaque fois que nous montions sur le Causse, happés par la beauté rugueuse de ces paysages. Qu'on l'aborde sous le soleil ou sous la neige, le plateau du Larzac a quelque chose de grandiose. Alors qu'au premier coup d'œil ses terres semblent inhospitalières, elles recèlent en réalité toutes sortes de charmes, d'odeurs et de couleurs, bref de la vie. À la découverte de ces lieux sauvages s'ajoutait la connaissance d'hommes et de femmes qui nous semblaient authentiques, chaleureux et déterminés. Bien sûr, nous avions appris que la supposée unité des « 103 » était un mythe, que ces familles de paysans, du nord au sud du plateau, n'avaient pas les mêmes intérêts et pouvaient avoir entre eux de vifs conflits. Après tout, il s'agissait d'une communauté d'êtres humains, avec ses forces et ses faiblesses. Nous autres, les gens des Comités, avions aussi des désaccords, y compris parfois avec les agriculteurs. Mais — comment l'expliquer ? —, en dépit de ces divergences, de nos profondes différences, nous savions nous retrouver sur l'essentiel. Ce qui réunissait paysans et militants, c'était aussi un sens de la fête et du partage… d'un morceau de roquefort arrosé d'un petit rouge. Il y eut des moments de peine et de souffrance, mais aussi des moments de joie et de franche rigolade. Dans cette saga du Larzac où je m'étais embarqué, pendant ces quelque dix années de lutte, il y eut du plaisir à militer.

De retour à Paris, ma vie paraissait parfois un peu fade. Depuis l'obtention de mon diplôme, elle avait pourtant changé du tout au tout. J'avais réussi à trouver un travail à mi-temps, pas très intéressant, dans la clinique du professeur Pichot, jouxtant l'hôpital Sainte-Anne. Cet emploi alimentaire me permit de quitter le domicile familial. Par chance, une amie militante, Françoise, m'avait trouvé un petit studio dans son propre immeuble, rue Pascal. J'étais ravi de goûter enfin la joie de voler de mes propres ailes, même si mes moyens étaient plutôt limités. J'étais aussi heureux de me trouver dans ce quartier agréable de Paris — cette partie du 5e arrondissement que je connaissais mal, autour de la rue Mouffetard et de ses commerçants gouailleurs.

Quelle surprise, un jour, de recevoir un coup de fil de Julie, une ancienne camarade de fac. Je ne sais comment elle s'était procuré mon numéro de téléphone, mais j'étais content de lui parler. Julie, étudiante à la fois mignonne et sérieuse, portait souvent un bandeau blanc qui rejetait ses cheveux bruns en arrière, mettant en valeur son joli visage. Nous allions de temps en temps au café ensemble pour bavarder et, accessoirement, pour réviser nos cours. Mais il ne s'était jamais rien passé entre nous. Elle venait m'annoncer qu'elle avait trouvé un poste de psychologue à plein temps, pour s'occuper d'enfants handicapés, ce qui avait toujours été son projet professionnel. Elle en était tout excitée. « Et toi ? m'interrogea-t-elle. As-tu aussi trouvé un poste qui te plaît ? » J'étais un peu embarrassé pour lui répondre, lui avouant la place que mes activités militantes avaient prise dans ma vie ; ce dont, à vrai dire, elle ne s'étonna guère. Elle me rappela quelques jours plus tard, alors que j'étais sur le point de partir de chez moi. Comme si nous nous étions quittés la veille, elle me demanda : « Veux-tu qu'on prenne un verre ensemble demain soir et qu'on aille ensuite au cinéma ? » En général, un garçon sent assez bien si la proposition d'une fille est une banalité ou, bien davantage, une promesse de rencontre. Au ton de sa voix, je sus tout de suite que la sienne contenait la possibilité d'une relation. Comme je la savais sérieuse, j'étais sûr que ce nouvel appel n'était pas chez elle un coup de tête. Aussitôt, des alarmes rouges se déclenchèrent dans ma tête : « Attention : danger ! » Oui, j'ai eu peur de ce qu'elle me proposait ; peur, surtout, de la décevoir. Je n'étais absolument pas prêt à m'engager, évoluant alors dans ma planète militante. En un instant, Julie réactivait le scénario du film que je refusais : celui d'une vie de couple et, qui sait, d'enfants à venir. Je lui bredouillai une réponse, prétextant que je n'étais pas disponible ce jour-là, que de toute façon j'étais très pris, etc. Comme elle était très intuitive, elle n'insista pas, et je n'eus plus jamais de ses nouvelles.

En réalité, j'étais gagné dans cette période par cette sorte de griserie activiste qui atteint les militants chevronnés. On ne s'en rend pas forcément compte parce qu'on est constamment dans l'*action*. Militer devient un but en soi ; une réunion en appelle une autre. On ne compte pas son temps, dès lors qu'on se bat pour ses idées, n'est-ce pas ? Certes, il s'agit bien de *toucher les gens* pour les convaincre. Mais la militance devient aussi un mode de vie, une manière de se construire. Autour de la rue Pascal était ainsi né un petit groupe militant, dans lequel j'étais devenu très actif. Il était composé de Françoise, la plus ancienne dans les lieux, de Jean, un Italien très sympa, étudiant en psychologie, que j'avais attiré dans mes pérégrinations non-violentes, et de quelques autres. Une de nos initiatives les plus marquantes fut la « Semaine de la non-violence politique » que nous avons organisée en 1976 au cinéma André-Bazin, rue de Tolbiac. Autour de ce cinéma (malheureusement disparu aujourd'hui), on pouvait disposer d'autres salles pour faire des réunions publiques, présenter une exposition, tenir une librairie. Il y avait même une petite salle de cabaret en sous-sol. C'était un lieu idéal, en plein Paris, pour organiser un évènement culturel. J'avais proposé à mes amis de nous lancer dans l'aventure. Avec des moyens dérisoires, nous avions pourtant réussi à créer une vraie dynamique autour de cette idée de semaine sur la non-violence. Chaque soir, un film différent était projeté, suivi d'un débat à propos de l'éducation, de l'objection de conscience, de l'écologie, etc. Jacques de Bollardière avait accepté de participer, le dernier jour, à un débat sur la défense. Des artistes s'étaient joints à nous : un peintre, un sculpteur et plusieurs chanteurs. Le caricaturiste Cabu avait créé, pour l'occasion, un dessin original que nous avions reproduit sur l'affiche présentant la « Semaine ». Grâce au bouche à oreille, des lycéens et des étudiants s'étaient mobilisés pour la coller et, ô surprise !, on commençait effectivement à la voir sur certains murs de Paris. Les quotidiens *La Croix* et *Libération* avaient publié un article présentant cet *évènement*. Dans les dernières semaines, je travaillais presque à plein temps à sa préparation, qui, sur la fin, mobilisait environ une quarantaine de personnes. Plusieurs d'entre nous se sont ainsi consacrés pleinement à sa réussite. Et nous n'avons pas été déçus. Notre initiative fut un succès. Il y avait du monde tous les jours et tous les soirs. Les débats faisaient salle comble, ainsi que les spectacles. Nous n'en revenions pas. Au moment de faire les comptes, nous avons constaté — fait rare dans les entreprises militantes — que nous étions largement bénéficiaires ! Ce jour-là, je rayonnais, épuisé mais heureux.

Et ma vue, me direz-vous ? Je n'y pensais plus. Plus exactement, je voulais ne plus y penser. Le plus important, me disais-je, c'était de garder le moral, quoi qu'il arrive. Se battre pour des valeurs me semblait en définitive l'unique ligne de défense contre la maladie. J'en étais convaincu : avoir la foi en un idéal constituait le meilleur rempart pour tenir. Les médecins ne disent-ils pas que le bon moral du patient est l'une des clés de la réussite d'une thérapie ? Qui sait même si le fait de se battre ainsi pour des idées n'allait pas me permettre de ralentir la pathologie, de conserver mes yeux le plus longtemps possible ? S'il m'arrivait de connaître un passage à vide, alors rien de tel, comme médicament de l'âme, que d'écouter un poème de Louis Aragon chanté par Marc Ogeret, ou de se pénétrer du répertoire de Jacques Brel, dans lequel se mêlent indéfiniment espoir et détresse. J'avais fini par apprendre par cœur le texte de « la Quête » de son *Don Quichotte*, qui débute par ces mots : « Rêver un impossible rêve… »

Et si, pourtant, je finissais par imaginer « le pire du pire », mon dernier carré de résistance se trouvait dans certains écrits du psychanalyste Bruno Bettelheim, que je venais de découvrir. On ne nous en avait pas parlé à la fac, mais les étudiants en psycho se précipitaient pour lire ses livres. Sa *Forteresse vide*, où il raconte son traitement d'un enfant psychotique, ne m'avait pas beaucoup intéressé ; en revanche, je m'étais passionné à la lecture du *Cœur conscient*, où il fait l'analyse du comportement des prisonniers des camps de concentration nazis, dans lesquels il avait été lui-même incarcéré. Un détail me frappa : Bettelheim y note que les prisonniers qui ont le mieux résisté étaient ceux qui croyaient en quelque chose, qu'ils fussent communistes ou témoins de Jéhovah. Leurs valeurs politiques ou religieuses les avaient aidés à tenir bon dans cet univers de souffrance et de mort. À ma petite échelle personnelle, j'en retirais une leçon : je devais tout simplement adopter la même attitude de résistance intérieure pour juguler le mal qui me rongeait.

Ainsi me croyais-je à peu près armé pour affronter mes peurs de l'avenir, proche ou lointain. Je me forçais encore à aller voir le docteur Blanchot une fois par an, pour une visite de contrôle. Tant pis si celle-ci constatait à chaque fois, d'un ton presque détaché : « Tiens, votre œil gauche a un peu baissé, mais le droit tient bon. » On se disait « À l'année prochaine », et je repartais avec mon ordonnance de vitamine E, que j'ai fini par jeter à la poubelle. Jusqu'à ce que je décide de ne plus aller la voir : à quoi bon ? Tant pis encore si, après le débat que j'avais animé avec le général de Bollardière lors de la « Semaine de la non-violence », mon ami Jean me fit gentiment ce reproche : « Tu n'as pas vu les bras qui se levaient pour poser des questions ! » Et tant pis encore si je remarquais que je ne parvenais plus très bien à serrer la main de la personne qui s'approchait de moi pour me saluer : soit que je ne voyais pas du tout son geste, soit que je l'anticipais mais en le ratant ; je me retrouvais alors la main dans le vide, et il me fallait dire : « Oh ! pardon ! » — une excuse qui laissait la personne mal à l'aise à mon égard. Tant pis toujours si, lors du rassemblement au Larzac en 1977, où l'on attendait des dizaines de milliers de manifestants, et alors que j'étais au cœur de son organisation, je ne trouvais pas toujours les lieux et les personnes à la nuit tombée, ou simplement la chaise qu'on me tendait pour m'asseoir... C'est bien plus tard que j'ai pris conscience de la gêne que mon attitude avait suscitée autour de moi. En fait, j'étais alors engagé dans deux batailles, l'une certes aux côtés des paysans du Larzac, et l'autre contre moi-même — contre celui que je redoutais de devenir et que pourtant j'étais déjà.

Bien qu'alerté par de nouveaux signes de détérioration de ma vision, je ne voulais pas regarder la réalité en face. Ainsi, je ne me doutais pas de ce qui m'attendait en ce jour d'été, à Noirmoutier, où je m'étais rendu pour y retrouver mes parents et me reposer un peu. Alors que j'étais allongé sur la plage, un enfant passa à côté de moi en courant, me lançant par inadvertance un peu de sable sur le visage. Pour l'enlever, je dus frotter mon œil droit, tout en laissant le gauche ouvert. Je me rendis alors compte, avec stupéfaction, que je ne voyais plus rien de ce côté-là. C'était tout simplement horrible. Cela ressemblait à du brouillard, dans lequel perçait encore une lumière opaque. Je recommençai l'expérience en refermant l'œil droit, cette fois volontairement. Pas de doute : j'obtenais bien la même chose. Impossible désormais de contempler les allées et venues des voiliers… et les jolies filles sur la plage. Fini aussi le spectacle des couchers de soleil sur la mer. Ma vision de l'œil gauche avait désormais la couleur de la grisaille, c'est-à-dire de la tristesse. Heureusement, il me restait encore le droit. Cela me rassurait, car celui-là me donnait l'impression de voir toujours *normalement*. On peut très bien se débrouiller dans la vie avec un seul œil valide. Mais combien de temps allait-il tenir ? Je n'en savais rien. Je n'étais pas au bout de mes découvertes… Je n'avais fait qu'approcher le monde inquiétant vers lequel j'étais contraint d'avancer, ne sachant pas encore que j'allais y frôler la mort.

CHAPITRE 3

Faire comme si…

J'AVAIS l'impression d'avoir déjà fait naufrage sans pour autant être au bout du voyage. J'appris que le général de Gaulle avait eu ce mot, durant ses dernières années : « La vieillesse est un naufrage. » Est-ce que j'étais déjà vieux à 26 ans, avec un œil en moins et un autre qui était peut-être en train de flancher ? À mon goût, la chose allait un peu trop vite. Mais le militantisme possède un avantage indéniable : il vous empêche de penser. Je veux dire de penser à vous, à vos problèmes. Pas besoin d'aller au bout du monde. En faisant de la politique, pardon, en vous occupant des autres, des problèmes de la Cité, vous vous oubliez vous-même. C'était très commode pour moi. Je continuais donc à militer fébrilement comme si de rien n'était. Mais, en dépit de l'apparence que je voulais donner, mon inquiétude n'en était que plus vive.

Est-ce l'expérience précoce de la perte qui vous donne déjà le sentiment de votre finitude ? Est-ce tout simplement le besoin humain de vous rapprocher de quelqu'un quand vous n'allez pas bien ? Après la conscience de ce premier naufrage, « elle » vint à me téléphoner, sans avoir idée de ce que j'étais en train de vivre. Et chose étrange, en tout cas nouvelle, il m'arrivait de la rappeler. Son prénom, Lydie, plutôt rare et élégant, m'a tout de suite plu. J'avais fait brièvement sa connaissance durant la préparation de la « Semaine de la non-violence », puisqu'elle faisait partie de ces étudiants volontaires pour coller des affiches. Rue Pascal, bien que résidant dans des appartements différents, Françoise et moi partagions la même ligne téléphonique. (Mon amie m'avait très gentiment proposé cette solution, compte tenu de mes moyens limités.) Lorsque quelqu'un nous appelait, le téléphone sonnait donc à la fois chez l'un et chez l'autre. Un jour que Lydie cherchait à me joindre, Françoise décrocha la première et, en me passant la communication, se contenta de dire : « C'est *Elle* ! » Elle aurait pu me dire : « C'est *encore* Elle », car il y avait dans sa voix un peu d'énervement. Mais non, son « C'est *Elle* » attestait un changement notable dans mon environnement immédiat, ce qui l'irritait peut-être...

Du coup, je pris conscience de l'importance que Lydie était en train de prendre dans mon existence. Communiquer avec elle au téléphone était déjà une manière de faire une pause au milieu de ma fébrilité activiste. Et je devais aussi me l'avouer : j'avais aussitôt aimé ses yeux bruns profonds et le dessin de ses lèvres. Son visage rayonnait à la fois d'intelligence et d'enthousiasme. Lydie venait juste de finir une grande école de commerce mais ne s'était pas sentie toujours très à l'aise dans ses études. Aussi avait-elle cherché à s'engager dans « quelque chose », son militantisme la portant plutôt vers l'écologie, une question encore loin d'être à la mode. Ce que je percevais d'elle, tout comme le peu que je savais d'elle, me donnait le désir de mieux la connaître. Pour autant, je ne changeais guère mon emploi du temps de militant. Il se présentait toujours des *urgences*... Et je me retrouvais très souvent en réunion.

Cependant, je commençais à me poser de sérieuses questions sur le sens de ce militantisme effréné. À quoi allait-il me conduire ? Devais-je rester un éternel contestataire, ou bien envisager de prendre un jour une position plus « responsable » envers la gestion de la société ? J'ai alors vaguement pensé à me lancer dans une carrière politique, pourquoi pas, en rejoignant le Parti socialiste — ce que certains imaginaient d'ailleurs de faire, dans la perspective de la prochaine élection présidentielle de 1981. Mais le propre d'un homme politique, outre de faire de beaux discours, est de serrer des mains, beaucoup de mains. Quel pouvait être mon avenir en ce domaine, moi qui ne parvenais déjà plus bien à serrer la main de mes amis ? J'aurais été vite mis sur la touche dans la compétition entre tous les candidats au pouvoir. Alors, à quoi bon ? Dans cette période, il paraît aussi que je n'avais pas bonne mine, que j'avais même l'air épuisé. En réalité, j'aspirais confusément à vivre autre chose, à m'occuper un peu plus de moi — et, en ce sens, la venue de Lydie tombait à pic dans ma vie. Nous eûmes ainsi nos premiers moments de vraie rencontre, y compris durant les vacances. Mais ces instants étaient pour la plupart prévus en fonction, voire dans le cadre, de mes activités militantes.

Néanmoins, je ne parvenais pas à être complètement détendu avec elle. Quelque chose en effet me trottait dans la tête. Ayant conscience que notre relation devenait sérieuse, je me devais de lui parler, de la mettre au courant. Mais que lui dire exactement ? et quand ? Ce dont j'étais certain, en tout cas, c'était de vouloir lui confier mon secret. Oui, pour la première fois de ma vie, depuis l'âge de mes 16 ans, j'envisageais de briser le silence, *mon* silence, pour la personne qui commençait à compter pour moi. Cela n'allait pas être facile. Mais il m'était tout simplement impossible d'imaginer vivre avec elle dans le faux-semblant, sans l'avertir de ce qui pouvait m'arriver, de ce qui pouvait lui arriver si elle envisageait de rester à mes côtés. Cependant, il y avait un risque : en souhaitant l'informer du mal qui me rongeait, n'allais-je pas l'effrayer et, au bout du compte, la faire fuir ? Certes, la situation de mes yeux n'était pas très brillante mais elle n'était pas non plus catastrophique. Après tout, mon œil droit semblait toujours bon et pouvait durer. Il fallait donc que je trouve des mots qui soient dans un entre-deux, qui l'alertent sur la gravité de mon cas tout en ne dramatisant pas — mission, à mes yeux, si j'ose dire, quasi impossible.

Un jour que nous nous promenions au Plessis, du côté du parc Henri-Sellier, dans cet environnement qui avait été celui de mon enfance, je me jetai à l'eau. Que lui ai-je dit exactement ? Je ne m'en souviens pas avec précision, et Lydie pas davantage. Cependant, cette conversation est restée gravée dans sa mémoire comme un moment important du début de notre histoire. Elle se rappelle que je lui ai parlé de mon œil gauche et que je l'ai informée que quelque chose de grave pouvait m'arriver aux yeux. Pas davantage. N'ai-je pas été alors assez clair ? Ou bien ne voulait-elle pas vraiment « entendre » la dure réalité de ce que je lui annonçais ? Il est néanmoins certain que, sans en mesurer vraiment les conséquences, ce que nous nous sommes dit ce jour-là a fait son chemin chez elle comme chez moi.

Sur le moment, je me suis senti soulagé — et c'était chose plutôt rare dans mon cas —, optimiste quant à mon propre avenir. C'était merveilleux. Nous avions la conviction de partager les mêmes valeurs : n'était-ce pas après tout l'essentiel ? L'un et l'autre, on commençait à imaginer la possibilité d'avoir des projets en commun. Et on se le dit bien vite : pourquoi attendre davantage ? Nous décidâmes de vivre ensemble, sous le même toit ; à tout le moins d'essayer. Je quittais la rue Pascal pour son petit deux pièces du 17e arrondissement, rue Juliette-Lambert, près de la place Wagram. À mon goût, elle habitait dans une rue un peu trop excentrée de Paris, ce qui n'était pas commode pour me rendre à mes réunions. Mais quelle excitation que ces premiers jours où vous savez que vous débutez une nouvelle période de votre vie, avec la personne qui vous est la plus chère ; quand vous vous lancez ainsi dans l'aventure de se construire à deux — une étape que, pour ma part, j'avais bien de la peine à franchir.

Et pourquoi, dans la foulée, ne pas faire la connaissance de nos parents respectifs ? Aussitôt dit, aussitôt fait. Lydie vint un dimanche déjeuner au Plessis-Robinson, chez mes parents, qui furent ravis de sa visite. À mon tour, je l'accompagnai en Alsace pour rencontrer les siens. Ces derniers m'accueillirent fort chaleureusement, et j'avais le sentiment d'avoir réussi mon examen de passage. Mais le samedi soir, à la fin du dîner, je dus un peu déchanter. Me levant de table pour aller aux toilettes, j'entendis soudain sa mère parler à haute voix dans la cuisine, d'un ton presque catastrophé : « Il n'y voit pas ! » Sans doute n'avais-je pas dû bien repérer le verre ou le plat que l'on m'avait tendu durant le repas... Aussitôt, mon esprit s'assombrit, traversé par un voile de tristesse.

Justement, comme si ces débuts avaient été trop beaux, notre relation se mit soudainement à se gâter. Étions-nous allés trop vite en besogne ? Au bout de quelques mois de vie commune, notre enthousiasme était-il déjà retombé ? Le fait est que Lydie n'allait pas bien. Il me fallut un moment pour le réaliser, étant souvent par monts et par vaux, occupé que j'étais par la campagne des élections législatives de 1978, où j'avais accepté de me présenter à Paris avec la double investiture du « Front autogestionnaire » et d'« Écologie 78 ». Cet engagement politique était d'ailleurs la toute première source de problèmes entre nous. Lydie supportait de plus en plus mal mon activisme. Elle venait de trouver son premier poste à plein temps, et quand elle rentrait le soir... je partais en réunion. Les rares fois où nous nous retrouvions ensemble à la maison, le téléphone n'arrêtait pas de sonner, jusqu'à une heure tardive, laissant peu de place à l'intimité. Ce n'est évidemment pas la vie de couple qu'elle avait espérée. Je savais bien qu'il fallait que j'en fasse moins, mais je ne parvenais toujours pas à « lâcher ».

Cependant, il y avait autre chose, dont j'ignorais tout. Le fait de s'engager dans une relation avait réveillé chez Lydie des angoisses, des conflits non résolus de son enfance et de son adolescence. En quelques mois, elle avait basculé dans ce qu'il fallait bien appeler un état dépressif. Bien qu'ayant reçu une formation de psychologue, je ne sus comment l'aider, sinon en lui conseillant — quel paradoxe ! — d'aller voir un « psy ». Je me sentais complètement démuni et, pour tout dire, désemparé. Je ne la reconnaissais plus : elle qui était pleine de dynamisme semblait à présent sans énergie. Je me disais que les lois de l'amour ne tiennent pas nécessairement au hasard : n'avions-nous pas été inconsciemment attirés l'un vers l'autre parce que chacun avait un point de vulnérabilité qui nous avait rapprochés ? C'était pathétique. Tandis que je me débattais avec mes yeux, elle se débattait avec sa propre histoire. Il était beau notre couple !

Le mal-être de Lydie eut pourtant un effet salutaire : il finit par m'arracher de l'engrenage militant. Car j'en étais convaincu, ce qui pouvait nourrir ma vie, ce qui en faisait l'espérance, c'était elle. Même si je savais bien que je ne parviendrais pas à dénouer ses conflits à sa place, il m'appartenait au moins d'améliorer notre situation en me rendant plus disponible. Quand vous faites une promenade en montagne, que vous traversez la vallée, parvenu sur son autre versant vous découvrez le paysage sous un jour différent. En habitant avec Lydie, il m'arrivait la même chose : je changeais de perspective sur la vie. Après les élections législatives, il était certain que je voulais tout arrêter, ou presque. Je n'avais plus tellement la foi. Mais mes difficultés de vue — encore elles — participaient aussi de ce raisonnement de « repli ». J'avais bien conscience que j'étais moins « mobile » dans mes déplacements ; que, par exemple, j'avais des difficultés, surtout la nuit, à trouver l'adresse où je devais me rendre pour une réunion et qu'il m'arrivait de me cogner stupidement contre un poteau de signalisation ou un échafaudage. J'en concluais que je devais me construire une vie plus *calme*. D'une certaine manière, c'est ce que j'avais commencé à entreprendre avec Lydie. Mais cette évolution devait aussi atteindre mes propres activités. C'est ainsi que j'eus l'intuition qu'il fallait me tourner vers un travail de réflexion, dont j'imaginais qu'il serait plus *tranquille*, plus sédentaire.

Bien qu'il m'en coûtât de me retirer de l'action politique, cette orientation nouvelle m'intéressait vraiment. Tout au long de ces années militantes, j'avais eu le temps de me rendre compte que mon engagement intellectuel dans la revue *Alternatives non-violentes* était ce qui me tenait le plus à cœur. Si je devais conserver quelque chose de cette période, ce serait ma participation à cette revue. J'avais d'ailleurs commencé à y prendre plus de responsabilités, ma collaboration avec Christian Mellon devenant de plus en plus étroite. Grâce à la revue, j'avais eu l'occasion de faire la connaissance, entre autres, d'Edgar Morin, de Michel de Certeau, d'Henri Laborit, de Paul Virilio et de René Girard. Quel bonheur ! Ces rencontres intellectuelles étaient souvent passionnantes, et je me rendais bien compte que j'étais attiré à la fois par ce que ces auteurs me faisaient découvrir et par les débats d'idées qui en résultaient. De plus, *Alternatives non-violentes* était une véritable fenêtre ouverte sur le monde. On y bâtissait tour à tour des dossiers sur la violence et la non-violence en Afrique, aux États-Unis, en Amérique du Sud, etc. La préparation de chaque numéro était une occasion d'apprendre et de s'interroger sur le monde et ses conflits. J'avais même réussi à entraîner Lydie dans la conception et la réalisation d'un numéro sur « Femmes et violences »... Christian me proposa bientôt de prendre tout simplement en charge l'animation de la revue : il souhaitait en effet partir deux ans à l'université de Bradford (Angleterre) pour y suivre une formation spécialisée sur la paix *(peace studies)*. J'acceptai avec joie sa proposition, qui était pour moi une formidable occasion de rencontrer de nouveaux auteurs et penseurs sur des questions de fond, parfois directement reliées à l'actualité. Je voulais m'efforcer de faire d'*Alternatives non-violentes* ce qui était annoncé dans son sous-titre : une « revue de documentation et de recherche ».

Désormais engagé avec Lydie, j'aspirais aussi à une forme de *normalité* sociale — je veux dire que je voulais retrouver une vie *normale* avec un travail *normal*. Je vivais auparavant de fort peu, mon premier emploi dans le service du professeur Pichot n'ayant pas duré. Le militantisme avait eu pour conséquence de m'entraîner hors de tout circuit professionnel. Alors, comment me remettre à flot sur le marché du travail ? Heureusement que Lydie avait un emploi régulier qui nous permettait de vivre, ce qui me donnait un temps précieux pour faire des démarches. Pour trouver un emploi stable, je n'avais en réalité comme « carte d'entrée » que mon diplôme de psychologue, qui ne m'avait pratiquement pas servi ; mais cela n'était pas suffisant. Inutile d'insister sur ces difficultés à me repositionner professionnellement, évidemment traversées par des moments d'abattement. Qui a été au chômage une période de sa vie peut aisément les comprendre. Disons que la chance m'a bientôt souri. J'appris en effet qu'un institut accueillant des enfants et adolescents handicapés légers recherchait un psychologue à mi-temps pour une tâche qui pouvait me convenir. L'équipe de cet IMPRO (Institut médico-professionnel) dit *Le Bel Air* — l'un des établissements de la Sauvegarde de l'enfance des Yvelines, situé au Chesnay, près de Versailles — était engagée dans un projet pédagogique particulièrement dynamique. Son directeur, Albert Mallet, estimait important qu'un « travail d'écriture » soit entrepris, afin de faire trace de ce qui se vivait au *Bel Air*. Il envisageait ainsi la création d'une sorte de journal psycho-pédagogique qui, tout en stimulant le travail en équipe à l'intérieur du centre, contribuerait à son rayonnement institutionnel. À cette fin, il cherchait quelqu'un, de préférence un « psy », qui ait déjà une expérience d'écriture, voire d'animation de revues.

Le profil de ce poste, plutôt original et intéressant, me correspondait assez bien. Je savais que j'avais une vraie chance de l'obtenir. Quand je me présentai au *Bel Air* un jour de 1980 pour rencontrer le directeur, j'étais pourtant très anxieux. Jusqu'à présent, je n'avais jamais passé de véritable entretien d'embauche. Or, je voulais par-dessus tout dissimuler mon problème visuel. Il ne fallait à aucun prix qu'il s'en aperçoive et commence à me poser des questions risquant de compromettre mon recrutement. À cette fin, j'avais réfléchi à une stratégie. Premier principe : paraître tout à la fois détendu, motivé et d'allure sympathique. C'était la base, et ça ne me semblait pas trop difficile. Second principe : se montrer compétent pour le job et convaincre que je n'étais pas un psychologue « tordu » (il en existe bien quelques-uns…), lequel aurait vite posé des problèmes dans une équipe. Cela allait encore. Troisième principe : être très attentif à mon environnement visuel, observer tout au maximum, quelques secondes à l'avance, pour n'être surpris par rien ; bref, anticiper la situation et le geste de manière à être le plus naturel possible et que rien ne se remarque quant à mes yeux. C'était le plus dur.

En approchant du *Bel Air*, j'ai tout de suite aimé les lieux. On y accède par une allée dans un joli parc, pour se retrouver devant le « château » — en fait une grosse bâtisse à deux étages, peu élégante. La verdure qui vous environne, assez inattendue, donne l'impression de ne plus être dans la ville, alors que vous venez à peine de la quitter. Dès que l'on entre par la porte centrale, on prend un grand escalier sur la gauche, qui mène au secrétariat, tout près du bureau du directeur. Jusque-là, facile : je retrouverais sans hésiter mon chemin au retour. La secrétaire me reçut très gentiment et s'excusa : « Le directeur est un peu en retard ; asseyez-vous dans son bureau, il va arriver. » Super ! Je ne pouvais pas espérer meilleure introduction. Pénétrant un peu en avance dans la pièce, j'avais en effet tout loisir de l'observer et de bien repérer la chaise réservée aux invités. Le plus périlleux aurait été que le directeur me fasse entrer lui-même dans son bureau, me montrant l'endroit où il m'invitait à m'asseoir. Il aurait pu y avoir un moment de flottement si je ne l'avais pas identifié du premier coup. C'était le scénario le plus probable mais, heureusement, il ne s'était pas produit.

Parvenu dans la place sans encombre, je pouvais attendre son arrivée, en me détendant le plus possible. Toutefois, il y avait encore l'épreuve de la poignée de main, que je ne devais rater à aucun prix. Gagné ! Mon geste fut impeccable quand le directeur arriva pour me saluer. Notre entretien se déroula au mieux. L'homme était fort sympathique, et le courant passa tout de suite entre nous. Il m'expliqua les enjeux du poste et je lui dis que j'étais juste celui qu'il lui fallait... En conclusion, Albert Mallet semblait disposé à me prendre mais il devait en parler à son équipe, s'assurer que le budget pour me payer était bien disponible, etc. Je ne pouvais pas espérer meilleur contact à ce stade. J'étais heureux d'avoir été à la hauteur de la situation quant à mon comportement visuel ; du moins c'est ce que je pensais. Je repartis donc confiant, même si je dus patienter plusieurs mois, qui me parurent une éternité. Finalement, j'obtins le poste. J'appris plus tard, de la bouche d'Albert Mallet lui-même, qu'il s'était rendu compte de mes « difficultés » dès la fin de notre entretien. En me raccompagnant à la porte de son bureau, il s'était aperçu que, curieusement, je cherchais l'escalier… qui se trouvait juste devant moi ! Mais il ne s'en était pas alerté outre mesure, notre entretien s'étant très bien passé.

Chaque mardi et chaque jeudi, je devais donc me rendre au *Bel Air* pour travailler avec l'équipe psycho-pédagogique. Le psychiatre et les autres psychologues de l'établissement venaient également ces mêmes jours, consacrés aux réunions. Le *Bel Air* était organisé en trois unités pédagogiques accueillant environ vingt-cinq jeunes entre 13 et 18 ans. Tous rejetés du système scolaire traditionnel, ils présentaient des symptômes sensiblement différents, entre la débilité et la psychopathologie. L'établissement ne traitait pas les débiles profonds ni les cas psychiatriques lourds. Institut médico-professionnel, sa finalité était de donner à ces jeunes un minimum de formation technique pour les aider à trouver un travail dans un milieu « normal » ou, le plus souvent, « protégé », surtout dans les CAT (Centres d'aide par le travail). C'est pourquoi l'équipe comprenait, outre des éducateurs spécialisés, plusieurs éducateurs techniques chargés de préparer les jeunes aux métiers du bois, à l'horticulture, à la plomberie, etc.

Tout était nouveau pour moi au *Bel Air*, et je fis de mon mieux pour m'adapter à ce milieu de l'enfance handicapée. Avant d'entreprendre la création du journal, je pris le temps de rencontrer les psychologues et les éducateurs. Il ne me fallut pas longtemps pour me faire une idée de la richesse des personnalités composant cette équipe, et de la réelle dynamique de son projet. Albert Mallet avait raison : cela valait la peine de rendre compte de cette entreprise collective à travers différents textes, susceptibles à leur tour de faire avancer la réflexion collective. Mais je ne pouvais pas me substituer aux acteurs de ce projet ni rédiger à leur place... Or, les éducateurs disposent de peu de temps pour écrire sur leur expérience professionnelle, occupés qu'ils sont avec les jeunes, et n'étant pas toujours à l'aise dans un tel exercice. Mon rôle était donc de susciter l'écriture, épaulant ceux qui acceptaient de s'y risquer, réalisant des entretiens avec ceux qui n'avaient pas le temps ou la faculté de le faire, me transformant au besoin en écrivain public de l'institution, afin de mettre en forme les idées qui y circulaient. En somme, il me fallait devenir une sorte d'« accoucheur » de la parole écrite. Ainsi naquit *Reflets*, le journal trimestriel du *Bel Air*, dont chaque numéro était organisé autour d'un thème particulier (la vie en groupe, l'expression du corps ou la psychothérapie).

Voilà pour la description de ma tâche dans l'institution. Mais je dois surtout rendre compte de la manière dont j'ai été progressivement perçu par ceux qui sont devenus mes collègues[1]. Il ne m'est pas facile d'en parler, car j'entrais alors de plain-pied dans une période étrange et inconfor-

1. La rédaction de ces lignes repose sur l'entretien réalisé en juin 1997 avec plusieurs personnes du *Bel Air* qui ont bien voulu parler de leur perception de mon évolution à leurs côtés, alors que j'avais définitivement quitté le centre. Dans le prochain chapitre, on lira un autre passage consacré au *Bel Air*, provenant du même entretien.

table, pour moi et pour les autres. Entre voyance et malvoyance, je pénétrais dans un univers où vous commencez à perdre vos repères. Que voyez-vous ? Que ne voyez-vous pas ? Vous ne le savez plus très bien, et ceux qui vous entourent encore moins. Quand j'arrivais le matin au *Bel Air*, certains se demandaient par exemple : « Suis-je au bon endroit — ni trop près ni trop loin — pour qu'en le saluant il voie mon geste ? » D'autres constataient que, dans la journée, j'avais parfois des comportements inexplicables, ne trouvant pas une chaise à ma portée ou m'apprêtant à ouvrir la porte avant d'une voiture alors qu'on me demandait de monter à l'arrière. Ainsi mes collègues n'étaient-ils pas toujours à l'aise avec moi car aucun mot n'était mis sur de telles conduites puisque je ne leur avais rien dit de « mes problèmes de vue ». Mon passage pouvait même susciter de l'agressivité lorsque, par exemple, je bousculais quelqu'un dans un couloir sans m'en apercevoir et donc sans m'excuser. Quand, en fin de journée, chacun quittait le *Bel Air*, certains s'inquiétaient pour moi : « Jacques va-t-il retourner chez lui sain et sauf ? » Une collègue orthophoniste, qui demeurait non loin de mon domicile, proposait souvent de me raccompagner, se disant : « Au moins, il va rentrer ce soir sans problème. »

Et moi qui ne me rendais compte à peu près de rien ! qui étais persuadé d'avoir réussi mon intégration dans l'institution ! Le journal semblait apprécié : c'était l'essentiel. Parfois, j'avais bien conscience d'instants de flottement dans ma conduite, mais je les banalisais. En réalité, j'étais pleinement entré dans une phase de déni de l'évolution de ma maladie, faisant comme si je voyais alors que je ne voyais plus ou, en tout cas, plus beaucoup, m'acharnant à être perçu comme voyant, alors que j'étais devenu malvoyant, sinon « très » malvoyant. Le malaise que suscitait mon comportement quotidien résidait dans le décalage croissant qui s'était installé entre l'évolution de mes yeux et la perception que j'avais de moi ; entre une fonction sensorielle fondamentale, de plus en plus hors service, et une manière d'être au monde, d'entrer en relation avec les autres, qui n'avait pas encore pris acte de cette défaillance irrémédiable.

Pour combler ce fossé, il fallait que l'image que je me faisais de moi-même incorpore la perte importante de ma vision, afin de s'adapter à ce nouvel état physique. Mais cela, je n'y parvenais pas. Ainsi certains collègues du *Bel Air* attendaient-ils que j'évoque ouvertement mon « problème », m'en voulant de ne pas accepter d'en parler. Ils avaient évidemment raison. Mais plus facile à dire qu'à faire ! Nombre de malades ne cherchent-ils pas le plus longtemps possible à dissimuler une maladie grave pour conserver leur emploi et garder leur image de *normalité* auprès de leur entourage ? Pour ma part, j'étais comme figé dans une posture de refus de la réalité. Non que j'ignorais la gravité de l'état de mes yeux, mais j'en faisais une affaire personnelle : cela ne regardait que moi. En public, j'entendais maintenir une apparence de normalité et de bonne humeur... Ainsi me trouvais-je véritablement dissocié entre l'appréhension intime de mes difficultés de vue — qui était de l'ordre de la souffrance et de l'angoisse — et la dissimulation publique de ces mêmes difficultés — qui revenait à dire à chacun, avec un certain détachement : « Circulez, il n'y a rien à voir ! » Autant dire que cette posture de défense me conduisait droit dans le mur. Elle pouvait même finir par mettre en danger ma sécurité physique, dans la rue ou ailleurs — d'où l'inquiétude de certains à mon égard.

De quelle manière pouvais-je m'en sortir ? Comment accepter de briser le miroir public de sa propre image pour se reconstruire ensuite, peu à peu, dans une faiblesse assumée ? C'était bien là l'enjeu de mon existence, contrainte de s'affirmer à travers cette lutte intime de soi contre soi — un combat qui allait me prendre encore des années.

Dans mon entourage immédiat, une seule personne était aux premières loges de cette bataille invisible : Lydie, bien sûr. De son côté, elle semblait aller mieux. C'était sûrement le fruit du travail psychothérapeutique qu'elle avait entrepris au début de notre relation. Durant cette période, elle avait d'ailleurs probablement partagé ma posture de déni. Par exemple, au cours d'un séjour en Angleterre où elle voulait me faire rencontrer ses amis Steve et Wendy, ceux-ci s'étaient vite rendu compte que je voyais mal ; mais ni Lydie ni moi n'étions parvenus à en parler. Ils avaient ressenti le même malaise que mes collègues du *Bel Air* quand, au cours d'une promenade en forêt, je m'étais cogné brutalement le front contre une branche que je n'avais manifestement pas vue. Avec les parents de Lydie, je ne parvenais pas davantage à aborder la question, et elle-même respectait ce silence, ce qui faisait de ma vue un sujet quasi tabou dans sa famille. Mais la vie se charge de bousculer les non-dits. Un été que nous nous trouvions dans le Périgord, chez Françoise, la sœur de Lydie, également en compagnie de ces mêmes amis anglais, il se produisit un évènement cocasse. Alors que nous étions tous ensemble dans sa propriété, je n'avais pas vu le bassin qui bordait le chemin. Mon pied gauche s'était trouvé soudain dans le vide, et patatras, me voilà faisant un plongeon dans la mare aux grenouilles ! Chacun put assister au spectacle, lequel aurait dû susciter l'hilarité générale. Mais personne ne s'autorisa à rire vraiment, ne sachant trop comment réagir à cet incident qui attestait de manière ô combien spectaculaire que je ne voyais pas. Finalement, ce fut Kerry, l'un des fils de Steve et Wendy, qui, de sa petite voix innocente, me lança : « Jacques, qu'est-ce que tu fais dans la mare ? »

La multiplication de ces petits incidents avait fini par faire comprendre à Lydie que quelque chose de grave pouvait arriver. Or, elle ne se sentait pas du tout préparée à y faire face. Comme mes collègues du *Bel Air*, elle observait ces phénomènes, en ignorant comment m'aider. Ainsi, quand une personne me tendait la main pour me saluer, elle ne savait pas si elle devait me le dire explicitement ou bien prendre ma main pour la guider vers celle de mon interlocuteur. Sur le fond, l'attitude de Lydie à mon égard était assez ambivalente. D'un côté, elle avait toujours le désir de nous voir continuer ensemble. D'ailleurs, nous avions fini par quitter le 17e arrondissement pour un appartement un peu plus grand dans le 15e, rue du Commerce, un quartier très vivant, qui nous plut tout de suite. Nous en étions très heureux et avions ainsi l'impression d'avancer. D'un autre côté, elle s'interrogeait sur l'avenir de notre relation : pouvions-nous vraiment vivre comme un « couple normal » ? Confrontée de plus en plus à mon handicap, la situation devenait très angoissante pour elle aussi. Or, Lydie ne savait pas si elle serait suffisamment forte pour l'assumer. À quoi pouvait-elle se raccrocher ? Quel était donc le mode d'emploi à suivre ? Il n'y en avait pas. Sa seule certitude était de refuser de se conduire comme une infirmière vis-à-vis d'un malade. Pour ma part, j'avais appris que des couples se séparaient quand l'un des deux devenait « handicapé ». Ce pouvait bien être notre sort, d'autant que je lui disais alors avec fermeté mon refus d'avoir des enfants. En effet, parvenant déjà difficilement à m'assumer, je ne voyais pas comment j'aurais pu prendre la responsabilité de devenir père de famille. Aussi notre couple était-il incertain quant à son avenir. Et au milieu de moments de rencontre et de bonheur — comme lors de nos voyages en Italie et en Grèce —, nous connaissions des épisodes de tension et de conflit.

Pour davantage croire en nous, ne fallait-il pas espérer en un traitement médical ? Cela faisait des années que je n'étais plus allé chez un ophtalmologiste. Lydie en prenait argument pour me pousser à consulter à nouveau un spécialiste. « Qui sait si la médecine n'a pas fait des progrès ? » me disait-elle. Je n'y croyais pas du tout mais restais néanmoins attentif. À la fois pour moi-même et pour nous, pour que nous gardions espoir ensemble, j'étais disposé à tenter quelque chose. Un médecin ouvert aux traitements « naturels » me conseilla un régime alimentaire qui, estimait-il, pouvait ralentir l'évolution de l'affection. Guérir, je n'y pensais pas. Mais ralentir le processus, oui, cela avait toujours constitué le fondement de mon espoir, les jours d'optimisme. Alors, pourquoi ne pas essayer la diététique comme thérapie ? Le régime était basé principalement sur la consommation de céréales et la prise d'oligo-éléments. Alcool et viande étaient interdits. Dur, dur... Quel supplice que de se passer d'un petit verre de muscadet ou d'un bon whisky ! Je ne suis certes pas un grand carnivore mais j'apprécie de temps en temps un steak bien grillé... Mais que n'êtes-vous pas prêt à faire pour garder espoir ? Et pendant les mois où je suivis au mieux cette discipline alimentaire, j'ai effectivement repris espoir. Et si cela finissait par marcher ?

Avant tout, c'est le travail intellectuel qui me faisait tenir. Au début des années 1980, je me retrouvais à animer deux revues, partageant mon temps entre *Reflets*, la revue du *Bel Air*, et *Alternatives non-violentes*. La responsabilité de rédacteur en chef de cette seconde revue était assurément celle qui me donnait le plus de satisfaction, toujours pour les mêmes raisons. Des rencontres intéressantes avec Serge July, Michel Bosquet alias André Gorz, ou Jean Delumeau... Des dossiers stimulants à construire sur « Terrorismes », « Grèves de la faim », « Guerres saintes, guerres justes »... Sans conteste, ma rencontre avec René Girard avait été la plus marquante. La revue *Esprit* lui avait déjà consacré un dossier important. J'avais eu alors envie de lire *Mensonge romantique et vérité romanesque* : brillant et lumineux. Je m'essayai ensuite à *La Violence et le sacré* : difficile mais audacieux. C'est la lecture de *Des choses cachées depuis la fondation du monde* qui me passionna le plus. Girard y reprenait ses analyses sur le désir mimétique à l'origine de toute violence mais aussi, et c'était nouveau, affirmait la crédibilité d'une alternative non-violente, si les hommes voulaient véritablement se réconcilier. Pour l'ancien militant que j'étais, cette ouverture à la non-violence constituait une certaine reconnaissance et une stimulation intellectuelle considérable. La pensée de Girard était une invitation à aller beaucoup plus loin. Aussi avais-je proposé à mes amis d'*Alternatives non-violentes* d'organiser une table ronde avec lui, ce qu'il avait accepté volontiers.

Cependant, cette rencontre, suivie d'autres lectures, m'avait aussi conduit à développer une approche critique de sa théorie de la violence sacrificielle et de son impératif de la réconciliation. À mon avis, Girard ne présentait qu'une vision superficielle de la non-violence et pour tout dire utopique. Il ne l'enracinait pas assez — selon moi — dans les réalités historiques contemporaines, ne prenant pas en compte les luttes non-violentes du XXe siècle, à commencer par celle de Martin Luther King aux États-Unis, où l'auteur vivait pourtant depuis les années 1950. Ainsi la pensée de Girard m'a-t-elle poussé à développer mes propres analyses, d'abord en relation avec elle, mais aussi avec d'autres auteurs : les psychanalystes Bruno Bettelheim et Franco Fornari, puis la philosophe Hannah Arendt, que j'étais en train de découvrir.

De plus en plus de notes et de commentaires personnels s'accumulaient sur mon bureau. « Finalement, me suis-je dit, pourquoi ne pas oser faire un livre pour mettre en forme tes réflexions ? » Tout au long de mes années militantes, j'avais acquis un savoir pratique et théorique sur les stratégies non-violentes. Pourquoi ne pas le mettre en rapport avec ma formation initiale de psychologue, teintée de sociologie ? Ainsi est né le projet de mon premier livre : *Pour sortir de la violence*. Son but principal était de dégager la non-violence des catégories morale et religieuse pour expliciter son fonctionnement à travers le regard des sciences sociales. Il fallait bien sûr répéter que la non-violence n'a rien à voir avec le pacifisme, qu'elle se présente davantage comme une stratégie originale de l'action collective ; qu'à ce titre, mieux vaut parler d'action non-violente ou de combat non-violent. Au-delà de ces remarques introductives, le livre visait à démontrer que cette action non-violente pouvait être pensée à partir de la violence elle-même, en distinguant les conditions politiques du développement de l'une et de l'autre, que ce soit au sein de pouvoirs démocratiques ou totalitaires. Lorsque je découvris le livre de Claude Lefort et Pierre Clastres commentant le célèbre texte d'Étienne de La Boétie, *Discours de la servitude volontaire*, je me sentis encore plus conforté dans ma démarche.

Tandis que j'entreprenais mon régime alimentaire, je me mis donc à l'écriture, me rendant vite compte que la rédaction d'un livre n'avait que peu à voir avec celle d'un article, fût-ce pour une revue. Que ce soit pour le régime ou pour le livre, il fallait faire preuve de discipline et de méthode. Au-delà du projet intellectuel de cet ouvrage, j'avais encore une raison intime de me plonger dans sa rédaction, dont je n'avais pas parlé à Lydie. Elle se réduisait à un seul mot : l'angoisse. Tout en m'appliquant à suivre mon régime, j'étais gagné par la conscience aiguë de la chute à venir. J'étais déjà marqué par la souffrance de la perte et je craignais d'être une nouvelle fois aspiré par le flou, beaucoup trop vite. Je voulais donc écrire ce livre avant que cela ne soit plus possible. Je me souviens très bien d'avoir été habité par le sentiment de l'urgence. « Dépêche-toi de l'écrire tant que tu vois, me disais-je. Après, ce sera trop tard. » Durant mes années à la fac, j'avais appris à taper à la machine à écrire (il n'y avait pas encore d'ordinateurs grand public). Mais, pour aller plus vite, je préférais noircir directement au stylo de grands blocs de papier à petits carreaux, que je donnais ensuite à taper à une dame du quartier. Page après page, j'avançais donc dans l'écriture avec fébrilité. Peu à peu le projet prenait forme, et c'était une source de satisfaction. Si le régime risquait de ne pas être concluant (comment pouvais-je d'ailleurs le vérifier rapidement ?), au moins j'aurais mené à son terme la rédaction de cet ouvrage. Je m'étais lancé dans ce projet sans même me renseigner au préalable sur un potentiel éditeur. De toute façon, je ne connaissais rien au monde de l'édition. Le seul que je pouvais approcher, Michel Fievet, des Éditions Ouvrières (devenues aujourd'hui les Éditions de l'Atelier), accepta tout de suite le manuscrit, moyennant certaines modifications. C'était formidable.

Mais, comme presque toujours dans mon histoire, une bonne nouvelle ne va pas sans une mauvaise. Cette fois-ci, l'affaire aurait pu tourner au drame. C'était un vendredi de novembre 1982, vers 2 heures de l'après-midi. Le temps était gris, un peu déprimant, une journée que vous avez envie d'oublier vite. Sortant de chez moi, je remontai tranquillement la rue du Commerce pour prendre le métro à la station La Motte-Picquet-Grenelle. En passant, j'achetai *Libération* au kiosque à journaux. Jusqu'ici, rien de plus banal. Puis je m'engageai sur le quai du métro aérien, la ligne 6, en direction de Nation. Tout en continuant à marcher, j'ouvris mon journal pour en parcourir les titres, comme il vous est sûrement déjà arrivé de le faire. Sans m'en apercevoir, je m'approchai dangereusement du bord du quai. À cette époque, la RATP n'avait pas encore installé ces bandes en relief qui « accrochent » sous vos pieds, cette sensation vous prévenant instinctivement de la proximité de la voie. Absorbé que j'étais dans ma lecture, je n'ai rien senti et, tout à coup, mon pied gauche s'est retrouvé dans le vide. Et comme à Périgueux deux ans auparavant, je suis brutalement tombé. Sauf qu'en l'occurrence ce n'était pas pour me retrouver parmi les grenouilles, mais sur le ballast d'une ligne du métro parisien.

Or, au moment même où je chutai, j'entendis distinctement la rame entrer dans la station. Jamais je n'ai éprouvé une telle frayeur. J'aurais pu tomber quand la voie était libre. Mais non ! Il fallait que ce soit au moment où une rame arrivait ! En un instant, je tentai désespérément de me relever. Prenant appui avec mes deux bras sur le rebord du quai, j'eus le réflexe de m'y projeter en catastrophe à plat ventre, donnant un coup de rein aussi énergique que possible, aussi puissant que ma force physique me le permettait. Le bruit s'était cependant rapproché très vite : le métro fonçait déjà sur moi. Heureusement, j'étais tombé plutôt en tête de station. En me voyant, le conducteur avait amorcé le freinage, mais pas à temps. J'avais certes pu me relever mais pas assez vite.

Le métro stoppa enfin sa course. Mais mon pied droit restait coincé entre le bord du quai et le dessous du premier wagon. J'avais réussi à sauver ma peau, pas mon pied. Était-il toujours là ? Tout s'était passé si vite. Je n'avais pas perdu connaissance. Des gens commençaient à s'agiter autour de moi qui restais allongé sur le quai. Quelqu'un me dit : « Ne vous en faites pas, le SAMU va bientôt arriver. » Je n'ai pas osé lui demander de vérifier si j'avais bien encore mon pied droit, car je ressentais une terrible douleur de ce côté-là. De toute façon, on ne pouvait pas le voir puisqu'il était coincé sous le wagon. Je supposais cependant que, s'il avait été écrasé, j'aurais hurlé. Que cela ne se soit pas produit me rassura. En quelques minutes, je fus transporté aux urgences de l'hôpital Boucicaut (aujourd'hui disparu), rue de la Convention. Moyennant une petite intervention chirurgicale, mon pied pouvait être sauvé. Et je n'aurais aucune séquelle : quelle chance !

Rétrospectivement, je me dis aujourd'hui que cet accident, dans lequel j'aurais pu perdre la vie, aurait dû me servir de signal d'avertissement sérieux pour que je change totalement ma manière de me conduire dans la vie… et aussi dans la rue. Par exemple, pour que je me décide à utiliser une canne blanche afin de me protéger du danger. Eh bien non ! J'ai beau scruter le fond de ma mémoire, repassant le film des évènements de cette période, je ne trouve rien qui atteste un changement marquant chez moi ou dans mon entourage. De mon lit d'hôpital, j'appelai Lydie pour la prévenir : « Je viens d'avoir un petit accident dans le métro, rien de grave. » Bien sûr, il s'agissait de la rassurer. Mais n'était-ce pas aussi une manière de banaliser l'évènement en question ? Quand elle apprit ce qui s'était passé, elle en éprouva une peur rétrospective. Mais, comme après un accident de voiture qui aurait pu tourner à la tragédie, elle en conclut : « Il l'a échappé belle. » Et elle n'était pas la seule à réagir ainsi. Autour de moi, ceux qui furent au courant de cette histoire se firent la même réflexion. J'étais le seul qui aurait pu en tirer des conséquences immédiates. Mais je n'y étais toujours pas prêt dans ma tête. Il fallait encore que le pire arrivât…

CHAPITRE 4

S'unir, s'effondrer... et rebondir

J'ÉTAIS entré dans un nouveau monde, mais ne le savais pas, ou ne voulais pas le savoir. Où que je fusse, je me déplaçais comme dans un tunnel, invisible aux yeux du passant. J'avais en effet atteint le stade que les spécialistes appellent « vision en tunnel » : avec mon œil gauche déjà fichu, le champ visuel du droit qui s'était beaucoup rétréci, je voyais à peu près clair devant moi, mais de moins en moins sur les côtés — ce qui ne me permettait pas de détecter les obstacles situés à la périphérie. Des signes ne trompaient pas : je me heurtais de temps en temps les tibias contre les plots en ciment ou les barres en métal disposés sur les trottoirs pour empêcher les voitures de s'y garer. Parfois, le choc venait du haut : je me cognais le front à un poteau de luminaire ou à un feu rouge. Les piliers des échafaudages étaient ma hantise. Me déplacer dans Paris exigeait un effort supplémentaire de concentration, d'autant que les chantiers n'y manquaient pas. Il suffisait que je sois un peu plus fatigué que d'habitude, ou que je pense tout simplement à autre chose, et paf ! le poteau était pour moi. Quand les jambes prenaient des coups, je m'en fichais un peu : le pantalon allait tout dissimuler. Mais le front, c'était autre chose. Je tentais aussitôt d'évaluer l'étendue de la plaie. Car si j'avais une réunion juste après, je risquais de ne pas y paraître sous mon meilleur jour. Mon moral ne revenait vraiment qu'une fois la blessure cicatrisée ; alors seulement j'avais l'impression de reprendre possession de mes moyens.

Pour moi, l'aventure commençait donc au coin de la rue. J'aurais pu en vouloir au monde entier, et au maire de Paris en particulier, qui ne faisait rien pour faciliter le déplacement des déficients visuels sur la voie publique. J'aurais pu percevoir le monde extérieur comme de plus en plus hostile et me replier chez moi, dans mon petit confort intérieur. C'est d'ailleurs ce que m'avait prédit le docteur Blanchot : « Vous ne serez vraiment à l'aise que chez vous. » Mais non, cela ne serait pas ainsi. Je n'étais pas du genre à rester cloîtré entre les quatre murs de mon appartement. Ces petits « bobos » n'allaient pas m'empêcher d'avancer. Certes, j'avais définitivement arrêté mon régime alimentaire — y avais-je vraiment cru ? — et je me délectais à nouveau d'un bon whisky. Quelle libération !

Ce qui m'aida à garder le moral, ce fut surtout la parution de mon livre, au printemps 1983. Mon premier livre ! Mon nom était tout en haut de la couverture. Incroyable ! Je n'aurais jamais imaginé un tel évènement. Tout auteur a connu cette émotion : l'impression que quelque chose que vous avez peiné à faire naître s'est détaché de vous et va connaître sa vie propre ; quelque chose qui ne vous appartient plus, mais qui vous ressemble pourtant intimement, puisque vous en êtes le créateur. Le livre fut peu remarqué par la presse, sauf par *Témoignage chrétien* et *La Croix*. Mais peu importe : l'essentiel pour moi était qu'il existât. Divers groupes militants et associations m'invitèrent pour faire des conférences autour de l'ouvrage. À peu près tous les mois, je me rendais dans une ville différente. Entre 1983 et 1985, j'ai dû donner ainsi une trentaine de conférences, en France, en Belgique et en Suisse, surtout dans des milieux chrétiens et devant des publics d'enseignants et de travailleurs sociaux (quelquefois, il y avait un militaire dans la salle...). L'auditoire variait en général d'une trentaine à une centaine de personnes. Exceptionnellement, il pouvait monter jusqu'à trois cents, comme à Rodez, voire quatre cents à Nantes. Inutile de dire que je prenais plaisir à ces rencontres, même si parfois il m'en coûtait de me déplacer. À l'occasion de l'un des tout premiers débats, organisé à Lyon par la librairie Saint-Paul, place Bellecour, tenue par des religieuses, j'ai été très touché de voir qu'elles avaient collé sur la vitrine certaines phrases du livre. Quel honneur que de voir ainsi exposer sa pensée au regard des passants !

Parallèlement, un nouveau projet avait mûri depuis peu dans ma tête. Il m'était venu clairement à l'esprit tandis que j'achevais la rédaction du livre. En mettant le point final à ce dernier, j'avais en effet conscience que ma réflexion devait aller plus loin et surtout devenir plus critique. Dans la littérature non-violente, on faisait référence toujours aux mêmes exemples historiques, ceux qui avaient connu un certain succès. Mais il fallait aussi raisonner à partir des échecs de ces stratégies, si l'on voulait que l'approche soit plus crédible et plus juste. Je ne l'avais pas fait dans cet ouvrage. En somme, j'avais envie de transformer mes anciennes convictions militantes en véritables hypothèses de recherche. Pour entreprendre un tel travail, qui posait des problèmes à la fois de méthode et d'analyse, le cadre de l'université était le plus approprié. Ainsi commençai-je à envisager sérieusement de préparer une thèse de doctorat. J'avais en tête la remarque d'Hannah Arendt évoquant, dans *Eichmann à Jérusalem*, le sauvetage des juifs du Danemark : cet exemple devait, estimait-elle, être analysé par tout étudiant en science politique désireux de vérifier l'efficacité d'une résistance non-violente. Je souhaitais suivre sa recommandation, mais en examinant aussi les échecs de cette forme de lutte. Ensuite, avec un doctorat en poche, pourquoi ne pas tenter une carrière universitaire ? L'idée me trottait dans la tête. J'avais à l'esprit ces universitaires étrangers qui avaient fait leur chemin précisément en examinant les stratégies non-violentes de défense : l'Américain Gene Sharp à Boston, l'Anglais Adam Roberts à Oxford ou l'Allemand Theodor Ebert à Berlin. Pourquoi ne pas leur emboîter le pas, puisqu'il n'y avait en France aucun universitaire en ce domaine ? Lydie trouvait l'idée intéressante et m'encourageait dans cette direction.

Ma décision était prise : à 31 ans, je retournerai donc à la fac pour y préparer un doctorat. Je m'inscrivis à la Sorbonne (Paris IV), avec Jean-Paul Charnay, un spécialiste des questions de stratégie. Nous étions à l'automne 1982, l'époque de l'accident de métro… Pure coïncidence ? Est-ce avant ou après cet accident que j'ai rencontré ce professeur pour la première fois ? Je ne saurais le dire. Peu importe : cette inscription à la Sorbonne me donnait une nouvelle perspective. Sans doute avais-je besoin de me projeter dans l'avenir, de toujours croire en quelque chose.

Mais, avant de pouvoir m'inscrire en thèse, je devais d'abord passer un DEA en « Histoire moderne et contemporaine ». Le sujet en était tout trouvé. En effet, à la fin des débats et conférences autour de mon livre, il était fréquent que quelqu'un me demandât : « Qu'auriez-vous fait face à Hitler ? » Je répondais en citant l'exemple du sauvetage des juifs du Danemark ou celui du Chambon-sur-Lignon, ce village protestant de Haute-Loire où plusieurs centaines d'enfants juifs ont été cachés et sauvés. Mais j'avais bien conscience que ma réponse était insuffisante. D'une manière générale, j'éprouvais un vif intérêt pour la résistance au nazisme ; non pas tant à travers ses acteurs politiques (communistes, gaullistes, etc.) que du point de vue des moyens, armés ou non armés, mis en œuvre. Le film d'Harris et Sédouy, *Français, si vous saviez*, qui abordait la question sensible de la collaboration des Français avec l'occupant allemand, brisant ainsi le mythe d'une résistance unanime à l'envahisseur, m'avait passionné. Je proposai donc au professeur Charnay de faire une recherche sur les logiques de « l'extrême », c'est-à-dire de tester l'hypothèse de la résistance non-violente sur le terrain qui lui est *a priori* le moins favorable : celui de la violence nazie.

Le soutien de Lydie, essentiel à la réussite de ces études doctorales, m'était acquis. Durant cette période, notre relation s'était engagée dans une dynamique nouvelle. Lydie était désormais bien plus consciente de ce qui pouvait m'arriver ; mais, paradoxalement, son inquiétude à mon égard s'était quelque peu atténuée. La combativité dont, à ses yeux, je faisais preuve, était de nature à la rassurer sur ma capacité à faire face au pire. En somme, elle avait l'intime conviction que je refuserais de tomber dans le stéréotype de « l'aveugle jouant de l'orgue le dimanche à la messe ». Pour ma part, je puisais mon énergie dans la confiance qu'elle me témoignait. Notre vie de couple me donnait la force de me battre, bien plus que si j'avais dû affronter seul l'incertitude de mon destin. Au jour le jour, lorsque notre relation connaissait des turbulences, voire des conflits, nous éprouvions toujours le désir de renouer, de nous re-lier, prenant alors du temps pour échanger l'un avec l'autre. Sans doute notre force commune résidait-elle dans le fil continu de ce dialogue intime.

J'avais d'ailleurs fini par suivre son conseil : consulter à nouveau la médecine traditionnelle. Quelque dix ans après avoir cessé mes visites au docteur Blanchot, je retournai donc chez les ophtalmologistes. Ce fut d'abord le professeur Amalric — qui exerçait à Albi, où nous allions de temps en temps, Lydie et moi, rendre visite à ses grands-parents paternels. Il avait une excellente réputation dans la région. L'examen fut rapide et sans appel : il n'existait pas de nouveaux traitements, sauf pour les rétinites d'origine diabétique, ce qui n'était pas mon cas. À Paris, je pris encore rendez-vous à l'hôpital des Quinze-Vingts, renommé pour la médecine des yeux. Même son de cloche : aucun espoir. Lydie ne sembla pas trop affectée par le résultat de ces démarches infructueuses, auquel, à vrai dire, elle s'attendait, tout comme moi... En fin de compte, la question de ma vue, sans être un détail, n'était plus vécue, ni pour elle ni pour moi, comme un obstacle insurmontable à notre avenir commun.

Mais quel avenir ? Sur ce point essentiel, nos attentes tendaient à diverger. S'engager en couple conduit en effet à s'interroger sur le désir de fonder ensemble une famille. Lydie envisageait cette perspective de plus en plus sérieusement, et sereinement. Ce n'était pas mon cas : vivre avec elle, oui ; j'étais heureux de me construire à ses côtés ; mais concevoir un enfant ensemble, il n'en était pas question. Sachant que mon affection était d'origine génétique, que je pouvais donc la transmettre à ma descendance, je refusais l'idée d'être père. Cette souffrance, cette angoisse qui me rongeait depuis des années, je ne voulais à aucun prix qu'un autre en portât le fardeau. Depuis longtemps, je campais sur cette position. N'est-ce pas pure inconscience que de devenir cocréateur d'un être atteint du même handicap que soi ? Jamais je ne pourrais l'accepter. Toute autre attitude me semblait inconcevable, irresponsable. Lydie écoutait mes arguments, mais ne les partageait pas. Un jour que nous revenions encore sur le sujet, elle s'énerva et finit par me lancer : « Es-tu si certain de ce que tu avances sur le plan génétique ? Qu'est-ce qui te permet de l'affirmer ? » La question m'ébranla. Je dus finir par admettre que je n'en étais pas tout à fait sûr. Lydie avait touché juste. Si je voulais être cohérent avec moi-même, je me devais d'en savoir davantage.

En apparence, ma résistance à la paternité s'appuyait sur cet unique argument. Ne devais-je pas aller plus loin, accepter de me pencher sur le mystère de mes propres gènes, de mes origines ? Entreprendre une telle démarche n'est pas simple. Elle conduit à savoir ce qui constitue votre chair, votre identité organique, ce que vous possédez en héritage, au plus profond de votre corps, ce que vous transmettrez irrémédiablement si vous décidez de procréer. Qui sait ce que vous allez apprendre ?

Un jour que je me sentais assez fort dans ma tête, je me décidai à franchir le pas, sans en parler à Lydie. Je me rendis seul à la consultation génétique de l'hôpital Necker. En ce début des années 1980, ce service n'était pas encore très développé. Je fus reçu par une jeune femme accueillante qui m'interrogea aussitôt sur mes ascendants familiaux. D'un air concentré, elle se mit à tracer des petits schémas sur une feuille de papier. « Êtes-vous le seul de votre famille à être atteint ? » m'interrogea-t-elle. Du côté de mon père, rien à signaler. Du côté de ma mère, il y avait effectivement un cousin de Noirmoutier qui avait perdu la vue. Mais quelle avait été exactement son affection ? On n'en avait jamais rien su ; et on n'en saurait jamais rien puisqu'il était mort. Quant à mon frère et à ma sœur, heureusement pour eux ils n'avaient rien. (J'avais été le seul à hériter de « la chose ». Quelle chance !) C'était plutôt maigre comme informations. Mais la jeune doctoresse en conclut que mes enfants éventuels, filles ou garçons, ne seraient pas atteints. Je ne pus m'empêcher de lui demander : « En êtes-vous vraiment sûre ? — Pratiquement certaine. » Il y avait quand même une légère réserve dans sa voix, car elle ne disposait pas des examens médicaux de tous les membres de la famille qui auraient pu confirmer ses hypothèses. Néanmoins, je quittai Necker bien plus léger que je n'y étais arrivé.

D'un coup, le ciel s'était éclairci, en théorie du moins. Mon argument auprès de Lydie ne tenait plus. Je pouvais commencer à me représenter symboliquement comme père… avant de concevoir physiquement un enfant. Alors, qu'est-ce qui m'empêchait de sauter de joie ? Je restais hésitant, pour ne pas dire réticent. D'où provenaient ces blocages ? Il y avait certes une raison pratique : m'engageant dans la préparation d'une thèse tout en travaillant à mi-temps, il me serait difficile d'assumer les responsabilités d'un père de famille. Mais il y avait une raison plus intime qui tenait à mon histoire et aux contradictions dans lesquelles je me débattais alors : je n'arrivais toujours pas à accepter l'image de la personne handicapée que j'étais déjà en partie mais pas complètement. Et il fallait que je me projette dans le futur comme... handicapé et père ? comme père handicapé ? Je n'y parvenais pas, c'était au-dessus de mes forces. Ma représentation de la paternité était incompatible avec l'aggravation de ma maladie. Il me semblait que je ne pourrais jamais y arriver, que je ne serais pas à la hauteur de la tâche. C'est pourquoi je me refusais toujours à l'idée d'être père, malgré les informations plutôt rassurantes reçues à Necker. En attendant, le temps passait. Et du fait de ce désaccord à propos des enfants, notre couple restait en suspens quant à son propre devenir.

Il est vrai que, préoccupé par la préparation de ma thèse, j'avais la tête ailleurs. Je me mis à dévorer les livres d'histoire sur la période de la guerre 1939-1945. Mon but était d'abord d'identifier les grands mouvements de résistance non armée apparus sous le nazisme, sans me préoccuper de savoir s'ils avaient réussi ou échoué. Dans un second temps, le travail consisterait à les soumettre à une analyse comparative. À cette fin, je voulais donner d'emblée à ma recherche une dimension européenne, et non pas franco-française. J'avais été déçu par l'*Histoire de la Résistance en France*, d'Henri Noguères, trop anecdotique, comme par les travaux pionniers d'Henri Michel. En revanche, l'approche de Jean-Pierre Azéma, qui invitait à casser le mythe du résistant — agent secret ou chevalier sans peur et sans reproche faisant sauter les usines et les trains —, m'attirait bien davantage. À travers mes lectures, je découvrais aussi la lutte entreprise à Londres par le général de Gaulle. Le combat de la France libre ne faisait certes pas partie de mon sujet, mais j'étais fasciné par la résistance gaullienne : au regard de la puissance allemande occupant la France, c'était celle du pot de terre contre le pot de fer. De mon adolescence, j'avais gardé de De Gaulle une image vieillotte, celle d'un grand-père de la Nation qui n'avait rien compris à Mai 68. Mais, en juin 40, c'était un autre homme ! Il avait eu alors le génie politique d'incarner une France rebelle, défiant la politique de collaboration engagée par le régime de Vichy et le maréchal Pétain, qui était pourtant son supérieur hiérarchique. À travers ses appels au micro de la BBC, il avait su insuffler l'espoir aux Français, en symbolisant la voie d'une résistance nationale et légitime, en vue de la reconquête de la liberté. Chapeau bas ! Quelle ne fut pas ma surprise de lire certains de ses discours radiophoniques de 1940 à 1942, jamais cités, qui appelaient les Français à manifester publiquement les 1er mai, 14 juillet ou 11 novembre en zone non occupée, afin de témoigner ouvertement et pacifiquement leurs convictions patriotiques et républicaines. De même, j'ignorais tout des grandes grèves lancées en 1941 et 1943 par les mineurs du bassin houiller du Nord-Pas-de-Calais contre les conditions de l'occupation et qui s'étaient soldées par une féroce répression de la part de l'occupant. Cet exemple de lutte non armée, non mentionné dans la littérature non-violente, devait faire partie de mon échantillon. Pour en comprendre le développement et l'impact, j'eus alors des discussions passionnantes avec Étienne Dejonghe, l'historien de cette région.

Parallèlement, je m'ouvrais à d'autres cas fort peu connus de résistance en Europe : le combat des professeurs norvégiens contre la nazification des écoles, celui des médecins hollandais, sans oublier le mouvement de l'éducation clandestine en Pologne ou le sauvetage des juifs en Bulgarie. Plus j'avançais dans la connaissance de tels exemples historiques, plus je me pénétrais de l'état d'esprit de cette époque, moins le recours à la notion de non-violence me semblait évident. Qualifier ces mouvements de « non-violents » revenait à les « récupérer », alors que leurs acteurs ignoraient tout des méthodes et principes d'une stratégie non-violente. En outre, la résistance non armée contre l'occupant ne pouvait être artificiellement séparée de la lutte armée proprement dite. Ce qualificatif paraissait donc anachronique dans une période où opposition armée et opposition non armée étaient le plus souvent imbriquées. C'est pourquoi je préférai recourir à une notion plus neutre, avancée par Adam Roberts, celle de « résistance civile ». Elle avait d'ailleurs une certaine légitimité historique, puisque l'un des premiers mouvements en France s'était appelé « Organisation civile et militaire » (OCM), tandis que la Belgique avait reconnu un statut du « résistant civil » juste après la guerre. Ma thèse porterait donc sur un examen comparatif et critique des tentatives de résistance civile de masse dans l'Europe nazie.

Les mois passaient ; j'avançais peu à peu dans mes recherches. Il fallait tout concilier : le travail au *Bel Air*, l'animation d'*Alternatives non-violentes*, la préparation de ma thèse, les débats autour de mon livre... et un peu de temps avec Lydie. Je lisais, je dévorais livres et revues, en priorité la *Revue d'histoire de la Seconde Guerre mondiale*.

Je pris alors un premier contact avec un laboratoire du CNRS, l'Institut d'histoire du temps présent (IHTP), dirigé par l'historien François Bédarida. J'y fus très bien reçu par Dominique Veillon, qui m'encouragea dans mes recherches, me conseillant d'aller dans différentes bibliothèques : non seulement celle de l'IHTP, mais aussi la Bibliothèque de documentation internationale contemporaine (BDIC), à Nanterre, et celle de Sciences Po (où je revins donc quelque dix années plus tard). Je passais aussi du temps au Centre de documentation juive contemporaine (CDJC), dont la responsable, Mme Halpérin, me fit découvrir l'impressionnant livre de Raoul Hilberg, non encore traduit en français.

Mes journées étaient bien occupées, mes nuits parfois aussi. De temps en temps, je me sentais fatigué. Je veux dire que, au-delà de mon état physique général, je sentais que mes yeux se fatiguaient, plus exactement mon œil droit (le seul valide). Il m'arrivait, par exemple, de ne plus pouvoir déchiffrer les petites lettres d'un fichier de bibliothèque. Quant à la consultation de microfiches, mieux valait ne pas y penser. (En ce cas, je cherchais à faire appel à la bibliothécaire de service, mais elle n'était pas toujours disponible.) Ma vision centrale commençait-elle à être atteinte ? Je savais que cela débuterait par une baisse de l'acuité visuelle. N'était-ce pas ce qui était en train de se produire ? À nouveau, l'inquiétude montait en moi. Si la détérioration de la partie centrale de ma rétine était déjà à l'œuvre, serait-elle lente ou rapide ? Du coup, pourrais-je terminer ma thèse ? J'avais le sentiment que mon temps était compté et que je me trouvais engagé dans une course contre la montre, une course… contre moi.

Dans ces moments-là, on attend que la vie vous envoie un *signe*. Oh ! on ne croit pas au miracle — encore qu'on ose parfois l'espérer. On dit que « tous les malheurs mènent à Lourdes ». Le mien ne m'y a pas conduit. Mais je dois faire preuve de franchise : je mentirais si j'affirmais n'avoir jamais pensé à m'y rendre, surtout quand le désespoir me gagnait. Mais non, ma foi était trop critique, trop incertaine. J'étais simplement en quête d'un petit signe, d'une minuscule raison d'espérer, afin de croire encore que tout n'allait pas basculer, que ce n'était pas possible, pas si vite en tout cas. Je sentais pourtant bien que le danger se rapprochait, que je risquais de couler un jour prochain. Mais je cherchais encore et toujours une planche de salut pour me maintenir hors de l'eau, hors du brouillard perpétuel.

Ce signe d'espoir, je crus l'identifier le jour où l'on me parla d'un nouveau traitement médical qui donnait de bons résultats. Il était basé sur ce que les spécialistes appellent « l'oxygénation hyperbare » : on fait respirer au patient une dose élevée d'oxygène qui, en se répandant en profondeur dans le corps, est supposée produire un effet « vitalisant » (dans mon cas, sur les cellules rétiniennes). Pour ce faire, le malade est introduit (seul ou avec un petit groupe) dans un caisson fermé, à l'intérieur duquel on augmente la pression atmosphérique. Lorsque celle-ci atteint le niveau prescrit, on lui fait respirer de l'oxygène pur, pendant une période déterminée. Un professeur de Nancy, Bernard Algan, était un ardent défenseur de ce traitement. Je me décidai à le consulter et obtins bientôt un rendez-vous... à 22 h 30 ! (Ce médecin se tuait à la tâche : deux fois par semaine, il donnait des consultations la nuit.) J'appris que tous les cas désespérés — malades atteints de cancers incurables, sclérose en plaques, cécité plus ou moins avancée — se tournaient vers lui, ce qui me mit mal à l'aise. Mais quand il me reçut, il n'eut pas grand mal à me convaincre. « Il faut essayer », me dit-il. Ma rétine était, selon lui, comme une pile électrique dont l'énergie diminuait. « L'oxygénation intensive de votre œil va contribuer à le maintenir en fonction. De toute façon, vous n'avez rien à perdre ; vous ne risquez qu'un léger mieux. » Je ressortis de ce rendez-vous carrément optimiste. J'étais volontaire pour le caisson.

J'acceptai donc d'être hospitalisé dans une clinique de la proche banlieue de Nancy, à Vandœuvre, pour deux longues semaines. Ce fut une expérience bizarre. On se retrouvait, à une quinzaine de patients, dans une pièce hermétiquement fermée, munie de hublots ; cela ressemblait, je suppose, à l'intérieur d'un sous-marin. Il ne fallait pas être claustrophobe ! Heureusement, un vélo d'appartement était à la disposition de ceux qui voulaient faire de l'exercice et « s'évader » un peu. Pendant les quelque vingt minutes où nous étions enfermés, les gens parlaient très souvent de leurs malheurs, ce qui, à la longue, m'insupportait. Quand, inévitablement, la question « Et vous, pourquoi êtes-vous là ? » arrivait, j'avais envie de répondre : « Pour rien ! Pour le plaisir ! Pour respirer le bon air de la montagne ! » Mais j'avais peur de les vexer ; alors j'en disais le minimum. Puis je pensais à ma thèse, au dernier livre que je venais de lire, à la prochaine conférence que je devais faire.

De retour de Nancy, une fois passée cette épreuve, j'avais le moral. Si au moins ce traitement pouvait maintenir ma vision en l'état, et même un peu l'améliorer, comme me l'avait laissé entendre le professeur Algan, ce serait formidable. Pour l'instant, je ne remarquais rien de tel. Il fallait sans doute attendre un moment avant de constater les bienfaits de la thérapie. En tout cas, la vie me semblait plus belle.

Un peu par hasard, j'eus bientôt une nouvelle discussion sur la paternité, non pas avec Lydie, mais dans le cadre de mon travail de psychologue. Mais le pur hasard existe-t-il vraiment ? Au *Bel Air*, les occasions d'échanger sur un tel sujet ne manquaient pas, par exemple au cours des réunions de synthèse hebdomadaires, destinées à confronter nos avis sur l'évolution d'un jeune dans l'établissement. Que veut dire au juste « être père » ? Cette question, qui me « travaillait », était bien souvent au cœur de nos discussions. Nous parlions du cas d'un jeune et de sa famille ; mais en même temps, chacun parlait de soi, de la manière dont — éducateur, psychologue ou psychiatre — il se représentait le rôle d'un père ou d'une mère. Il va sans dire que j'écoutais de tels propos en dressant l'oreille : mon intérêt n'était pas seulement professionnel mais aussi personnel.

Un jour, je prolongeai la discussion avec Corinne, une éducatrice spécialisée très sympathique. S'il y avait, dans tout l'établissement, une personne à qui je me confiais un peu, c'était elle, cette jolie brune souvent rieuse. Au moment des pauses-café, nous nous retrouvions parfois ensemble, et la conversation pouvait rouler sur n'importe quoi. Cette fois-ci, c'est moi qui l'orientai sur la question de la paternité. Je réussis à lui parler d'abord de mon « problème de vue », démarche déjà bien audacieuse de ma part : c'était la première fois que j'abordais ouvertement le sujet devant une personne du *Bel Air*. Elle était évidemment au courant. Et puis je revenais de Nancy, et certains de mes collègues — dont elle-même — avaient su la raison de mon absence. Mais si j'évoquai brièvement mes « difficultés aux yeux », c'était surtout pour en venir à la question de la paternité : tout de go, je lui déclarai que je n'imaginais tout simplement pas être père. Surprise, elle m'invita à m'expliquer.

« Tu vois, c'est un détail, mais important pour moi : être père, c'est par exemple pouvoir jouer au foot avec ses gosses. Quand j'étais gamin, j'adorais taper dans un ballon ; aujourd'hui, je ne le peux plus. Ce plaisir du jeu physique et de ses sensations, j'aimerais tant le partager avec mes enfants. Or, je sais que c'est désormais impossible. C'est devenu un pur rêve. »

Et elle de me répondre : « Mais Jacques, être père, ce n'est pas cela ! C'est d'abord l'image que tu représentes pour ton enfant, ce que tu peux lui transmettre de toi, les valeurs que tu peux lui communiquer. »

Et moi d'insister : « Pour être père, il faut pouvoir assurer la sécurité physique de son enfant. Or, dans mon cas, mon rôle de protecteur en cas de danger sera toujours incertain. Alors, à quoi bon ?

— C'est sans doute vrai, concéda-t-elle. Mais tu peux lui garantir une autre forme de sécurité, une sécurité psychologique. Tu peux lui donner des repères essentiels pour se construire. Dans *repère*, n'y a-t-il pas *père* ? »

Corinne faisait ici référence à la discussion que nous venions d'avoir en équipe à propos d'un jeune dont la conduite pouvait précisément s'expliquer par l'absence de son père.

Cette conversation eut sur moi un effet apaisant. Simples et directs, les mots de Corinne me semblaient justes. Ils allaient se frayer peu à peu un chemin dans ma tête. Sans doute étais-je alors disposé à les entendre, ayant tendance au cours de cette période à prendre la vie du bon côté. Peut-être qu'elle avait raison, que c'était possible. Peut-être pouvais-je m'autoriser à désirer un enfant ?

Côté thèse, il y avait aussi du nouveau. Mon sujet de recherche intéressait paradoxalement certains experts en stratégie qui s'interrogeaient sur la manière de réveiller « l'esprit de défense » des Français. Ces experts, généraux ou hauts fonctionnaires, j'eus aussi l'occasion de les rencontrer dans un autre cadre, celui d'une étude sur la dissuasion civile, que le ministre de la Défense de l'époque, Charles Hernu, avait demandée en avril 1984 à Jean-Marie Muller, Christian Mellon et moi-même. Nous devions étudier les « perspectives pour la prise en compte des principes et méthodes de la résistance non-violente dans la stratégie globale de la France ». Cette décision du ministre était le fruit d'une campagne menée depuis plusieurs années par le Mouvement pour une alternative non-violente, qui désirait ne pas se cantonner dans des actions de protestation, mais montrer aussi la pertinence de ses propositions[1]. Si François Mitterrand, rallié depuis quelques années à la politique de défense de ses prédécesseurs, réaffirmait que la défense de la France reposait essentiellement sur la dissuasion nucléaire, bien des observateurs, y compris parmi les militaires et les experts en stratégie, constataient qu'une

1. Un sondage réalisé par l'Institut Louis-Harris pour l'hebdomadaire *La Vie* du 8 au 14 octobre 1982 avait déjà montré que 61 % des Français étaient favorables à la préparation d'une résistance non-violente ; deux ans plus tard, un autre sondage, commandé par le secrétariat général de la Défense nationale, montrait que 59 % des Français jugeaient nécessaire une « formation de la population civile à la résistance non-violente ».

telle confiance dans les armes nucléaires avait aussi des inconvénients, notamment en ce qui concerne l'esprit de défense des citoyens : on leur disait que, lorsque les choses seraient vraiment graves, plus rien ne dépendrait d'eux. Dans l'hypothèse — qui était celle des stratèges à cette époque — où les forces du pacte de Varsovie réussiraient à envahir notre pays (notre dissuasion nucléaire ayant été paralysée ou contournée), n'était-il pas prudent de préparer la population à d'autres formes de résistance impliquant sa participation directe et active ? À l'exact opposé de ce qu'avait été la politique du gouvernement de Vichy, il s'agissait en somme d'imaginer des dispositifs politiques, économiques, administratifs à préparer d'avance de telle sorte que tout éventuel occupant sache qu'il se heurterait à une politique systématique de non-collaboration de la population et des institutions de l'État, depuis le gouvernement jusqu'à la commune. Des groupes d'experts avaient déjà planché sur des scénarios semblables dans d'autres pays d'Europe, comme la Suède ou les Pays-Bas. Des universitaires anglais et allemands avaient publié des études sur un tel scénario. Il y avait en France une lacune à combler.

Mes recherches sur les formes non militaires de résistance dans l'Europe occupée trouvèrent un débouché très utile dans la rédaction de cette étude. On avait en effet besoin d'un apport historique pour mesurer les réussites et échecs de ces formes de résistance dans le passé. Les recherches engagées en vue de ma thèse tombaient donc à pic. Mais quelle situation étrange ! Tandis que, le mardi, je préparais au *Bel Air* un numéro de *Reflets* sur l'expression corporelle, le mercredi je pouvais me retrouver à discuter « résistance civile » avec le général Dominique Chavanat, alors responsable du secrétariat général de la Défense nationale (organisme rattaché au Premier ministre) ou avec le général Poirier, théoricien de la stratégie nucléaire. C'était souvent passionnant. De plus, je pouvais tirer profit de leurs remarques et critiques pour la rédaction de ma thèse. Ce contrat d'études était aussi une aubaine sur un autre plan : il me permettait de financer en partie mes études doctorales. Avant même que nous leur remettions notre rapport, les militaires avaient dû trouver quelque intérêt à notre approche, puisque nous étions invités à intervenir comme formateurs auprès des élèves-officiers de l'École de guerre. L'étude fut finalement publiée en 1985, sous le titre *La Dissuasion civile*, par la Fondation pour les études de défense nationale, et donna lieu à un important colloque international, à Strasbourg, à l'automne 1985. Elle fut traduite peu après en... serbo-croate ! Même si nos recommandations ne furent guère suivies d'effets, nous eûmes la consolation d'apprendre que notre livre avait été, parmi les publications de la FEDN, celui qui s'était le mieux vendu !

Un autre évènement me réjouit alors : le général Maurice Faivre m'invita à faire un débat contradictoire avec Krzysztof Pomian sur la stratégie non-violente du mouvement Solidarnosc, à la Bibliothèque polonaise. J'étais un peu intimidé de me retrouver ainsi en face de cet historien connu, appartenant au CNRS ; en même temps, j'en ressentais quelque fierté. Il est vrai que j'avais suivi, depuis l'été 1980, l'étonnante grève des ouvriers de Gdansk. Je m'étais précipité chaque jour sur les articles de Bernard Guetta, l'envoyé spécial du *Monde*, qui avait réussi à s'introduire aux côtés des ouvriers qui occupaient les chantiers navals de la Baltique. Cette stratégie non-violente que j'étudiais dans les livres, dans l'Histoire, voilà que les Polonais tentaient d'en inventer une forme moderne et intelligente en vue d'obtenir, pour la première fois dans un pays communiste, un syndicat indépendant. Qui sait comment allait réagir le « Grand Frère » soviétique ? La répression vint du général polonais Jaruzelski : le 13 décembre 1981, il instaura la loi martiale, mettant un terme à dix-huit mois de liberté. Avec plusieurs milliers de Parisiens, Lydie et moi sommes allés manifester le soir même, aux Invalides, devant l'ambassade polonaise. Le recul du temps permet d'affirmer aujourd'hui que, malgré cette reprise en main musclée, la résistance audacieuse et pacifique de Solidarnosc a sonné le glas du système communiste, non seulement en Pologne, mais dans toute l'Europe soviétisée, préfigurant la chute du mur de Berlin en 1989.

Le débat avec Krzysztof Pomian fut assez tendu. Dans un premier temps, je me limitai à exposer les axes fondamentaux d'une stratégie non-violente ; puis je montrai comment ils s'appliquaient au cas particulier de Solidarnosc. Mais Pomian me reprocha de ne pas connaître suffisamment l'histoire de la violence en Pologne et aussi de négliger la nature totalitaire de l'adversaire communiste. Argument qu'on trouvait aussi chez Raymond Aron : la non-violence de Gandhi contre les Anglais, sans doute ; pas contre Staline, voire contre Brejnev qui avait écrasé le Printemps de Prague de 1968. Il avait raison, mais en partie seulement. Je lui répliquai que le principe d'une résistance non-violente était de prendre à contre-pied la répression de l'adversaire, de se servir de sa force pour le déséquilibrer, à la manière d'une prise d'aïkido. En outre, il semblait ignorer l'histoire des mouvements de résistance civile contre

Hitler, que j'étais précisément en train d'étudier. Je ressortis de cette rencontre en me promettant d'aller prochainement en Pologne. Pourquoi, par ailleurs, ne pas réaliser un numéro spécial de la revue *Alternatives non-violentes* sur « La résistance civile du peuple polonais » ? Je proposai à Pomian de s'y exprimer, y compris en livrant ses réticences — ce qu'il accepta.

Dans cette période, je me sentais porté par un mouvement ascendant. J'avais l'impression d'avancer, d'exister, de me construire. Pour couronner le tout, le directeur du *Bel Air* m'annonça que je venais d'être titularisé dans mon poste de psychologue. Je passais donc de la situation précaire de vacataire à un statut assimilable à celui de la fonction publique. J'étais très heureux d'avoir ainsi acquis une certaine stabilité d'emploi. J'avais bien remarqué que le traitement de Nancy n'avait apparemment pas apporté le mieux escompté, mais qu'importe : Lydie et moi étions de plus en plus sûrs l'un de l'autre, certains de vouloir poursuivre notre route ensemble. Nous étions alors en 1984, cela faisait donc sept ans que nous vivions ensemble.

Au fil de ces pages, ai-je su transmettre au lecteur le sentiment de l'épaisseur du temps qui passe, entre deux êtres qui se cherchent et qui doutent ? Je n'en suis pas sûr. Les contraintes de ce récit m'obligent en effet à ne relater que les faits marquants. Sinon, le risque serait grand de lasser, en se perdant dans la narration de mille petits détails d'un quotidien banal, commun à bien d'autres couples. Mais quel procédé littéraire pourrait restituer le lent écoulement du temps, avec ses hésitations, ses tensions, ses rebondissements, ses retrouvailles, ses enthousiasmes ? Quelle écriture pourrait faire comprendre pourquoi, au terme de ces quatre-vingt-quatre mois de vie commune, après nous être aimés, disputés, ré-unis, rassurés, nous souhaitions tout simplement… nous marier ?

Quelle nouvelle ! Certains diront : « Enfin ! » D'autres se demanderont, non sans raison : « Pourquoi ? » Je passe sur la justification purement conventionnelle de notre démarche. En revanche, le *pourquoi* mérite une réponse. Il n'était certainement pas nécessaire de nous marier. Cependant, nous aspirions à poser un acte symbolique l'un vis-à-vis de l'autre, et devant la société. Nous nous sentions prêts à franchir ce pas du fait même de l'expérience de notre vie commune : ces années passées ensemble constituaient à la fois un acquis et un tremplin. Sachant les forces et limites de chacun, nous pouvions en quelque sorte faire alliance, pour aller plus loin. La question de ma vue faisait évidemment partie de ces « limites » à prendre en compte.

Sur ce point, Lydie savait pertinemment à quoi s'en tenir. Elle était pourtant prête à continuer l'aventure, même s'il n'existait pas de mode d'emploi pour vivre au mieux ce genre de situation. Jamais, d'ailleurs, je ne l'avais vue prendre la position de « victime » pour se faire plaindre, ni jouer à la martyre avec ses amis, en déclarant par exemple : « Vous n'imaginez pas ce que je vis avec ce mec ! » Cette position ne l'intéressait pas ; je lui en étais particulièrement reconnaissant. Il reste qu'épouser un homme en train de perdre la vue n'était pas une démarche anodine… Lydie avait en tête la formule bien connue selon laquelle on se marie « pour le meilleur et pour le pire ». Elle le vivait très fort à l'approche du jour J.

Pour expliquer notre décision à nos parents et amis, nous eûmes l'idée de rédiger un texte. Lydie était motivée pour en écrire le projet, alors qu'en général c'était plutôt moi qui prenais la plume. Dans ce cas, elle était volontaire et mon rôle se limita donc à amender telle ou telle phrase. On se mit d'accord sur le terme d'*alliance*, ce mot nous semblant plus élégant, plus beau, que celui de *mariage*. Le dictionnaire nous en offrait une définition amusante : « assemblage d'éléments divers » ; son autre sens étant : « union contractée par engagement mutuel ». Lydie avait aussi la conviction qu'il fallait glisser dans le texte une allusion discrète à mon « problème ». Dans son esprit, il s'agissait de prendre tout le monde à témoin pour se préparer éventuellement à un avenir où nous aurions besoin de l'aide des uns ou des autres. Voici donc le passage en question, lu en la chapelle Saint-Bernard, à Paris, le 15 décembre 1984 :

> *Nous sommes persuadés que notre avenir, c'est avec vous tous, ici présents, avec votre affection et votre compréhension, dans les moments gais et moins gais de l'existence, que nous le construirons. [...] Se marier n'est pas contracter une assurance tous risques. À notre avis, c'est même l'inverse, parce que le risque fait partie intégrante d'un amour qui se conçoit dans la durée. Il en va de même de la foi.*

Dans l'assistance, il paraît que certains étaient particulièrement émus à la lecture de ces quelques mots. Moi, je ne me rendis compte de rien. J'étais sur mon petit nuage, ne songeant pas à observer les réactions des uns ou des autres. Je ne m'aperçus pas qu'une personne très proche n'était pas vraiment à l'aise au cours de cette journée de réjouissances : ma propre mère. Je ne le sus que bien plus tard.

À mon amie Françoise, qui avait pris mes parents dans sa voiture pour les conduire au lieu de la noce, ma mère posa la question à brûle-pourpoint : « Mais que va-t-il devenir ? » Dans la soirée, tandis que chacun buvait et dansait, on vit plusieurs fois ma mère lancer dans ma direction des regards inquiets. J'en éprouve aujourd'hui encore de la peine, car elle se sentait probablement coupable d'avoir eu cet enfant promis au brouillard. Ce sentiment de culpabilité chez elle, j'en avais déjà eu l'intuition à certains mots, certains gestes de sa part. Ainsi, quand je venais au Plessis pour rendre visite à mes parents, elle ne pouvait s'empêcher de me prendre mes lunettes et de constater : « Comme elles sont sales ! » Alors, elle allait chercher le petit chiffon avec lequel on nettoie les verres, pour y passer un peu de produit. Puis elle me les rendait, en m'affirmant avec un petit sourire entendu : « Maintenant, tu y verras quand même plus clair ! » C'était devenu une sorte de rituel, à chacune de mes visites ; comme si son geste allait en un instant, magiquement, améliorer ma vue. À chaque fois, j'en étais ému, et je me prêtais à son rituel sans rechigner, touché par sa bienveillance. Jamais cependant ma mère n'avait réussi à me parler de son inquiétude à mon égard. Je n'avais d'ailleurs rien fait pour l'y inciter : le sujet de mes yeux restait tabou, trop douloureux, pour elle et pour moi. Jamais elle n'en avait parlé non plus avec Lydie — ce que celle-ci regrettait. D'une certaine manière, les mots discrets et sensibles que Lydie avait su trouver dans notre texte de mariage avaient levé en partie ce tabou, en prenant l'auditoire à témoin. Mais ils n'étaient pas suffisants pour apporter à ma mère la sérénité. Elle aurait dû se réjouir avec tout le monde, mais elle pensait sans doute que le malheur m'était promis par sa faute. Et elle n'imaginait pas comment je pourrais m'en sortir. Avait-elle le pressentiment de ce qui allait se produire les mois suivants ?

Une fois passée l'euphorie du mariage, je décidai de me soumettre à nouveau au traitement de l'oxygénation hyperbare. Celui-ci n'avait pas donné de bons résultats et il me semblait même que ma vue avait encore un peu baissé. Mais je gardais confiance en ce traitement. On pouvait aussi y voir une sorte de cure destinée à apporter du mieux. C'était d'ailleurs la philosophie du professeur Algan, lequel m'avait incité à revenir. Je repris donc le chemin de Nancy pour « plonger » à nouveau dans le sous-marin régénérateur. Cette fois-ci, je m'étais organisé : j'avais pris avec moi du travail pour meubler les quinze jours de mon hospitalisation. Je devais me mettre incessamment à la rédaction de ma thèse et il me restait encore quelques livres ou articles à lire avant. À la clinique de Vandœuvre, j'avais transformé ma chambre en véritable bureau. Je dévorais avec passion un livre écrit par deux médecins, Yves Ternon et Socrate Helman, sur l'euthanasie des malades mentaux par les nazis[1]. La coïncidence était curieuse et me fit frissonner : tandis que j'acceptais d'aller dans un caisson respirer de l'oxygène à haute dose, je lisais un livre racontant comment des malades allemands avaient été introduits dans une autre sorte de caisson pour être tués en y respirant de l'oxyde de carbone.

De retour à Paris, je fus repris par une certaine routine, ponctuée par les journées au *Bel Air* et les nombreuses

1. Yves Ternon et Socrate Helman, *Le Massacre des aliénés. Des théoriciens nazis aux praticiens SS,* Bruxelles, Casterman, 1971 (épuisé).

heures consacrées à ma thèse, en semaine comme durant les week-ends. J'avais pris l'habitude de me rendre à la bibliothèque de Sciences Po, où je trouvais en général la plupart des ouvrages nécessaires à mes recherches documentaires. Cela m'évitait de me déplacer à la BDIC, sur le campus de Nanterre, plus difficile d'accès. À cette époque, chaque livre était répertorié sur une fiche cartonnée, classée par ordre alphabétique. Un jour que je fouinais dans les fichiers de la bibliothèque de la rue Saint-Guillaume, je fis une découverte : en cherchant la cote du livre de Georges Sorel, *Réflexions sur la violence*, je me trouvai subitement, en parcourant la série des S, devant la fiche « Sémelin, *Pour sortir de la violence* ». Je n'en revenais pas ! Mon livre avait donc été jugé suffisamment intéressant pour que la bibliothèque se le procure et le propose en lecture aux étudiants de Sciences Po ! J'en éprouvai de la fierté. Ce petit évènement contribua à me donner confiance en moi, en ma capacité à mener à leur terme mes études doctorales. De la confiance en moi, j'allais en avoir grand besoin : je ne savais pas encore que je me rapprochais du bord de la « catastrophe »...

M'en suis-je rendu compte quelques semaines après Nancy, ou deux ou trois mois plus tard ? Je n'en ai pas un souvenir précis. Toujours est-il que je dus le constater avec angoisse : il ne m'était plus possible de lire un livre en entier. Certes, je pouvais identifier normalement le titre, la table des matières et même en commencer la lecture. Mais au bout de quelques pages (cinq ou dix, je ne saurais aujourd'hui le dire exactement), mes yeux s'épuisaient. C'était physique : je ne pouvais pas continuer, même en me forçant. Je finissais également par souffrir de terribles maux de tête. Pour la lecture des journaux, c'était aussi la fin. Adieu le plaisir de butiner dans mon quotidien favori au petit déjeuner. Au bout de quelques phrases, mes yeux capitulaient face aux petits caractères.

Heureusement, ma capacité à écrire ne semblait pas directement atteinte. Je pouvais rédiger normalement et me relire sans difficulté. Je découvris d'ailleurs qu'en projetant une source lumineuse intense à l'endroit exact où j'écrivais, je me trouvais dans une situation confortable, proche de la normalité. Je me mis donc à rédiger ma thèse dans ces conditions, laissant allumée, même en plein jour, la grosse lampe d'architecte qui était sur mon bureau. (Tant pis pour la note d'électricité.) Inutile de dire que j'étais à nouveau gagné par le sentiment de l'urgence. M'avait-il d'ailleurs jamais quitté ? Comme pour mon premier livre, je décidai d'écrire à la main, pour aller plus vite qu'à la machine, et de donner les pages à taper à une dactylo. J'employais des stylos-billes à encre noire, afin que le contraste avec le papier blanc soit maximal. Et je travaillais uniquement avec des grands blocs de feuilles à petits carreaux. Car si mon écriture n'était pas guidée par des lignes, elle avait tendance à descendre ou à « se gondoler », mon champ visuel étant trop réduit pour la maintenir droite.

Je n'étais pourtant pas encore au terme de ma descente. Durant cette même période, une autre observation allait véritablement me faire « craquer ». C'est le genre d'incident qui, même si on l'attend depuis des années, vous prend quand même par surprise, comme une claque qu'un passant dans la rue vous donnerait sans prévenir, juste comme ça. Vous saviez bien que vous avanciez dans un univers pouvant se révéler hostile. Mais vous n'avez pas vu venir le coup, et vous en restez stupéfait.

Ce jour-là, donc, je retrouvai deux amis pour déjeuner à la cafétéria du « Bon Marché », proche du carrefour Sèvres-Babylone. Faisant la queue pour accéder au self-service, nous approchions du comptoir où les plats étaient exposés. Je pris mon plateau, y ajoutai des couverts, un verre, un morceau de pain — comme tout le monde. Vint le moment de choisir une entrée. Je fus alors pris d'un profond embarras, ne sachant comment réagir. L'ami qui me précédait dans la file d'attente me dit : « Jacques, que veux-tu donc ? » Le croirez-vous ? Je n'arrivais pas à identifier les plats ! C'était trop flou devant moi. Aussi étais-je incapable de me servir. Mon ami, alors, de me préciser : « Il y a des betteraves, des carottes râpées, etc. Que préfères-tu ? » Dans mon souvenir, il y eut alors un long silence. La situation devenait gênante : d'autres personnes attendaient derrière nous. Mon ami commençait sans doute à être lui-même gêné. Finalement, je me décidai pour les carottes. Il posa l'assiette sur mon plateau. En avançant vers le comptoir suivant, mon ami m'annonça, d'une voix qui me semblait neutre et bienveillante : « On nous propose du poulet rôti ou des lasagnes. Que préfères-tu ? — Des lasagnes, s'il te plaît. » Au bout du comptoir, comme nous arrivions à la hauteur des fromages et desserts, je parvins à identifier un yaourt, que je mis aussitôt sur mon plateau… pour sauver la face. Durant notre déjeuner, je vous jure que les larmes me sont montées aux yeux. J'avais aussi la gorge serrée. L'avantage de porter des lunettes, c'est qu'elles dissimulent un peu le regard. Du moins l'ai-je pensé. Que mes amis se soient ou non rendu compte de mon état, ils ne m'ont fait aucune remarque. Il est sûr que, ce jour-là, je n'ai pas brillé par ma conversation ni par ma bonne humeur.

Rentré à la maison, je me suis effondré. Cet incident était le signe d'une nouvelle évolution. Désormais, je devais admettre que je ne pouvais plus faire certains gestes simples, comme choisir un plat devant moi. La sphère du quotidien était atteinte, autrement dit ma capacité à être autonome dans la vie courante. Et il ne fallait pas se faire d'illusions : il y aurait bien d'autres situations du genre de celle de la cafétéria, dans lesquelles je ne pourrais plus me débrouiller seul. Il fallait que je me mette ça dans la tête : c'était fini. Ma réaction était-elle exagérée ? Après tout, ma vie n'avait pas été mise en jeu dans cette affaire ; rien à voir avec l'accident du métro. Je n'étais pas mort ! Mais je devais maintenant faire face à une autre forme de mort : la mort symbolique de mon autonomie. Et un « mec », un « vrai », il doit, n'est-ce pas, être « fort », savoir faire bonne figure, anticiper les situations ! C'est probablement mon identité masculine qui commençait aussi à être touchée, car je pressentais que j'allais devenir de plus en plus dépendant des autres.

Après coup, je me reprochai d'avoir accepté ce traitement par oxygénation hyperbare. N'avais-je pas observé un déclin de ma vision à la suite des séjours à Nancy ? J'appris que la méthode du professeur Algan suscitait des polémiques dans le milieu médical. Pourquoi ne m'en avait-il rien dit ? Pourquoi n'avais-je pas cherché à en savoir plus, à être plus vigilant ? Sans doute avais-je voulu croire que quelque chose pouvait être tenté. Certes, je n'aurai jamais la preuve que mes séjours dans le caisson ont été la cause directe de la baisse de ma vue, puisqu'elle devait, de toute façon, décliner un jour. Je me demande seulement si l'afflux d'oxygène n'a pas, dans mon cas, accéléré plutôt que freiné la dégradation. Une chose est sûre : aujourd'hui, le traitement par oxygénation hyperbare est totalement abandonné dans le cas des rétinopathies.

Au cours de ces dernières années, je m'étais trouvé dans ce qu'il faut bien appeler un état dépressif chronique, plus ou moins apparent selon les périodes. Il avait même pu disparaître épisodiquement lors des phases d'espoir, comme au moment des séjours à Nancy. Cette fois-ci, dans les semaines qui suivirent l'incident de la cafétéria, j'entrai dans une phase de dépression plus intense. J'étais sans énergie, ne trouvant plus goût à rien. À quoi bon me battre ? De toute façon, je ne pouvais pratiquement plus lire. À quoi bon continuer la thèse ? Je voulais tout arrêter. J'avais vraiment le sentiment d'être en train de couler, d'amorcer ma descente vers l'univers de la grisaille, du glauque, dont je ne ressortirais jamais. Dans ces moments-là, la musique restait mon seul réconfort, l'unique refuge qui parvenait à m'emporter loin de ma condition. Je revenais toujours au *Requiem* de Mozart, cette œuvre si sensible, si puissante qu'elle me donnait la sensation presque physique de la transcendance. Seul le *Requiem* pouvait me transporter au-delà de moi. Je ne connais en effet pas de musique qui communique à ce point le sens du tragique et de la beauté. Quand vous imaginez que votre vie n'a plus de sens, que vous voyez le fond du trou, le « Kyrie eleison » tout comme le « Dies irae » possèdent encore la capacité de vous soulever de terre, de vous emporter l'âme, loin des contingences de votre corps. Si Dieu existe, il doit ressembler au *Requiem* de Mozart.

Vous ne pouvez pourtant pas passer vos journées à écouter de la musique, fût-elle sublime. Alors, qu'est-ce qui vous donne encore la force de vous relever, les ressources pour repartir ? Dans mon cas, la présence aimante de Lydie, assurément. Nous venions juste de nous marier ! Elle avait mis son avenir entre mes mains. Elle me faisait confiance et avait été jusqu'à l'écrire dans un texte que nous avions lu devant tout le monde. Et nous avions fait le serment de l'Alliance : je ne pouvais pas ainsi baisser les bras. Mais Lydie ne pouvait pas non plus se battre à ma place. C'était à moi de trouver un moyen de rebondir.

Ce moyen, ce fut la parole. Je veux dire que je me décidai enfin à parler, comme on passe aux aveux. Oui, j'étais déterminé à briser le secret de mes 16 ans, puisqu'il n'en était plus un. Mon « problème de vue », que j'avais voulu garder pour moi le plus longtemps possible, était devenu trop *visible*. Il n'était plus possible de maintenir les apparences. Alors, à quoi bon se taire ? Il fallait que je brise le miroir de celui que je ne pouvais plus être. Mieux valait en prendre acte, d'autant que mon impossibilité à en parler suscitait l'incompréhension autour de moi.

Au *Bel Air*, le directeur avait changé depuis mon recrutement en 1980. Mais le nouveau, Claude Poussier, était évidemment au courant de mon problème. Je lui demandai un rendez-vous pour lui en parler, sans toutefois entrer dans les détails. Je venais, par la même occasion, solliciter un aménagement, assez simple, de mon poste de travail : il me fallait une lampe d'architecte sur le bureau et un magnétophone. Celui-ci accepta tout de suite. Bien plus tard, il m'apprit que mon initiative l'avait surpris puisque je ne lui parlais jamais de mon handicap. Mais il en avait aussitôt ressenti du soulagement, car nous avions pu discuter de l'adaptation de mon poste dans l'établissement.

De même, au cours de la réunion hebdomadaire avec mes autres collègues psychologues et le psychiatre, je décidai de me jeter à l'eau. Tous semblaient contents que je parle enfin. Comme me le dit l'un d'entre eux par la suite : « On ne savait pas poser des mots sur ta conduite. Maintenant, on peut se situer comme voyants, confrontés à l'angoisse de quelqu'un qui est en train de perdre la vue. » Au jour le jour, je réussis également à aborder ce problème avec les éducateurs, à l'occasion de telle ou telle conversation. En retour, ceux-ci exprimèrent à mon égard bien plus de compréhension. Les petits pics d'agressivité qui étaient apparus chez certains, dans mes premiers temps au *Bel Air*, disparurent complètement. Ainsi avais-je le sentiment d'avoir franchi une étape importante. Mes rapports humains en devenaient plus simples, plus justes.

Cependant, une question m'obsédait : allais-je pouvoir finir ma thèse ? Et, au-delà, pourrais-je réaliser le vague projet, qui m'habitait de plus en plus, de devenir chercheur ou universitaire ? Je décidai d'entreprendre une autre démarche qui me coûtait : franchir la porte du Groupement des intellectuels aveugles et amblyopes. À lui seul, cet intitulé me plongeait dans l'inquiétude. Comment avais-je eu connaissance de cette association ? Je ne m'en souviens pas. Mais en pénétrant dans l'immeuble où se trouvent les locaux du GIAA (rue Daniel-Lesueur, dans le quartier Duroc), j'avais le sentiment d'une défaite. J'y venais contraint et forcé, pour m'échouer sur des rivages que je ne voulais surtout pas connaître, vers lesquels m'avaient poussé des vents contraires à ma volonté. Dans ce pays, il y avait donc des individus étranges, dont la principale identité était de se définir à la fois comme « intellectuels » et comme « aveugles » ? Cela m'intriguait et aurait dû me rassurer. Mais non, j'arrivais dans ces lieux à reculons, accablé et anxieux, sur le qui-vive.

Qui serait le premier être humain que j'allais y rencontrer ? Réussirions-nous à nous comprendre ? Le président du GIAA, René Gouarnet, un homme plutôt affable et accueillant, m'attendait en personne. Je fus tout de suite fixé sur son état : il portait de petites lunettes noires, assez élégantes. Donc, je le voyais à peu près et il ne me voyait pas. Je ne pus m'empêcher de penser : « Tu n'en es pas encore là » ; et ce constat me rassura. L'homme me parut énergique et intelligent. Cependant, je n'arrivais pas à me débarrasser d'un malaise indéfinissable, dont je ne saurais dire s'il venait de lui ou de moi. Son parcours m'impressionna. Au tout début des années 1950, il avait fait partie des fondateurs de cette association créée par un groupe d'étudiants en droit : des personnes voyantes y proposaient bénévolement leurs services, comme lecteurs ou secrétaires (au moment des examens), à des étudiants déficients visuels. Puis il avait réussi à obtenir un poste de professeur à l'université de Besançon. Je n'en revenais pas. Je ne songeai pas à le questionner davantage sur sa propre histoire, bien qu'il se présentât à moi comme un exemple.

« J'ai choisi les maths pour aller à l'essentiel, me dit-il. Car selon moi, quand vous êtes littéraire, vous avez beaucoup trop à lire. » Mais il s'empressa d'ajouter, avec un brin de fierté : « Le GIAA est désormais là pour enregistrer sur cassettes vos cours et vos livres. »

Au passage, il me fit observer l'importance de l'évolution des technologies dont les personnes non voyantes peuvent tirer profit. Il prit l'exemple du magnétophone : celui-ci avait considérablement facilité l'accès des « miros » à la connaissance ; puis les appareils enregistreurs avaient évolué (lui-même avait connu le temps des magnétophones à bobines, pas toujours pratiques d'emploi) ; par la suite, de petits appareils enregistreurs à cassettes étaient apparus, bien plus commodes. Gouarnet se montrait confiant envers l'avenir, pensant que le progrès allait permettre d'autres évolutions, sans doute dans le domaine informatique.

« Mais cela ne doit pas vous empêcher d'apprendre le braille », me conseilla-t-il, pour en revenir à ma propre situation.

Moi ? le braille ! Le mot me fit sursauter. Il devait sans doute s'attendre à ma réticence, car il ajouta : « Le braille vous rendra des services. Et plus tôt vous vous y mettrez, plus vite vous serez à l'aise. »

Et de me parler de l'Association Valentin-Haüy (AVH), plus importante que le GIAA, située également dans le quartier Duroc, où l'on pourrait me donner des cours gratuitement. Mais je ne l'écoutais plus, tant cette perspective me figeait sur place.

Je m'arrangeai pour orienter la conversation sur un autre sujet, notamment sur la manière dont on pouvait apprendre quand on était privé de la vue. Gouarnet eut alors cette formule paradoxale, qui se présentait comme un théorème : « Voir, c'est connaître. » Je n'y avais jamais réfléchi, mais l'affirmation me parut pertinente. On a toujours tendance à la considérer dans le sens inverse, puisque près de 80 % de nos apprentissages se font par le canal de la vision. D'où cette conviction angoissante que, privé des yeux, il n'est presque plus possible d'apprendre. C'est oublier que la connaissance passe aussi par d'autres voies, à commencer par la parole ; et que savoir, c'est être prévenu de la nature de l'environnement pour mieux l'appréhender. Gouarnet me raconta une anecdote, dont je ne sais si elle est véridique : un jour que le comédien François Périer servait de guide à la grande actrice Arletty, devenue aveugle, celui-ci, très prévenant à son égard, lui dit : « Attention, il y a bientôt un escalier. » Et celle-ci de lui rétorquer : « Bougre d'imbécile, il monte ou il descend ? »

En sortant de cet entretien, je mentirais en affirmant que j'étais rassuré sur mon sort. Mais la conversation avec René Gouarnet m'avait au moins fait entrevoir des pistes à explorer. Il confirmait que la voie intellectuelle, dans laquelle je m'étais engagée, méritait d'être poursuivie. Et je savais aussi que, si le besoin s'en faisait sentir, je pourrais me tourner vers le GIAA. C'était plutôt réconfortant. En attendant, il fallait continuer à se battre. Je me remis donc à travailler d'arrache-pied à ma thèse.

Une bonne nouvelle me parvint bientôt. Le numéro d'*Alternatives non-violentes* sur « La résistance civile en Pologne et l'avenir de Solidarnosc » venait juste de paraître. Plutôt volumineux, nous en avions fait un numéro double. J'étais particulièrement heureux du résultat, dont le mérite revenait aussi à un intellectuel polonais, Piotr Blonski, qui m'avait conseillé et aidé durant toute la préparation du dossier. Quelle ne fut pas ma surprise de recevoir un appel téléphonique d'un journaliste de France Culture, Michel Bidlowsky, responsable de l'émission *Panorama*, où l'on débattait des dernières parutions en sciences sociales. Il m'annonçait qu'une des prochaines émissions serait presque entièrement consacrée à notre dossier sur la

Pologne. Pour la première fois, *Alternative non-violentes* avait les honneurs de France Culture ! Le jour J, je me mis à l'écoute de l'émission : tous les journalistes ne dirent que du bien de notre travail. C'était une superbe récompense et, plus encore, un encouragement dont j'avais bien besoin.

Le paradoxe, c'est que je n'étais encore jamais allé en Pologne ! La préparation de ce numéro m'en avait donné très envie. Je voulais me rendre compte sur place de ce qui avait été dit dans la revue, savoir comment les Polonais envisageaient leur avenir, si l'esprit de Solidarnosc était toujours vivant, etc. De plus, ce voyage pouvait être utile pour ma thèse. J'avais en effet découvert que, durant l'occupation nazie, un remarquable mouvement d'éducation clandestine s'était développé en Pologne. Alors que les nazis avaient fermé lycées et universités, ils n'avaient pas réussi à détruire ce mouvement de résistance civile, bien moins connu que l'insurrection de Varsovie. Je voulais en profiter pour en savoir davantage, en rencontrant quelques historiens. Lydie aussi avait envie de connaître ce pays, tout comme notre ami Christian Mellon, qui avait déjà établi des contacts avec des dissidents est-européens, surtout ceux de la Charte 77 en Tchécoslovaquie.

Un jour de juillet 1985, nous partîmes donc tous les trois de Paris, en voiture, vers la Pologne. On se faisait une montagne de ce voyage : la Pologne nous semblait très loin, dans un *ailleurs*, de l'autre côté du Mur. Il est vrai aussi que nous avions dissimulé dans le coffre de notre voiture de la littérature interdite. Piotr Blonski m'avait en effet demandé de prendre avec nous des dizaines de livres polonais édités en France en tout petit format. (Je n'avais jamais vu d'ouvrages aussi minuscules : de la taille d'une boîte d'allumettes ! Il devait falloir une loupe pour les lire ! En tout cas, ils n'étaient pas pour moi...) Un chercheur du CNRS, Alexander Smolar, dont j'avais fait récemment la connaissance, nous avait aussi chargés d'une mission. Pour bénéficier de ses conseils avant notre départ, nous étions allés le voir à l'École des hautes études en sciences sociales (EHESS), boulevard Raspail. C'était la première fois que je me rendais dans ce prestigieux établissement universitaire. Alexander Smolar nous avait alors confié de la correspondance et de l'argent à remettre à différentes personnes. Autant dire que nous nous sentions investis d'une certaine responsabilité.

La frontière fut franchie sans problème, policiers et douaniers se montrant indifférents aux touristes que nous étions. Un jour et demi de route plus tard, nous étions en Pologne ! Aller en voiture de Dunkerque à Nice nous aurait pris à peu près le même temps. Ces pays du bloc communiste étaient donc très proches de nous, Européens de l'Ouest ! Rien de tel qu'un voyage pour faire tomber les barrières, pour se rendre compte que le fameux Mur séparant l'Est de l'Ouest du continent était d'abord dans nos têtes.

Grâce à nos contacts à Wroclaw, Varsovie, Gdansk et Cracovie, notre périple fut d'une richesse humaine extraordinaire. Mais nos interlocuteurs étaient en général plutôt sombres quant à l'avenir politique du pays. Deux rencontres m'ont laissé un souvenir impérissable. Tout d'abord, nous eûmes la chance de faire la connaissance de l'historien Bronislaw Geremek, alors proche conseiller de Lech Walesa. Se sachant surveillé par la police, il nous avait donné rendez-vous dans un parc de Varsovie. Comme nous nous inquiétions de savoir s'il avait été suivi, il nous répondit qu'il avait l'habitude de « disparaître ». Nous eûmes une heure de conversation passionnante (que je pris soin d'enregistrer le plus discrètement possible), non loin d'une femme avec son bébé, assise sur un banc proche du nôtre. Geremek nous brossa un tableau précis, assez pessimiste, de la situation du pays, décrivant en particulier l'état d'esprit de la jeunesse. Nous étions fascinés tant par la force de ses propos que par sa maîtrise du français. L'homme rayonnait d'intelligence. Après qu'il nous eut quittés, nous avions tous trois le sentiment d'avoir vécu un moment exceptionnel. Il fallait au plus vite se débarrasser de cet enregistrement pour le faire sortir de Pologne. Grâce à une complicité à l'ambassade de France, la cassette se retrouva quelques jours plus tard en sécurité... au Quai-d'Orsay ! De retour à Paris, je l'apportai vers la mi-août à Jacques Amalric, alors responsable du service international au journal *Le Monde*. Celui-ci, après en avoir écouté à peine cinq minutes, me demanda de publier l'entretien. Dans l'édition du 31 août, qui évoquait le cinquième anniversaire des accords de Gdansk, les propos de Geremek se retrouvaient à la une du *Monde* ! Le lendemain, le journal américain *Herald Tribune* en reprenait de larges extraits. Quelle histoire !

La seconde rencontre qui me marqua à jamais ne fut pas avec une personne mais avec un lieu maudit, situé non loin de Cracovie : Auschwitz. Cette visite ne constituait pas initialement un objectif de notre voyage. Mais il nous semblait impossible d'aller en Pologne sans nous y arrêter. Nous y arrivâmes en fin de journée, vers 19 heures. On pouvait apercevoir la voie ferrée qui, par moments, longe la route. Le soleil commençait à décliner. Nous étions étonnamment seuls, et il régnait là un silence impressionnant. J'ai tout de suite pensé que c'était le silence des cimetières, que nous nous trouvions devant un immense tombeau qui restait, pour l'essentiel, invisible à nos yeux. Car il n'y avait presque rien, ou si peu : quelques baraquements. Il était trop tard pour visiter le musée. Nous décidâmes de nous y rendre le lendemain matin, après avoir dormi sur place.

Quelle expérience étrange. Notre situation me parut tout à coup surréaliste. « Tu vas dormir à Auschwitz ! me répétai-je dans la soirée. Mais quelle idée ! » Avant notre départ, Lydie et moi avions vu le film de Claude Lanzmann, *Shoah*, qui venait juste de sortir sur les écrans. Nous en avions été profondément bouleversés. Les propos du paysan polonais, du coiffeur, du conducteur de locomotive, me revenaient en mémoire. Et voilà que nous nous trouvions sur les lieux mêmes où avait été organisée cette industrie de la mort, à peine plus de quarante ans plus tôt ! Notre bref séjour à Auschwitz se passa finalement à merveille : nous trouvâmes un petit hôtel charmant, avec des lits confortables, et nous eûmes un bon petit déjeuner — autant de traits de la vie ordinaire.

Le lendemain, pourtant, ce fut le choc. Je passe sur la visite, déjà terrifiante, d'Auschwitz I — le camp initial où les nazis avaient conduit leurs premières expérimentations. Le pire fut l'arrivée devant les vitrines installées dans l'ancien bloc 4 du camp. Je n'y voyais certes plus grand-chose, mais je les ai bien aperçus ces monceaux de cheveux blanchis avec le temps et ces tas de lunettes empilées pêle-mêle. Je n'y voyais plus grand-chose, mais je les ai quand même aperçues ces valises avec le nom du propriétaire peint en grosses lettres ; et encore ces paquets, ces montagnes de chaussures vieillies et rabougries. Non loin de là, un panneau détaillait les origines nationales des victimes : toute l'Europe semblait s'être donné rendez-vous dans cet enfer sur terre. Comment l'exprimer ? J'ai bien sûr pensé à tout ce que j'avais déjà lu sur la persécution et l'extermination des juifs européens. Mais une chose est d'appréhender l'histoire par la connaissance, une autre de se trouver physiquement sur les lieux de la catastrophe, devant les traces qui attestent de l'engloutissement de centaines de milliers d'êtres humains, principalement des juifs, mais aussi des Tsiganes, des Polonais et des prisonniers de guerre soviétiques. Je n'avais plus envie de parler, j'éprouvais juste le besoin de me recueillir. J'étais anéanti.

Qu'avais-je donc à me plaindre de mon sort, en comparaison de ce qu'avaient vécu ces malheureux, ces innocents, dépouillés de tout avant d'être conduits en masse vers la chambre à gaz ? D'accord : je pouvais aussi me considérer comme innocent du mal qui m'avait silencieusement attaqué dès ma naissance. Mais moi, je n'avais été ni battu, ni torturé, ni tatoué, ni tondu, ni affamé, ni gazé, ni brûlé. Oui, en comparaison, ma propre condition m'est apparue bien légère.

Ma visite à Auschwitz eut un effet inattendu : elle contribua fortement à modifier le regard que je portais et que je porte encore… sur moi. J'y ai perçu des raisons non plus de me plaindre mais de me battre. Oui, je suis revenu d'Auschwitz avec une énergie renouvelée, avec la volonté farouche de défier le sort qui m'était promis.

Ce nouvel état d'esprit eut aussi des répercussions sur mes préoccupations intellectuelles. Certes, je m'intéressais toujours à la question de la résistance civile. (Heureusement, car c'était le sujet de ma thèse !) Mais un autre thème de recherche me venait à l'esprit, immense, et *a priori* insaisissable : celui du génocide. À l'automne, je voulus faire la connaissance de l'historien Léon Poliakov, le pionnier en France des études sur la Shoah. Il m'invita à le rencontrer chez lui, à Massy, dans la banlieue parisienne. Nous eûmes une conversation passionnante, et le temps de cette matinée passa trop vite. Poliakov me parla de son propre itinéraire et de l'importance qu'avait eue pour lui l'accueil que Raymond Aron avait fait à son livre pionnier de 1951 [1]. Mais il s'intéressa aussi au sujet de ma thèse et s'efforça de m'aider. Enfin, il m'encouragea à travailler sur le génocide, sans jamais oublier cette formule, qu'il tenait du dissident soviétique Alexandre Zinoviev : « L'évènement ayant une multiplicité de causes, il est impossible de connaître LA cause de l'évènement. » En entendant ces mots, j'eus l'impression de me trouver devant un vieux sage qui tenait à transmettre à un élève une formule à méditer toute sa vie. De fait, cette phrase, je ne l'ai jamais oubliée. Elle a même enrichi mon parcours.

En attendant, il fallait aussi que je prenne en compte les conseils d'un autre « vieux », si j'ose dire, René Gouarnet, qui m'avait suggéré de me rendre à l'Association Valentin-Haüy. Créée en 1889 « pour le bien des aveugles » (comme il est précisé dans ses brochures), c'est la plus ancienne des associations françaises en charge des non-voyants. Je me sentais un peu plus fort pour m'y risquer. Ce n'est pourtant

1. Léon Poliakov, *Le Bréviaire de la haine. Le III*e *Reich et les juifs*, Paris, Calmann-Lévy, 1951 et 1979 (épuisé).

pas sans appréhension que je franchis la porte du 5 rue Duroc : il y avait là des tas de cannes blanches ! Allais-je ressembler un jour à ces gens-là ? On me conduisit au bureau de l'assistante sociale avec qui j'avais rendez-vous ; une dame charmante, qui s'enquit de ma situation. Après m'avoir écouté, elle me dit : « Vous devriez vous faire reconnaître comme personne handicapée par la COTOREP. Une fois inscrit, vous aurez accès à certains droits et indemnités, selon vos revenus. »

La COTOREP ? J'en connaissais l'existence depuis que je travaillais au *Bel Air*. On conseillait aux parents des enfants que nous recevions de prendre contact avec cet organisme. Le cocasse de la situation était que l'on m'invitait maintenant à entreprendre la même démarche ! J'étais bien passé de l'autre côté de la barrière… C'est avec un certain tact que l'assistante sociale de l'AVH m'avait fait cette proposition : elle savait bien que l'acceptation d'une telle reconnaissance — comme personne « handicapée » — n'est pas innocente. Pourtant, ce jour-là, je ne me montrai pas réticent. Il fallait bien que je prenne acte de mon état. C'était une démarche administrative, voilà tout.

Il est vrai que cette décision avait été plus facile à prendre en raison de la nouvelle qui venait d'illuminer ma vie. Un soir, Lydie vint me voir en rentrant du bureau et me dit, sur le ton de la confidence : « Devine… » Je compris tout de suite : elle était enceinte. C'était logique, n'est-ce pas ? Si nous avions décidé de nous marier, c'était aussi dans la perspective d'avoir des enfants. Quel chemin parcouru, quand j'y repense ! Cet évènement envers lequel j'avais éprouvé tant d'appréhension, il allait bientôt se produire. Tout en sautant de joie, je mesurai mes responsabilités à venir. Et c'est précisément en pensant à cette prochaine paternité que j'acceptai plus facilement d'aller vers la COTOREP. Je me disais qu'il fallait mettre tous les atouts de mon côté pour assumer mon futur rôle de père. Alors, pourquoi pas la COTOREP, si cela pouvait me donner des droits, mieux me protéger ?

Pour statuer sur mon cas, on me convoqua bientôt à une visite médicale. Un médecin examina mon fond d'œil ; il ne lui fallut pas longtemps avant de se rendre compte du désastre. J'étais bon pour la carte d'invalidité avec la mention *cécité*. C'était fait, mais j'étais quand même un peu sonné : à 35 ans, je me retrouvais avec le statut d'« aveugle officiel » au regard de la loi française et de la société. Pourtant, dans ma tête, je ne me sentais pas du tout « aveugle ». D'ailleurs, j'y voyais encore un peu ! Quand je me livrais à mon exercice habituel de réassurance — fermer l'œil droit pour constater ce que voyait le gauche, puis fermer le gauche pour constater ce que voyait le droit —, je me disais que j'avais encore de « beaux restes » de ce côté-là. Pourvu que ça dure le plus longtemps possible...

Les semaines suivantes, je reçus par la poste ma carte d'invalidité avec mon numéro d'identification. Surprise : elle comportait une étoile verte. Certains pourront trouver ce rapprochement quelque peu scabreux mais, travaillant sur la période nazie, je ne pus m'empêcher de me faire cette réflexion : « Tiens, toi aussi tu as une étoile. Tu es marqué. » Le rapprochement s'arrêtait là : mon étoile n'était pas jaune, mais verte ; elle était petite et discrète, apposée sur cette carte qu'il m'était loisible de garder, ou non, dans mon portefeuille. Je n'avais pas à l'arborer dans la rue, bien visible sur la poitrine, comme y avaient été contraints les juifs, ainsi désignés à l'opprobre public. Je ne risquais pas davantage d'être arrêté et jeté dans un train. Il n'y avait rien de cela pour moi, rien de si grave. Et pourtant, je ne pouvais m'empêcher de ressentir un pincement au cœur. Il n'y avait rien à faire : la petite étoile verte attestait de ma différence, de mon stigmate.

Une fois franchie cette étape, il me fallait me concentrer sur l'essentiel, car le temps m'était compté : je voulais absolument terminer ma thèse avant que la naissance du bébé ne vienne bousculer nos habitudes. Allais-je y réussir ? Je voulais tout faire pour. Je voulais aller jusqu'au bout.

CHAPITRE 5

S'adapter au « Nouveau Monde »

LA LETTRE d'Harvard était arrivée fin avril, et je l'avais mise de côté. À plusieurs reprises déjà, j'avais reçu des informations concernant la création récente d'une équipe de recherche sur les stratégies non-violentes, au sein de la prestigieuse université américaine. Le projet avait été lancé par Gene Sharp, dont j'avais bien sûr lu les travaux. Ce chercheur américain n'avait pas alors la renommée internationale qu'il acquit, quelque vingt années plus tard, après la vague des « révolutions colorées » en Serbie, Ukraine ou Géorgie [1]. Nous avions fait brièvement connaissance en 1985, lors du colloque organisé autour de l'étude sur « La dissuasion civile » ; il avait dû inscrire mon adresse dans le fichier de

1. Gene Sharp est l'auteur de plusieurs ouvrages universitaires, dont le plus important est *The Politics of Non-Violent Action*, 3 vol., Boston, Porter Sargent Publisher, 1973. Cependant, c'est à travers un ouvrage de vulgarisation, traduit en vingt-deux langues, qu'il a acquis une renommée internationale : *From Dictatorship to Democracy. A Conceptual Framework for Liberation*, Boston, The Albert Einstein Institution, 2002.

son centre. Mais je ne prêtais pas vraiment attention à cette documentation qui m'arrivait de temps à autre, un peu comme de la publicité. Ainsi avais-je jeté un regard distrait sur la dernière correspondance reçue : il s'agissait d'un appel d'offres international promettant une bourse aux candidats dont le projet serait retenu. Le montant de cette bourse permettait de venir à Harvard pour une durée variable (entre trois mois et un an). J'aurais dû considérer cette invitation avec un grand intérêt. Eh bien non ! Je n'en réalisais pas l'importance, ayant bien d'autres sujets de préoccupation : ma thèse, la naissance prochaine du bébé, et de nouvelles démarches auprès d'associations de déficients visuels. Sans doute aussi étais-je prisonnier de mes petites habitudes franchouillardes, ne prenant pas conscience de la valeur de cette proposition, qui provenait de l'étranger. Lydie m'avait pourtant dit, certes sans insister, qu'il valait la peine de l'examiner de plus près. Mais je n'en avais rien fait. Il n'est d'ailleurs pas impossible que la lettre ait été jetée dans la corbeille à papier, sous mon bureau (ce dont je ne suis quand même pas certain aujourd'hui). Comme quoi on peut laisser passer une occasion incroyable, parce qu'on a la tête ailleurs ou qu'on n'imagine pas qu'elle puisse vous concerner…

Heureusement, il y eut un *déclic* : un de ces petits détails dont on ne mesure l'importance qu'après coup. Ma vie aurait-elle suivi la même direction sans ce déclic ? Ce fut au cours d'une visite de Françoise, la sœur de Lydie, professeur d'anglais à Périgueux, à l'occasion du 1er mai 1986. Nous étions en train de prendre l'apéritif quand la conversation roula sur mes projets. Entre autres choses, je dus signaler la proposition d'Harvard, ou peut-être fut-ce Lydie elle-même ? Ma belle-sœur dressa aussitôt l'oreille, me demandant des précisions que je ne sus lui donner. J'allai donc rechercher la lettre sur mon bureau, ou dessous, selon qu'elle avait ou non rejoint la corbeille. Françoise en fit une lecture rapide et conclut que je correspondais au candidat potentiel. Le centre de Gene Sharp recrutait notamment des personnes venant de passer leur doctorat — ce qu'on appelle des « post-doc ». Ce n'était pas encore mon cas, mais je n'en étais plus vraiment loin : je calculais qu'il me restait un mois de travail. Françoise s'adressa à moi avec enthousiasme : « Envoie donc ta candidature ! C'est une chance formidable qui t'est offerte ! Et puis, je rêve de faire un tour aux États-Unis ; vous rendre visite m'en donnera l'occasion. Comme votre bébé n'aura évidemment pas besoin d'aller à l'école, c'est le moment idéal pour vous de partir. »

Lorsqu'elle nous quitta pour reprendre son train, nous en convînmes, Lydie et moi : il valait la peine que je constitue un dossier. On verrait bien… Pour le projet, je n'avais qu'à reprendre le sujet de ma thèse en lui donnant de nouvelles perspectives. Cependant, je ne croyais guère à mes chances. Et puis cela dérangeait mes plans. Néanmoins, je finis quand même par envoyer ma candidature.

Au cours de cette même période, je pris contact avec la Fédération pour la rééducation des déficients visuels (FRDV), autre association dont m'avait parlé l'assistante sociale de l'AVH. Son conseil était judicieux car cette association, située dans le 16e arrondissement, prenait en charge des cas comme le mien, à savoir des personnes qui perdaient la vue à l'âge adulte. On m'y proposa des cours de locomotion. Je me retrouvai bientôt dans la rue, pris en charge par une monitrice, qui me donna tout de suite une astuce à laquelle je n'avais jamais pensé : pour traverser à un carrefour sans pouvoir identifier la couleur du feu, il suffit de guetter le bruit des voitures venant en sens inverse. Dès qu'on les entend démarrer, cela signifie qu'on peut traverser. Puis vint le moment fatidique de l'apprentissage de la canne blanche. Pour la première fois de ma vie, j'en pris une dans mes mains. C'était bizarre de tenir ce truc devant soi en le frappant sur le bitume. « Faites bien attention à taper votre canne à gauche en avançant le pied droit, puis à droite en avançant le pied gauche », me répétait la monitrice. Ce n'était pas évident, et je ne semblais pas être un bon élève. De plus, je le voyais, ce bâton que je poussais devant moi ; et je pensais encore pouvoir m'en passer. C'est dire que je ne me sentis pas à l'aise en faisant mes premiers pas dans les petites rues du 16e arrondissement, armé de cet instrument. Après cette séance, je m'obligeai pourtant à faire l'acquisition d'une canne, mais pour la ranger aussitôt dans mon sac !

On me parla encore d'une toute nouvelle association qui entendait regrouper les personnes atteintes de rétinopathie. Le fait était récent : des malades avaient commencé à s'organiser aux États-Unis, en Grande-Bretagne et en Allemagne. Le mouvement était en train de gagner la France, à partir de la province. Ainsi, en 1984, était née l'Association française Retinitis Pigmentosa (AFRP). Entre autres objectifs, celle-ci se donnait pour but, d'une part de regrouper les personnes atteintes de dégénérescence rétinienne afin de les informer et de leur porter assistance, d'autre part de promouvoir la recherche thérapeutique en ophtalmologie dans ce domaine très peu investi par la science médicale. L'idée de cette association était excellente. Je me proposai donc pour organiser la première réunion à Paris. Nous nous retrouvâmes une petite quinzaine de personnes, autour d'un bon couscous, dans un restaurant de la rue Letellier. Cette rencontre fut fort sympathique, et en plus tout le monde paraissait normal ! Les gens ne se plaignaient pas trop de leur état, sauf un ancien cadre supérieur d'une grande société, qui me parut fort déprimé — non sans raison d'ailleurs, puisqu'il venait d'être licencié à cause de son début de cécité. La conversation porta un moment sur la promotion par l'entreprise Lissac de lunettes avec des verres jaunes censés arrêter un certain type de rayons néfastes pour la rétine. Jamais entendu parler ! Je tendis un peu plus l'oreille. Cela permettait, disait-on, de ralentir l'évolution de la maladie. Comme d'habitude, je me montrai très sceptique quant à ce supposé effet ralentisseur. Mais cela ne m'empêcha pas de faire bientôt l'acquisition de ces fameuses lunettes. Allez comprendre quelque chose à votre propre psychologie ! Vous êtes devenu complètement fataliste quant au destin de vos yeux, mais vous ne pouvez pas vous empêcher de croire qu'un petit quelque chose, un progrès minuscule, pourrait vous aider — qui sait ? — à revoir un coin de ciel bleu. Je me suis donc mis à arborer ces fameuses lunettes, qui me donnaient un air un peu étrange. Mais après tout, on pouvait les prendre pour des lunettes de soleil. Sans doute me serais-je investi davantage dans cette nouvelle association, connue aujourd'hui sous le nom de Rétina France [1], si les évènements ne s'étaient accélérés.

---

1. Au cours de cette même réunion, j'appris que venait de se créer une autre association qui se donnait à peu près les mêmes objectifs : l'association Information recherche sur la rétinite pigmentaire (IRRP). Elle avait été fondée par des malades ayant suivi le traitement d'oxygénation hyperbare. Quel dommage que des rivalités se manifestent dans ce domaine, où l'on aurait pu espérer une union sacrée entre les malades !

Tout d'abord, arriva enfin ce moment magique, cet évènement auquel je n'avais pas voulu croire et qui allait pourtant se produire devant moi : la naissance de notre fille. Marie s'annonça au monde à la veille de l'été. Et ce jour-là, vers midi, quand elle poussa son premier cri, il faisait effectivement grand beau. Je me revois, comme si c'était hier, près de la fenêtre par laquelle les rayons de soleil illuminaient la salle où Lydie venait d'accoucher. Même les rues de Paris en éprouvaient de la joie : ce soir-là, on y ferait la Fête de la musique ! J'osai à peine toucher ce petit corps endormi et le prendre dans mes bras. Je l'ai entr'aperçu, ce joli visage aux traits si fins mais aussi si flous, aux cheveux d'ébène et à la peau presque cuivrée. On aurait dit une petite Indienne : en réalité, elle nous faisait une belle jaunisse dès ses premiers jours ! Je me sentais subitement quelqu'un de différent. Je partageais désormais la charge de ce petit bout de vie, ne sachant si je serais à la hauteur de la tâche. Cela renforçait mon désir de me surpasser pour qu'un jour elle soit fière de son père.

Dans les jours qui suivirent la venue de Marie, j'eus le privilège de me réjouir d'une seconde naissance : celle de ma thèse. Tout arrivait en même temps ! Je courus à l'atelier de photocopie qui venait d'en achever la fabrication. Je contemplai ces deux volumes — au total quelque 650 pages — parés d'une jolie couverture verte. De retour à la maison, j'eus l'idée saugrenue d'en connaître le poids. Je les installai donc sur la balance de notre salle de bains et, ô surprise, ma thèse avait exactement le même poids que ma fille : 3,6 kilos. Quelle coïncidence ! Cela ne s'invente pas, et j'en riais tout seul ! Ce travail constituait l'aboutissement d'une évolution personnelle : c'était certes d'abord le fruit d'un effort intellectuel soutenu, mais aussi celui d'une construction de soi, dans l'incertitude et l'espoir.

De retour à la maison, nous fîmes de notre mieux pour faire face à notre nouvelle situation de jeunes parents. Mais, très vite, notre vie connut un nouveau rebondissement. Début juillet, tandis que nous tentions de nous accorder une petite sieste réparatrice, après une nuit entrecoupée de séances d'allaitement, le téléphone retentit. C'était Gene Sharp en personne ! Durant ces dernières semaines, j'avais un peu oublié ma candidature aux États-Unis. Or, il venait m'apprendre que mon projet les intéressait beaucoup et qu'ils seraient ravis de me compter parmi eux l'année prochaine. On m'aurait annoncé que l'on me proposait un voyage sur la Lune, j'aurais ressenti à peu près la même chose. D'ailleurs, on entendait dans le téléphone, à intervalles réguliers, des *bip* qui donnaient l'impression que la communication venait de l'espace ! Je me ressaisis et lui demandai de me préciser ce que je devrais faire, pour vérifier si sa proposition était bien en accord avec mon projet.

« Écrire un livre sur la base de votre thèse, me répondit-il, et participer, cela va de soi, aux différentes activités de notre équipe. »

Comment pouvais-je refuser ? Gene Sharp soulevait cependant un problème de taille : l'administration d'Harvard ne m'accepterait que si j'avais effectivement soutenu ma thèse. Je comprenais parfaitement la situation, mais ne savais que répondre sur ce point, venant juste de finir mon travail. Comment allait réagir mon directeur de thèse, Jean-Paul Charnay ? Je l'informai aussitôt de la nouvelle, dont il me félicita. Mais il n'était pas question pour lui de précipiter la soutenance. Idéalement, Gene Sharp souhaitait que je rejoigne son équipe vers le 20 août. C'était matériellement impossible. En revanche, j'espérais que le jury pourrait se réunir début septembre, ce qui ne me ferait rater que trois ou quatre semaines. Mais mon directeur considéra que cela n'était pas réaliste, faisant valoir que ses collègues seraient encore en vacances. Je dus donc m'incliner : la soutenance n'aurait pas lieu avant début octobre. Si donc le jury voulait bien me décerner mon diplôme, j'arriverais à Harvard avec quelque deux mois de retard par rapport à la rentrée universitaire américaine.

Tandis que je ruminais ma déception, je pris subitement conscience d'un autre problème, qui me remplit d'inquiétude : Gene Sharp ne savait strictement rien de mon affection aux yeux ! Il m'avait seulement entendu dans un colloque, et nous avions bavardé ensuite quelques minutes. Il ne s'était pas nécessairement rendu compte de mon problème. Devais-je lui en parler avant mon départ, au risque de le voir changer d'avis ? Je passai une nuit d'insomnie à retourner les arguments, pesant le pour et le contre. Si je lui en parlais à l'avance, il pouvait craindre que je ne réussisse pas mon adaptation ; et alors au revoir la chance de ma vie ! Si je ne lui disais rien, il risquait de m'en vouloir une fois que je serai sur place et la situation pourrait se retourner contre moi. Finalement, une position s'imposa à mon esprit : je ne pouvais pas ne pas l'avertir. Le non-dit aurait été trop lourd de malentendus à venir. Une nouvelle fois, il fallait que je prenne mon courage à deux mains : après avoir soigneusement préparé les phrases-clés de ce que je tenais à dire à Gene Sharp dans mon anglais approximatif, je pris l'initiative de lui téléphoner. Je tentai de lui expliquer que je voyais très peu, mais qu'il ne fallait pas qu'il s'en inquiète car je pouvais me débrouiller. La preuve ? J'allais soutenir ma thèse. Mais je préférais l'informer de la situation pour qu'il me dise si cela posait problème, etc. Ai-je été bien clair ? Je n'en suis pas vraiment sûr. Toujours est-il qu'il comprit que je lui demandais de bien réfléchir avant de me faire venir ; et il promit de me rappeler dans les jours suivants. En raccrochant, j'avais l'impression que les dés étaient jetés. J'étais soulagé d'avoir réussi à le mettre au courant et, en même temps, très anxieux quant à sa réponse.

Celle-ci ne tarda pas. Quand le téléphone sonna ce jour-là, j'étais presque certain que c'était lui. Il commença par me dire qu'il avait effectivement parlé de mon problème avec son équipe, comme je le souhaitais. Le résumé de leur discussion revenait à me poser une question : *« What do you need ? »* (« De quoi avez-vous besoin ? »)

Sacrés Américains ! Je m'attendais à tout sauf à ce genre de réaction ! Qui a dit qu'ils avaient tous les défauts du monde ? Je suis le premier à leur en reconnaître. Mais on ne peut leur dénier cette qualité : ce sens aigu du pragmatisme, qui se reflétait dans la réponse de Gene Sharp. Il aurait très bien pu me dire : « Votre problème risque de gêner votre intégration et de vous empêcher de travailler avec nous. Il vaut mieux que vous ne veniez pas. Nous sommes vraiment désolés. » Mais pas du tout : il abordait la question sous l'angle pratique, en supposant qu'il existait une solution au problème posé. Il me disait : « Nous sommes toujours disposés à vous accueillir. Que peut-on faire pour vous aider ? »

Et moi de bredouiller une réponse qui dut lui paraître ridicule : « Si j'ai une machine à écrire avec une grosse lampe, je vous promets que cela se passera bien. En plus, si vous pouviez m'aider à trouver un appartement tout près du bureau, cela me faciliterait la vie. » Jamais je n'oublierai ce *« What do you need ? »* qui m'ouvrait toute grande la porte vers l'Amérique, ce « Nouveau Monde » dont je ne connaissais rien. Et quelle Amérique ! Harvard, s'il vous plaît, ce lieu mythique qui avait formé tant de brillants esprits.

Dès lors, il fallait se préparer à partir, en pariant que la soutenance de ma thèse se passerait bien et que l'administration de la Sorbonne me délivrerait aussitôt mon diplôme. La bonne nouvelle était que Lydie pourrait m'accompagner, car il lui serait possible de prendre un congé parental. Merci à Marie, qui nous permettait de partir ensemble ! De mon côté, je pourrais garder mon emploi de psychologue grâce à la nouvelle loi (de janvier 1984) relative au congé sabbatique. Merci au Premier ministre Pierre Mauroy, dont le gouvernement socialiste avait fait ajouter un article en ce sens dans le Code du travail.

Au cours de cet été 1986, comment avons-nous fait pour tout mener de front ? Nous occuper en priorité du bébé, remplir les formalités en vue de notre départ, préparer notre arrivée à Cambridge ? Je n'en sais trop rien. Les jours et les semaines passèrent à toute allure. À l'ambassade des États-Unis, une des responsables du service des visas, se rendant compte de ma situation, me facilita les démarches. À cette époque, l'ambassade américaine n'avait pas pris cette allure de forteresse assiégée qu'on lui connaît depuis les attentats du 11 septembre 2001. Le jour où je vins chercher mon visa, cette dame, tout en me souhaitant bonne chance, me fit cette remarque en pensant à Marie : « Avec le père qu'elle a, elle aura sûrement un petit air sérieux qui l'aidera dans la vie. » Personne n'avait encore porté de jugement sur mon enfant en rapport avec mon handicap. La remarque était plutôt gentille et positive…

En septembre 1986, une atmosphère étrange régnait dans Paris en proie à une vague d'attentats terroristes. Déjà, le 20 mars, une bombe avait explosé dans la galerie *Point Show* des Champs-Élysées, faisant deux morts et une vingtaine de blessés. Puis, à la fin de l'été, une série noire avait débuté : le 8 septembre, nouvel attentat à la bombe au bureau de poste de l'Hôtel de Ville ; le 14, au Pub Renault des Champs-Élysées ; le 15, à la Préfecture de police de Paris. L'attentat le plus meurtrier de cette série fut commis le 17 septembre devant le magasin Tati de la rue de Rennes : six morts et cinquante-cinq blessés[1]. La psychose avait gagné la capitale. Chaque jour, on craignait une nouvelle catastrophe. Par deux fois je me retrouvai bloqué dans le métro, y compris dans un tunnel entre deux stations : alerte à la bombe, évidemment. L'atmosphère s'était subitement alourdie dans le wagon. Les gens restaient calmes mais la tension était palpable. Que s'était-il donc encore passé ? Je ne pus m'empêcher de me dire, égoïstement : « Paris devient irrespirable ; c'est peut-être le bon moment pour partir… »

Pour de tout autres raisons, je me sentais moi-même dans un état quelque peu étrange. D'un côté, j'étais *porté* par ma nouvelle situation de père de famille et par la perspective enthousiasmante de me retrouver à Harvard. Mais de l'autre, le sentiment de la perte et de la chute ne me quit-

1. Entre le 8 et le 17 septembre, cette série d'attentats a causé la mort de onze personnes. Ils ont été revendiqués alors par le Comité de soutien aux prisonniers politiques arabes (CSPPA) pour réclamer la libération du chef libanais Georges Ibrahim Abdallah.

tait pas. Car, chaque fois qu'entrant dans ma pièce de travail j'apercevais les deux volumes de ma thèse, dont la lecture était désormais inaccessible à mes yeux, mon esprit s'en trouvait aussitôt assombri. Certes, ils trônaient sur mon bureau comme des trophées, bien en vue, signes de ma victoire. Mais la dure réalité était que je ne pouvais strictement rien en faire par moi-même. Ces deux volumes gisaient là devant moi comme deux blocs de papier, inertes, muets, impénétrables. Impossible d'y vagabonder de page en page, de relire tel ou tel passage pour vérifier la pertinence d'un raisonnement ou de s'assurer de l'exactitude d'une référence bibliographique. Un vrai supplice ! Oui, le mot paraîtra trop fort, mais j'ose pourtant l'écrire : j'éprouvais comme une forme de supplice intellectuel à tourner chaque jour autour des deux tomes de ma thèse qui se refusaient à me parler, alors que j'en étais bien l'auteur ; l'auteur de ces milliers de mots sans voix qui couraient sur les pages.

Avec le recul de ces dernières années, je m'imaginais avoir été comme ce coureur qui, se donnant à fond pour gagner la course, franchit de justesse la ligne d'arrivée, puis s'effondre sur la piste. Moi aussi, j'avais le sentiment d'avoir réussi à terminer ma thèse « sur le poteau », puis de connaître une forme d'effondrement. Si je voulais me relever et continuer ma route, même en trottinant, il fallait me résigner à faire appel à des lecteurs. De toute façon, il y avait urgence car je devais me préparer à la soutenance.

Le tout premier d'entre eux fut une lectrice. Quand Janine sonna à la porte de notre appartement, elle était à la fois souriante et peut-être un peu gênée. Mais, qui était le plus embarrassé des deux ? Janine se trouvait en préretraite et cherchait une occupation bénévole intéressante. Nous

nous installâmes côte à côte derrière le bureau. Je lui proposai de lire certains passages de la thèse, que je pris soin d'enregistrer avec un petit magnétophone. Le procédé était un peu laborieux mais je n'avais pas le choix. Et quel bonheur de reprendre pied dans mon travail, fûst-ce par la médiation d'une voix ! Tout se passa donc au mieux entre nous. Janine revint plusieurs fois au cours de ce mois de septembre. Elle était intéressée par mon sujet et surtout ravie de me rendre service. Nous commencions déjà à prendre nos petites habitudes et, de simple lectrice, elle devint pour moi une précieuse collaboratrice.

Puis vint le jour J de la soutenance, qui allait se tenir dans la belle « Salle des actes » de la Sorbonne. Quelle chance ! On aurait pu nous mettre dans une salle quelconque. L'endroit m'intimidait et je le trouvais presque trop solennel. Comme il se doit, je m'assis devant le jury, déposant sur la table, devant moi, mes deux volumes, en guise de décor, si j'ose dire… Flanqué de mes lunettes jaunes, j'apercevais vaguement les silhouettes des professeurs installés sur l'estrade. Le flou de leurs visages avait quelque chose d'artistique et me fit penser au tableau d'un peintre impressionniste. Mes parents étaient là, de même que d'autres membres de ma famille, des amis et quelques doctorants. Mais je n'étais pas spécialement ému, plutôt tendu et concentré. Tout à coup, le silence se fit dans l'assistance : le bruit des pas cessa, tout comme les murmures dans la salle. Le président du jury, l'historien André Corvisier, m'invita à présenter le sujet de ma recherche en une vingtaine de minutes. Je n'avais pas eu, à mon goût, suffisamment de temps pour bien travailler cette introduction, trop occupé les jours précédents à d'autres tâches, notamment à la préparation de mes bagages. Alors, commença le feu des questions que les membres du jury me posèrent tour à tour, pendant près de quatre heures. Je n'avais pas l'impression d'être particulièrement brillant mais j'essayais d'être le plus précis et le plus convaincant possible dans mes réponses. L'essentiel était que la soutenance se déroulait plutôt bien. Et vers 18 heures, ce 6 octobre 1986, arriva le moment que j'attendais tant : le jury me déclara digne du titre de Docteur en histoire contemporaine. Les professeurs vinrent me saluer et, bien entendu, je fis preuve de maladresse pour leur serrer la main. Qu'importe ! Ils venaient non seulement de me délivrer le doctorat mais, à travers celui-ci, mon billet d'entrée à Harvard !

Dès lors, tout alla très vite. Le lendemain (7 octobre), l'administration de la Sorbonne me donna mon diplôme, et je remerciai très chaleureusement la responsable du service qui avait accéléré la procédure. Le surlendemain (8 octobre), j'étais installé dans l'avion d'Air France en partance pour Boston. Je n'eus pas alors l'impression de décoller uniquement dans les airs… mais aussi dans ma vie. Une page venait de se tourner, une autre allait s'ouvrir, que j'étais avide d'écrire. Je m'offris trois ou quatre flûtes de champagne !

À mon arrivée, Gene Sharp m'attendait à l'aéroport.

« Enfin te voilà ! On commençait à désespérer… » me lança-t-il avec une pointe d'humour sarcastique. Comme je le remerciais d'être venu me chercher, il me répliqua : « Pas de problème, j'habite juste à côté de l'aéroport. Ainsi je suis plus vite dans un avion ! »

Sitôt dehors, ma première surprise fut de respirer… l'air marin. Les pistes de Logan Airport se terminent en effet à proximité de l'océan Atlantique. Ce simple détail bouleversait mes cadres de vie antérieurs : en France, j'allais le plus souvent en vacances au bord de la mer, à Noirmoutier, et je travaillais dans un environnement très urbain, à Paris. Voici que, parvenu dans ce coin des États-Unis, alors que nous roulions vers Cambridge en longeant la Charles River, j'allais habiter et travailler tout près de la mer. Cette simple idée me mettait en joie.

L'université Harvard ne se trouve pas sur un campus relégué à l'extérieur de la ville, comme il arrive souvent aux États-Unis. Ses bâtiments sont implantés au cœur même de Cambridge : les plus anciens, tout en briques rouges, dans l'Harvard Yard (un parc agréable, entouré de grilles), et les autres dispersés dans les rues alentour. Cela sent bon la verdure et la Vieille-Angleterre, avec en plus des écureuils gris qui vous narguent chaque fois que vous traversez le parc. Les Européens ne se sentent pas vraiment perdus à Cambridge, petite ville à taille humaine, où il est commode de se déplacer à pied. Cependant, nombre d'étudiants circulent à vélo pour aller plus vite d'un cours à l'autre. Dans mon cas, ce serait nécessairement la marche à pied. Gene Sharp avait bien fait les choses à cet égard : il nous avait déniché un logement tout proche du Center for International Affairs (CFIA), où je devais avoir un bureau. Nous occupions l'arrière d'une maison cossue située au 1717 de Cambridge Street, alors que le CFIA se trouve au 1737. En moins de deux minutes de marche, sur le même trottoir, j'y étais déjà. On pouvait difficilement faire mieux. Quand Lydie arriva le lendemain avec Marie — car nous n'avions pas pu prendre le même vol —, elle en fut aussi très satisfaite. Il y avait cependant un inconvénient à une telle proximité : nous résidions dans le cœur même de la ville et cela se payait par un loyer excessif qui amputait fortement le montant de ma bourse.

Au CFIA, je fis bientôt connaissance de toute l'équipe : Christopher Kruegler, qui préparait avec Peter Ackerman un ouvrage sur les stratégies non-violentes à partir de différentes études de cas ; Ronald McCarthy, qui voulait montrer l'importance de la désobéissance civile dans la Révolution américaine ; Patricia Parkman, qui finissait son livre sur une insurrection civile au Salvador en 1944 ; ainsi que Philip Bogdonov, qui collectait des fonds ; sans oublier Kendra, la sympathique secrétaire du laboratoire, toute disposée à faciliter mon installation. Puis on me présenta ceux qui avaient gagné une bourse comme moi : Michael Bernhard, un jeune post-doc américain travaillant sur la notion de société civile dans la Pologne de Solidarnosc, Alex Schmitt, un spécialiste hollandais du terrorisme, et Ralph Summy, un professeur australien plus centré sur la question des mouvements de paix.

Cependant, je m'inquiétais de savoir où allait être mon bureau, puisqu'on m'en avait promis un. Je m'attendais à y trouver la machine à écrire que j'avais demandée. On me montra un endroit près d'une fenêtre, et Kendra me dit que ce serait là. Mais il n'y avait strictement rien sur la table ! En fait, les micro-ordinateurs avaient remplacé les machines à écrire. (On pouvait certes en remarquer encore quelques-unes, ici ou là, reléguées dans le coin d'une pièce.) Mais partout, chercheurs et secrétaires travaillaient devant leurs petits écrans. Gene Sharp me glissa que l'ordinateur serait sans doute mieux pour moi, comme il l'était pour tout le monde, et qu'il était disposé à m'en procurer un. Mais il ne voulait évidemment pas forcer ma décision. Si je préférais continuer avec une machine à écrire, comme à Paris, il n'y voyait pas d'inconvénient. En France, on n'en était qu'au tout début des ordinateurs personnels. Et j'avoue que je n'avais pas pris le temps de suivre cette évolution. J'étais donc dans la plus grande perplexité. Mais pas pour très longtemps.

Pour faciliter mon adaptation à la vie américaine, j'avais pris soin, avant mon départ, de demander au GIAA de m'indiquer un centre spécialisé pour les déficients visuels dans la région de Boston. Le plus réputé était le Carroll Center for the Blinds, créé en 1937, situé à Newton. J'avais donc écrit à cette institution pour signaler ma venue. Dès mon premier jour, je téléphonai pour prévenir que j'étais bien arrivé à Harvard : on me fit savoir que la directrice en personne souhaitait me rencontrer au plus tôt. Son emploi du temps étant surchargé, elle proposait que l'on se voie dès le dimanche suivant, autour d'un *brunch* ; et Lydie, bien entendu, serait la bienvenue. Manifestement, cette directrice ne comptait pas ses heures de travail. Nous nous retrouvâmes ainsi dans un charmant café de Cambridge pour ce qui était en réalité notre premier *brunch*, à Lydie et à moi. Nous fîmes alors la connaissance d'une femme extraordinaire, Rachel Rosenbaum, qui voulait faire tout son possible pour faciliter mon séjour. Elle était venue avec l'un de ses fils, Joe, âgé de 7 ans, dont je comprenais difficilement l'accent très prononcé. Mais Rachel, d'origine canadienne, parlait un excellent français, bien qu'ayant peu l'occasion de le pratiquer. Éduquée dans la foi catholique, elle avait voulu devenir religieuse, mais, doutant de sa vocation, et surtout ayant rencontré l'amour, elle s'était mariée avec un juif américain, Peter, ce qui n'était pas très conventionnel. Passionnée par la cause de l'intégration des aveugles, elle avait récemment été nommée à la tête du Carroll Center et nourrissait de grands projets pour ce centre, en pariant sur les progrès de la technologie.

Rachel ne tarda pas à me bombarder de questions, cherchant à savoir qui j'étais, combien de temps j'allais rester, ce que j'allais faire à Harvard, et surtout sur l'état de mes yeux. Puis, elle me demanda avec son délicieux accent canadien : « Mais comment allez-vous travailler ? » Comme j'hésitais sur ma réponse, lui parlant de ma machine à écrire IBM et de grosse lampe, elle m'interrompit : « C'est fini tout ça. Il faut vous mettre tout de suite à l'ordinateur. Il va vous rendre de grands services. » Et comme je ne semblais pas complètement convaincu, elle ajouta, d'un air déterminé : « Demain, je vous emmène au Carroll Center et vous jugerez sur place. »

Ainsi dit, ainsi fait : cette visite fut bel et bien une révélation. Rachel me mit aussitôt entre les mains de Brian, le technicien chargé du parc informatique. Celui-ci m'installa devant un ordinateur, pour me présenter, sur l'écran, des caractères selon différentes configurations : en fonction de la couleur, de la grosseur et du contraste. Ô surprise : je revoyais ! Tout dépendait non pas de la grosseur mais du contraste des lettres à l'écran. Si celles-ci étaient en noir sur fond blanc, je restais dans le brouillard. À l'inverse, si les caractères apparaissaient en blanc sur fond noir, alors, miracle, je revoyais normalement. C'était fabuleux ! Je pouvais même distinguer des petites lettres. On essaya d'autres solutions, en mettant le fond d'écran en bleu ou en vert, mais le résultat était médiocre. En fait, plus le contraste était prononcé (lettres blanches sur fond noir) et plus précise devenait ma vision. Je dus m'élever de cinquante centimètres au-dessus du sol, tellement je me sentis devenir plus léger…

Je n'étais pas encore au bout de mes surprises. Car Brian m'emmena dans une autre pièce où étaient installés des appareils que je ne connaissais pas : des télé-agrandisseurs. On déposait une feuille de papier imprimée sur un plateau mobile, qui était surplombé par une caméra dont l'image se projetait sur un petit écran de télévision. Même principe qu'avec l'ordinateur : on jouait sur le contraste. Alors, tout à coup, le texte m'apparut sur l'écran, très lisible en blanc et noir. Je retrouvais ainsi une certaine autonomie de lecture. Je pourrais donc consulter un article, un livre et, bien sûr, ma thèse, selon ce procédé. À la fin de ma visite, je témoignai mon enthousiasme à Rachel. Mais tout n'était pas résolu cependant. L'ordinateur, je savais que Gene Sharp était disposé à m'en fournir un, comme à tous les chercheurs de son centre. Mais le télé-agrandisseur ? Comment m'en procurer un modèle ?

« Nous allons vous en prêter un durant toute la durée de votre séjour. Dites-nous quand notre chauffeur peut vous l'apporter à Cambridge. »

Que voulez-vous ? Quand vous rencontrez des personnes aussi accueillantes et efficaces, aussi disposées à vous aider, vous êtes prêt à vous « défoncer »…

En quelques jours, je me retrouvai donc, à mon tout nouveau bureau du CFIA, doté d'un ordinateur et de ce télé-agrandisseur et, s'il vous plaît, épaulé par une secrétaire — certes pour tout le labo, mais une secrétaire quand même. J'étais un peu l'attraction de l'équipe, et chacun passa voir cet écran de télévision bizarre qui me servait à lire. Chacun semblait content pour moi. En comparaison avec la France, c'était le jour et la nuit : je n'avais jamais connu de telles conditions de travail. Surtout, je me retrouvais immergé dans un environnement intellectuel exceptionnel. Pour s'en rendre compte, il suffisait de regarder le nombre d'invitations que je recevais dans mon casier tous les matins. Chaque jour, on nous proposait d'assister à un *lunch seminar*, à un *workshop* ou à une *lecture*, organisés dans les prestigieuses institutions de Cambridge : Kennedy School, Center for European Studies, Russian Research Center ou encore CFIA. Comment ne pas être fasciné par cette offre permanente de savoirs, dispensés sur les sujets les plus divers, par des professeurs ou jeunes docteurs, américains ou non ? Quand vous prenez la mesure de tout ce qui vous est ainsi offert, vous réalisez la chance que vous avez d'être arrivé là. Au début, je courais tous les séminaires, remettant à plus tard mon travail personnel. C'est bien simple : j'avais constaté qu'il était possible de meubler chaque jour de la semaine en allant d'une rencontre à l'autre.

L'immeuble du CFIA, réparti sur quatre étages, dispose au rez-de-chaussée d'une cafétéria et, en sous-sol, d'une bibliothèque. Le bureau que je partageais avec Michael Bernhard, au quatrième, était situé dans une aile très calme du bâtiment. Juste en dessous de nous, au troisième, se trouvait le bureau de Samuel Huntington. Il n'avait pas encore atteint la célébrité mondiale qu'il obtiendrait plus tard avec la publication du *Choc des civilisations*. Je pris d'abord l'habitude d'avaler rapidement un sandwich à la cafétéria avant de remonter dans mon bureau. Ensuite, je me surpris à manger mon sandwich devant l'ordinateur…

Outre le *Program on Nonviolent Sanctions*, le CFIA hébergeait entre autres durant cette période : une équipe travaillant sur les questions de sécurité militaire, une autre sur le conflit du Moyen-Orient, une autre encore sur le développement de l'Asie du Sud-Est. Chaque année, le CFIA accueillait des chercheurs et des professeurs du monde entier, mais aussi des militaires, des diplomates et des journalistes. Dans la carrière des uns et des autres, un séjour à Harvard était évidemment un plus. Certains étaient venus en dilettantes, occupant une bonne partie de leur temps à faire du tourisme. Mais d'autres prenaient ce séjour très à cœur, comme une véritable occasion d'apprendre et de se former. L'idée de base du CFIA était en tout cas excellente : faire en sorte que ces universitaires et ces professionnels des relations internationales, qui étaient là pour un semestre ou une année, puissent se connaître et échanger. Et des occasions, il n'en manquait pas, y compris lors de la *sherry hour*, organisée tous les vendredis à 17 heures, autour d'un apéritif et de crackers.

Côté famille, les premières semaines n'avaient pas été faciles. Pour l'un comme pour l'autre, il s'agissait de notre première expérience d'une vie d'expatriés. Lydie parlait déjà un très bon anglais, ce qui n'était pas mon cas. Sa bonne connaissance de la langue était certes un atout pour les nombreuses démarches à entreprendre quand on arrive dans un pays étranger. Mais les déplacements n'étaient pas toujours évidents sans voiture à notre disposition, et en compagnie du bébé. Dans les premiers temps, nous avons connu une certaine solitude, surtout Lydie, qui restait à la maison avec Marie quand je partais au bureau. Pour elle qui, à Paris, travaillait à plein temps, le changement était brutal. À notre arrivée, nous avons même eu une surprise désagréable, comme une douche froide. Nous comptions en effet, pour faciliter notre installation, sur l'aide de quelqu'un qui nous avait été recommandé par des amis américains. Comme il avait déjà vécu cette expérience d'expatriation, il devait se mettre aisément à notre place et nous donner un coup de main, ou de bons conseils — du moins le pensions-nous. Sitôt à Cambridge, on s'était précipité pour lui téléphoner et il nous avait répondu : « Bienvenue ! Laissez-moi finir de regarder le match de base-ball à la télévision, avec les Red Socks, et je vous rappelle. » D'accord, il s'agissait de la célébrissime équipe locale de Boston, mais quand même ! Les jours suivants, alors que nous avions besoin de connaître de précieux détails sur la vie à Cambridge, il ne nous avait toujours pas rappelés. Grosse déception...

Notre objectif était de sympathiser au plus tôt avec des familles américaines. L'occasion nous en fut bientôt donnée quand nous reçûmes nos premières invitations à des *parties* — ces petits évènements sociaux qui se déroulent surtout le week-end et permettent de faire connaissance autour d'un buffet. En apprenant que nous étions français, certains se rapprochaient de nous pour engager la conversation. Alors, il était fréquent de s'entendre dire, un verre de Coca dans une main et un bout de carotte dans l'autre : « Formidable ! Quand donc êtes-vous arrivés ? Ah ! Vous êtes à Harvard ? C'est génial ! Et votre bébé, qu'il est mignon ! Il faut absolument qu'on se revoie. Bye ! » Au début, on y croyait vraiment, car la personne semblait enthousiaste. Nous rentrions donc chez nous, heureux de cette rencontre si prometteuse. Et puis rien, strictement rien. Le téléphone ne sonnait pas. Ces personnes nous avaient complètement oubliés. Quel contraste avec l'accueil de Rachel à mon égard ! Nous en étions un peu décontenancés. Il fallait que nous apprenions à mieux décoder la culture américaine…

Cependant, je commençais à prendre mes marques au CFIA. La grande nouveauté était que j'osais sortir de temps en temps ma canne blanche pour m'y rendre, surtout le matin, presque en cachette, quand il n'y avait pas encore grand-monde dans les rues. Que voulez-vous ? Je ne pouvais pas me départir d'un sentiment de honte : qu'allaient donc penser mes collègues quand ils me découvriraient ainsi appareillé ? Pourtant, je n'avais pas le choix, dans ces rues que je ne connaissais pas. Cela n'avait plus rien à voir avec Paris. Par définition, aux États-Unis, je me retrouvais dans un monde inconnu. Certes, si j'allais seulement de chez moi au CFIA, je pouvais m'en passer, tellement ces deux lieux étaient proches. De temps en temps je sortais la canne, de temps en temps je faisais le fier en la gardant dans mon sac. Mais si je devais me rendre au centre de Cambridge, ou pire encore à Boston pour faire une course, alors je ne pouvais y échapper : je devais exhiber mon bâton blanc. En plus, pensant à Marie, je ne cessais de me raisonner : « Maintenant que tu es père de famille, arrête tes conneries ! Ne mets pas ta vie en danger. Prends ta canne et tais-toi ! » Je me félicitais de ce changement d'état d'esprit quand, juste avant de commencer une réunion, Gene me prit le bras pour me dire un mot un peu à l'écart. Alors qu'il remarquait que je m'étais cogné le front, il se permit de m'engueuler gentiment : « Je t'ai encore vu hier sur le trottoir sans ta canne : *This is not serious !* » Comme quoi j'avais encore des progrès à faire.

Le matin, j'adorais retrouver Michael au bureau : il débutait rituellement sa journée par la lecture du *New York Times* ou du *Boston Globe*, tout en sirotant une grande tasse de café. Il me commentait parfois certains articles, en y ajoutant un mot d'humour qu'en général je ne comprenais pas ; mais je faisais quand même « Ah, ah... », d'un air entendu, pour lui faire plaisir. Tout n'allait cependant pas pour le mieux dans le meilleur des mondes. En me familiarisant avec l'usage du télé-agrandisseur, je m'aperçus que la lecture devenait vite laborieuse : je ne pouvais lire que quelques pages d'un ouvrage ; ensuite, mes yeux n'en pouvaient plus. À nouveau, un mur se dressait devant moi. Il fallait aussi jeter un coup d'œil au courrier du jour, mais cela me prenait trop de temps avec cet appareil. Kendra m'aidait bien un peu, mais elle avait beaucoup d'autres tâches à accomplir pour toute l'équipe. Plus grave encore était la question de mon accès à la bibliothèque d'Harvard, la Widener, riche à l'époque de 11 millions de volumes. Avant de me mettre à rédiger mon livre, je souhaitais faire, dans ce fonds exceptionnel, des recherches bibliographiques qui viendraient enrichir ma documentation et mes analyses. Mais comment m'y prendre ?

Plus d'un mois et demi s'était écoulé depuis notre installation et je n'avais toujours pas trouvé de solution à ce problème. Passé le temps de l'excitation de mes tout débuts à Harvard, le moral commençait à être sérieusement en berne. Heureusement, Lydie tomba sur une petite annonce dans la *Harvard Gazette*, qui signalait que l'université proposait des jobs à des étudiants désireux d'aider d'autres étudiants handicapés. Gene Sharp ignorait l'existence d'un tel service. Renseignements pris, celui-ci s'adressait à des étudiants en train de préparer leur diplôme, ce qui n'était pas mon cas. Néanmoins, je décidai de me faire connaître auprès de l'administration pour tenter ma chance. Je fus reçu par un employé qui se montra compréhensif. Était-il francophile ? Il écouta mon histoire et me fit préciser ma demande. Puis il me confirma qu'en principe je ne devais pas bénéficier de ce service, mais que, vu ma situation, il était prêt à faire une exception… « pour la France » !

Une semaine plus tard, je reçus un coup de téléphone d'un étudiant qui se portait volontaire pour le job. David, originaire du Wisconsin, se passionnait pour le folklore suédois ! Pourquoi pas, en effet ? J'étais tellement heureux qu'il vienne vers moi que je ne cherchai même pas à rencontrer d'autres candidats. L'essentiel était qu'il se montrât efficace dans notre collaboration, et il le fut. David m'expliqua tous les secrets de la Widener, cette bibliothèque immense dans laquelle on déambulait à travers un dédale de couloirs, où les centaines de milliers de livres étaient soigneusement rangés. Rien à voir avec les bibliothèques de nos grandes institutions parisiennes où, à l'époque, on devait remplir une fiche pour chaque document demandé, puis attendre au mieux vingt minutes, voire une heure ou davantage, qu'un employé revienne avec le livre en question — et parfois s'entendre dire : « Désolé, il a été emprunté. » Quel temps perdu inutilement ! À la Widener, les étudiants avaient directement accès aux ouvrages sur les rayons. Petit inconvénient : il fallait faire attention à ne pas se perdre dans le bâtiment. David me raconta des histoires célèbres d'étudiants qui, ne retrouvant pas la sortie, étaient restés enfermés une nuit dans la bibliothèque ! Il n'y avait pas à l'époque de téléphones portables pour envoyer un signal de détresse…

Avec David, nous prîmes l'habitude de nous rencontrer au moins deux fois par semaine à heure fixe. On commençait par regarder rapidement la pile de papiers arrivés dans mon casier, puis on s'attaquait à l'essentiel : les livres ou revues que je lui avais demandé d'emprunter à la bibliothèque. Nous en faisions une lecture rapide pour évaluer si cela valait la peine de s'y plonger davantage. Parfois, il me suffisait d'écrire quelques notes sur l'ordinateur pour y garder les informations ainsi recueillies. Dans d'autres cas, il me fallait absolument prendre connaissance de l'ensemble du texte. S'il s'agissait d'un article ou du chapitre d'un livre à consulter en urgence, David m'en faisait la lecture *en direct*. Si cela pouvait attendre quelques jours, cas le plus fréquent, il emportait le texte avec lui pour l'enregistrer avec un petit magnétophone. À la séance suivante, il me remettait la ou les précieuses cassettes de sa lecture. Libre à moi de les écouter quand je le souhaitais et de prendre au calme des notes sur l'ordinateur. Ce mode de travail était pour moi très efficace. David devint en fait plus qu'un lecteur : mon premier assistant de recherche. Je lui confiais parfois une véritable recherche bibliographique ou le soin de me résumer en une page le contenu d'un article. Et il avait en outre l'avantage de corriger mon anglais…

Mais — il y a toujours un *mais*… — David n'avait strictement pas le temps d'enregistrer des textes beaucoup plus longs, tels que des livres. Or certains ouvrages fondamentaux m'étaient nécessaires. S'ils avaient été édités en français, je pouvais toujours faire appel au GIAA. Avant mon départ, j'avais d'ailleurs pris soin de demander à cette association de m'en enregistrer quelques-uns (de Raymond Aron, Pierre Laborie ou Serge Klarsfeld), ainsi que les deux volumes de ma thèse. Mais pour les livres en anglais que je découvrais à Harvard, que faire ? J'en parlai à Rachel, qui m'appelait régulièrement pour savoir comment se passait mon adaptation. Évidemment, elle avait une solution : elle m'invita à prendre contact avec une association de bénévoles, Recording for the Blinds, qui se trouvait précisément à Cambridge. Située à trois arrêts de bus de mon domicile, cette association était l'équivalent du GIAA à Paris, mais en plus professionnel. Elle disposait d'un studio d'enregistrement et prêtait des magnétophones spécialement conçus pour écouter des livres. Dans leur catalogue, je remarquai qu'ils avaient fait enregistrer des ouvrages de Gene Sharp, de Charles Tilly et de bien d'autres auteurs en sciences sociales. Ils pouvaient aussi travailler à la commande, comme me l'avait dit Rachel. Quel soulagement de savoir que je pouvais compter sur eux ! En fait, Recording for the Blinds entendait aider les étudiants déficients visuels présents dans toutes les universités du Massachusetts et au-delà. Ainsi, environ deux mois après mon arrivée à Harvard, j'étais parvenu à mettre sur pied un dispositif de travail opérationnel. Ayant eu le temps de me familiariser avec le traitement de texte, je n'avais plus qu'à me mettre à l'écriture.

Plus les semaines passaient, plus nous nous sentions à l'aise dans notre nouvel environnement. Lydie avait fait la connaissance d'un groupe sympathique de jeunes mères de famille, pas nécessairement de nationalité américaine. Phénomène classique : quand on vit à l'étranger, on a tendance à se rapprocher de ceux qui se trouvent dans la même situation que soi. Néanmoins, nous avions l'impression de progresser dans notre intégration, en devenant amis avec un couple franco-américain dont la fille, Arielle, avait quasiment le même âge que Marie. La mère, Martine, donnait des cours de français, ce que ne tarda pas à faire également Lydie. Le père, Seymour, originaire du Colorado, enseignait les arts graphiques à Boston University. Il était agréable de découvrir les environs en leur compagnie. Nous adorions marcher jusqu'à Harvard Square pour aller déguster des *cookies* dans les meilleures pâtisseries de la ville. Non loin du kiosque à journaux, où l'on trouvait *Le Monde*, il y avait de temps en temps d'excellents musiciens. J'adorais stationner près de celui qui jouait des airs des années 1920 sur son piano mécanique. Cette musique me remettait en mémoire des images des films muets de Buster Keaton. Juste à côté, on allait fouiner à la Harvard Coop, un magasin où l'on trouve toutes sortes de produits estampillés *Harvard*, du stylo au tee-shirt en passant par le sac à dos, mais aussi des cravates et des livres récents. Puis on prenait le métro — une antiquité par rapport à celui de Paris — pour se rendre à Boston et aller manger une pizza dans le quartier italien. Comme Martine et Seymour possédaient une voiture, une vieille Cadillac aussi bruyante qu'un tank, nous faisions des escapades aux alentours. Au hit-parade de nos préférences, nous aimions nous promener autour du lac Walden Point, un joli coin de verdure, idéal pour les enfants et leurs parents. Il se dégageait de ce lieu une atmosphère de paix, qui nous enveloppait aussitôt que l'on s'engageait sur le chemin autour du lac. Le philosophe Henry David Thoreau, que je connaissais par son texte sur la désobéissance civile, avait été attiré par cet endroit, effectivement propice à la méditation. Il avait voulu y faire une expérience prolongée de solitude ; au milieu des arbres, près du lac, on pouvait visiter sa modeste cabane reconstituée à l'identique. Thoreau voulait se défaire de la civilisation et prouver l'importance du retour à la nature. (En fait de solitude, les mauvaises langues murmuraient que sa compagne venait discrètement lui rendre visite de temps en temps !)

Les semaines passèrent et la neige avait fini par tomber en abondance. La température pouvait descendre à moins vingt et même plus bas encore en cas de vent du nord. Après tout, nous étions proches de la frontière canadienne. Sur les trottoirs de Cambridge, couverts d'un épais manteau blanc, j'avais parfois peine à me déplacer. Les repères que j'avais l'habitude d'identifier sur le bitume avaient disparu. Et on nous disait que la neige pouvait tomber jusqu'en avril ! N'y tenant plus, nous finîmes par louer une voiture pour faire une escapade de quelques jours dans les montagnes du New Hampshire. Que c'était beau et reposant ! En passant près d'un lac gelé, nous rencontrâmes un homme qui avait percé un trou dans la glace pour pêcher. Il me revint aussitôt des images des bandes dessinées de mon enfance, où un personnage s'adonnait à cette forme de pêche assez étonnante. Nous étions en train de tomber amoureux de cette région où, tout en vivant non loin de la mer, nous pouvions faire des balades dans les bois et aller à la montagne. Et notre petite Marie profitait bien de ce climat. La France était loin, très loin. D'ailleurs, on n'en parlait pratiquement pas à la télévision ni dans les journaux. En revanche, les médias américains s'intéressaient à ce qui était en train de se passer en Union soviétique, où le nouveau dirigeant, Mikhaïl Gorbatchev, semblait vouloir engager une nouvelle politique, celle de la *Glasnost* (ou « transparence »), à commencer en matière d'information. Allait-on connaître enfin une véritable ouverture en URSS, dans la patrie du communisme réel ? Quant à l'actualité de l'Europe — entendue comme Europe de l'Ouest —, les médias américains l'évoquaient de temps en temps, en des termes très généraux. Mais, sur notre petit Hexagone, que nenni ! Rien de tel qu'un séjour à l'étranger pour vous faire prendre conscience du caractère provincial du sacro-saint journal télévisé de 20 heures.

Le mois de février arrivait déjà. Nous remarquâmes avec tristesse qu'il ne nous restait que quelques mois à passer aux États-Unis avant de repartir. Tous ces efforts d'adaptation pour bientôt plier bagages ? On avait le sentiment d'être à peine arrivés et de ne rien encore connaître, ou si peu, de cet immense pays. D'un commun accord, Lydie et moi souhaitions prolonger notre séjour d'un an. Le projet était un peu fou, mais nous voulions savoir s'il était réalisable.

J'en parlai à Gene Sharp pour sonder sa position à mon égard. Allait-il accepter ma présence plus longtemps ? Certes, mon intégration au CFIA s'était plutôt bien passée ; mais ma demande n'était-elle pas une manière de m'incruster dans son équipe, alors qu'il avait probablement en vue d'autres chercheurs à accueillir ? Gene eut cette réponse encourageante, mais aussi exigeante, typique des milieux de la recherche américaine : « D'accord. Tu peux rester, à condition que "tu trouves ton argent" *(you find your money)* ! » Surpris, je lui demandai quelques explications. Il voulait dire que je devais m'adresser à des fondations susceptibles de financer mon travail une seconde année. Pas question pour lui de me donner un dollar de plus. Pour cela, je devais préparer dès à présent un projet de recherche. « Mais je ne connais rien au système des fondations américaines », lui rétorquai-je. Et lui de me répondre du tac au tac : « Qu'à cela ne tienne, on va t'aider ! »

Si nous voulions rester, je me retrouvais au pied du mur. Et nous le voulions, Lydie ayant l'intention de trouver un job de son côté. J'interrompis la rédaction de mon livre, qui n'en était qu'à ses débuts, pour me mettre à réfléchir à un nouveau sujet de recherche. Il fallait trouver un projet qui, dans le contexte du moment, puisse avoir quelque chance d'être financé, et qui soit bien entendu en rapport avec mes compétences et les objectifs du *Program on Nonviolent Sanctions*. Les changements amorcés en URSS, avec la politique de la *Glasnost*, pouvaient offrir un excellent point de départ : les médias allaient-ils être un facteur d'ouverture du système soviétique, voire un support essentiel au développement d'une opposition pacifique interne ? J'avais déjà approché cette intéressante question des interactions entre médias et oppositions dans le cadre de mes travaux sur l'Europe nazie. Ainsi le rôle de la BBC durant la Seconde Guerre mondiale était bien connu pour avoir favorisé le développement de la résistance. Or, en me rendant en Pologne, j'avais constaté que les opposants au régime communiste continuaient à écouter la BBC, quarante ans plus tard, comme pendant la période nazie ! Cette continuité historique était fascinante. Ils se branchaient aussi sur des stations américaines, comme *Voice of America* ou *Radio Free Europe* — cette dernière ayant été imaginée après guerre par la CIA pour déstabiliser les pays communistes. Le nouvel esprit insufflé à Moscou par Gorbatchev n'allait-il pas avoir bientôt des effets partout dans le bloc soviétique, et en premier lieu dans cette Europe de l'Est plus directement tournée vers l'Occident ? J'en discutais au CFIA avec Michael, qui suivait encore plus que moi cette actualité. Nous tombions d'accord pour reconnaître que la censure communiste n'avait pas les moyens, à terme, de faire face au défi des nouveaux médias, dans cette période qui voyait par ailleurs l'apparition des magnétoscopes et des premières télévisions par satellites. Dans le contexte de la *Glasnost*, il y avait donc une hypothèse de recherche intéressante à établir entre l'essor de ces médias, anciens ou modernes, et le développement potentiel de foyers d'opposition pacifique, voire non-violente.

Avant de me mettre à la rédaction d'un projet, j'en parlai à Gene Sharp. Celui-ci trouva l'idée excellente et me suggéra de l'envoyer à trois fondations différentes : pas plus, pas moins. Je passe sur les détails de la préparation des dossiers, assez laborieuse. La bureaucratie ne sévit pas seulement en France. Simultanément, Gene eut l'idée de me faire rencontrer Scott Thompson, un professeur de la prestigieuse Fletcher School of Law and Diplomacy, installée à Medford, également dans le Massachusetts. Scott Thompson était impliqué dans la création d'une toute nouvelle fondation à Washington, The United States Institute of Peace (USIP). Il me donna rendez-vous au *Harvard Club*, un restaurant assez chic réservé aux universitaires et à leurs hôtes. Je lui glissai au passage un mot sur mes problèmes de vue pour lui expliquer mes gestes parfois maladroits. Mais celui-ci n'y prêta pas attention ou n'en eut cure. En revanche, ce qui l'intéressait, c'était mon sujet de recherche : il le trouvait passionnant. Aussi souhaita-t-il me rencontrer pour en savoir plus et me donner quelques conseils dans la préparation de mon dossier. Scott Thompson semblait déterminé à me soutenir auprès du *Board*, le conseil scientifique de cette fondation. C'était ma meilleure chance de succès. Mais je me gardai bien de lui dire que je devais d'abord finir la rédaction du livre pour lequel Gene Sharp m'avait fait venir à Harvard. Du coup, je commençais à avoir le vertige : comment allais-je concrètement m'en sortir ? J'avais peu avancé dans mon livre, et voilà que je me mettais un nouveau projet de recherche sur les épaules ! Je préférais ne plus y penser. En attendant que viennent les réponses des fondations, je me remis à travailler d'arrache-pied à mon manuscrit.

Fin mai, celle de l'USIP arriva : positive ! Scott Thompson me téléphona personnellement pour m'annoncer la bonne nouvelle. On m'accordait même une bourse plutôt conséquente pour me permettre de rester une seconde année à Harvard. J'étais comblé. Cependant, dans les jours suivants, j'eus le loisir de mesurer les implications de la situation. Je m'étais pris au jeu : je voulais savoir si j'étais capable de me faire financer par une fondation américaine. Et cela avait marché ! C'était très bien. Et alors ? La conséquence était évidente : comme mon congé sabbatique ne pouvait pas être renouvelé, j'étais contraint de démissionner de mon poste de psychologue en France. Adieu la sécurité de l'emploi, même assortie d'un salaire modeste. En voulant nous offrir une seconde année à Harvard, je prenais un risque considérable : celui de me retrouver peu de temps après sans emploi. Pesant le pour et le contre, Lydie et moi étions toutefois d'accord pour ne pas renoncer à ce qui se présentait. Depuis quatre ans au moins, je me battais pour me faire une place dans les milieux de l'université et de la recherche. Je commençais à être dans une dynamique ascendante. Alors pourquoi abandonner ? À mon retour en France, il fallait espérer que la « carte Harvard » m'aiderait à ouvrir de nouvelles portes.

Ce n'est pourtant pas sans tristesse que je me décidai à envoyer ma lettre de démission au *Bel Air*. Certes, vu des

États-Unis, cet établissement où j'avais travaillé comme psychologue me semblait désormais très loin. Pourtant, je n'avais rien oublié de la richesse et de la diversité des personnalités que j'y avais croisées. Le *Bel Air* restait très présent dans ma mémoire, non pas uniquement en tant que communauté de travail, mais bien plutôt comme une communauté de vie où l'on travaille. On y manifestait souvent une attention aux autres qui n'était pas seulement professionnelle. Avec le recul du temps, je me disais que j'avais eu beaucoup de chance de me trouver dans cette institution, un peu par hasard, précisément au moment où ma vue était en train de décliner fortement. Certains de mes collègues avaient assisté à ma descente vers le pire, tentant discrètement de l'accompagner, dans la mesure où je voulais bien accepter leur aide. Que se serait-il passé si, dans la même situation, je m'étais retrouvé dans une administration quelconque ? ou dans une entreprise où les salariés vivent en permanence sous pression pour en améliorer les performances ? Aurais-je bénéficié de la même bienveillance ? J'en doutais fortement. En quelque sorte, le *Bel Air* avait été pour moi un espace de transition, un sas d'adaptation, qui m'avait aidé à me préparer à une autre vie, à un « nouveau monde ». Je lui en vouerai une reconnaissance éternelle.

En attendant, je me trouvais à Harvard avec un travail considérable. Et je n'avais pas le droit à l'échec. Pour qualifier la vive compétition qui régnait dans les universités américaines dans le but d'obtenir un poste puis la titularisation dans ce poste, j'appris qu'on disait souvent : *publish or perish* (publier ou disparaître). Pensant à mon cas personnel, me vint à l'esprit cette formule familière, bien française : « Ça passe ou ça casse… »

CHAPITRE 6

Travailler comme un chien

UN JOUR que Michael, arrivant au bureau, me voyait déjà installé devant mon ordinateur, il me lança : « *Jacques, you work like a dog !* » Encore une de ses blagues que je ne comprenais pas. Moi, je travaille comme un chien ? Pourquoi me comparer à un animal ? Aucune agressivité pourtant dans sa voix, plutôt du respect ou peut-être de l'inquiétude. Michael m'expliqua alors le sens de cette expression idiomatique, et je compris que c'était l'équivalent français de « Tu travailles comme une bête ! ». Il avait raison. Depuis que je savais que je resterais une année supplémentaire à Harvard, j'étais conscient des défis que je devais relever. Le contexte dans lequel j'évoluais tous les jours y était aussi pour quelque chose : autour de moi, de l'étudiant au professeur, en passant par le post-doc, tout le monde travaillait énormément ; l'un pour décrocher son diplôme, l'autre pour achever une publication, un autre encore pour réunir toutes les chances d'obtenir le poste universitaire convoité.

Dans mon cas, le but premier était d'avancer dans la rédaction de mon livre sur la résistance civile dans l'Europe nazie. Aussi m'étais-je imposé une discipline de fer : lever à 5 heures, pour être au bureau à 5 h 30 ! Le plus dur était de m'arracher à la maison. Mais, une fois dans la rue, j'avoue que je ne détestais pas goûter la fraîcheur du petit matin. Et il régnait au bureau un silence absolu que seul froissait légèrement le cliquetis des touches de mon ordinateur, au rythme de ma frappe, plus ou moins inspirée, sur le clavier. J'avais alors devant moi la tranquillité de cinq à six heures d'écriture. S'il me fallait insérer dans le manuscrit une citation ou une référence se trouvant dans ma thèse, j'allumais le télé-agrandisseur pour placer, sous la caméra, la page où se trouvait le texte recherché. Je pouvais alors recopier sans difficulté l'extrait en question. Dans la pénombre du petit matin, je naviguais entre deux écrans : celui de ma « télé » pour lire et celui de mon ordinateur pour écrire. Quel bonheur de voir ainsi les mots danser devant mes yeux ! Pourvu que ce simple spectacle dure le plus longtemps possible, ne pouvais-je m'empêcher de penser. Et quelle satisfaction de m'apercevoir, au terme de quelques heures de labeur : « Tiens, tu as écrit presque trois pages aujourd'hui. » Vers 10 h 30, l'atmosphère du bureau n'était plus du tout la même : le téléphone sonnait un peu trop souvent, et je ne pouvais plus espérer la même concentration. Néanmoins, je m'efforçais de prolonger l'effort d'écriture jusqu'à 11 h 30, voire midi. Au-delà, le « chien » — pardon : la « bête » — ne pouvait plus avancer ! Mes idées se brouillaient et il valait mieux que je passe à autre chose.

Je filais alors à la cafétéria pour avaler un sandwich ou une salade, tout en bavardant avec tel ou tel. Puis, quand tout le monde descendait déjeuner, j'en profitais pour remonter à mon étage et tenter de m'accorder, dans un coin, une petite sieste réparatrice. Venait bientôt l'heure de David : il arrivait vers 13 heures ou 13 h 30. Après avoir pris un café, nous partions ensemble pour une séance de lecture intensive, jusque vers 17 heures. En général, je restais aux commandes devant mon ordinateur tandis qu'il lisait à mes côtés, en copilote de notre itinéraire du jour. Lire en continu est fatigant ; écouter aussi. Cependant, dès que j'interrompais David pour prendre des notes, la nature de notre activité changeait, ce qui introduisait une rupture de rythme salutaire pour tous deux. Si David ne devait pas venir ce jour-là, j'en profitais pour préparer le travail d'écriture du lendemain, en rassemblant la documentation nécessaire. Vers 17 h 30, je rentrais à la maison, épuisé ; sauf s'il y avait un séminaire auquel je souhaitais aller ou étais tenu d'assister. Mais désormais, je faisais tout pour limiter au minimum ma présence à ce genre de rencontres. La fascination qu'Harvard avait exercée sur moi, aux premiers temps de mon séjour, s'était estompée. Plutôt que de recevoir encore et encore de la connaissance sur des sujets qui me concernaient plus ou moins directement, j'entendais devenir, à mon modeste niveau, artisan de connaissances, en réussissant mon livre.

Au fil des semaines, tendu vers cet objectif, je pris subitement conscience d'une mutation dans mon « mental » : la remise en question de la manière dont, depuis mon adolescence, je m'étais affirmé… ou résigné, face au destin qui m'était promis. Car, à quoi se résumait mon histoire ? Depuis l'âge de 18 ans, je n'avais cessé d'opérer des renoncements successifs à cause de mes yeux. Pour cette seule raison, j'avais renoncé à entreprendre des études de médecine et à préparer une agrégation pour devenir professeur ; je m'étais interdit de nouer une relation durable avec une jeune femme ; je n'avais pas voulu faire tel ou tel voyage à l'étranger ; et même, d'une certaine manière, j'avais aussi renoncé à poursuivre mon engagement politique. C'était bien fini ce temps-là. Déjà, sur le plan de ma vie personnelle, j'avais réussi à me dépasser, à construire une petite famille. Mais il restait à concrétiser ma trajectoire professionnelle, ce qui n'était pas gagné. Or, maintenant que ma vision était devenue très faible, et que pourtant, aux États-Unis, on croyait en mes compétences, je n'avais plus aucune raison de me barrer la route tout seul. Auparavant, en effet, c'était comme si je me présentais devant des portes que je prenais soin de fermer avant de chercher à les ouvrir ! Comment avais-je pu rester si longtemps dans une position aussi stupide ?

Qu'on se rassure : je n'avais aucune prétention à devenir un jour pilote d'avion ! Mais au moins, dans le domaine des sciences sociales, où j'avais pris peu à peu confiance en moi, j'étais déterminé à aller jusqu'au bout. Je n'avais plus aucune envie de m'exclure de moi-même comme par le passé. J'entendais m'affirmer en tant que tel, faisant simplement valoir mon parcours : le doctorat de la Sorbonne, le post-doctorat à Harvard, la bourse de l'USIP, et maintenant ce livre sur lequel je travaillais d'arrache-pied et dont la rédaction progressait.

Bien sûr, il fallait se garder de toute naïveté. Je savais pertinemment que je pourrais me heurter encore à bien des obstacles, surtout si je m'inscrivais dans la compétition pour un poste. Alors, dans un dialogue imaginaire avec un interlocuteur réticent, je lui rétorquais : « Vous pensez que je ne suis pas fait pour le job ? que je ne pourrai jamais décrocher un poste dans la recherche ou à l'université, parce qu'on donnera toujours la préférence, à compétence égale, à celui qui n'a pas de handicap déclaré ? Vous avez peut-être raison. Mais alors, dites-le-moi clairement. Donnez-moi vos arguments. Je vous laisse en tout cas prendre la décision de m'exclure. Moi, je n'en ferai rien. Si vous saviez combien de fois j'ai adopté cette attitude dans ma vie ! Cette fois-ci, non… merci ! Je ne ferai plus rien pour me retirer de la course. » Là résidait ma révolution intérieure. Ce nouvel état d'esprit me fit un bien fou, libérant ma rage de vaincre. M'appuyant sur un sentiment de révolte vis-à-vis de mon histoire, je me construisais une posture de combat : j'étais déterminé à tendre mon arc pour toucher la cible. Mais quelle cible ? Comment, concrètement, réaliser cet objectif ? Je ne le savais toujours pas clairement. Or, le temps commençait à être compté, à mesure que notre séjour à Cambridge se rapprochait de la fin.

Des mois qui se succédèrent jusqu'à ce départ, j'ai peu à dire. Petit à petit, j'avais trouvé mes marques à Harvard et pris mon élan. Et sans doute arborais-je ma canne, à l'occasion, un peu plus ouvertement. Rachel, ma bienfaitrice des tout premiers jours, et son mari Peter étaient devenus nos amis. En fait, nous nous sentions de plus en plus à l'aise à Cambridge, depuis que nous avions déménagé dans un appartement bien plus agréable, situé dans Trowbridge Street, une petite rue un peu plus éloignée du CFIA mais toujours commode pour m'y rendre sans difficulté. Autre bonne nouvelle : pour cette seconde année, Lydie avait trouvé un travail comme associée de recherche à la Harvard

Business School. Elle en était ravie car elle découvrait enfin aux États-Unis autre chose que la vie, passionnante mais quelque peu limitée, de mère au foyer. De plus, le passage dans cette école prestigieuse pouvait aussi lui être profitable sur le plan professionnel à son retour en France. Du coup, il avait fallu trouver une nourrice pour Marie, une *nanny* péruvienne très chaleureuse, qui parlait davantage aux enfants en espagnol qu'en anglais. Aussi quand Marie commença à dire ses premiers mots, elle mélangeait allègrement tout ce qu'elle entendait, que ce soit *maman*, *shoes* ou *casa*. Une bonne nouvelle en appelant une autre, j'avais obtenu une bourse complémentaire du ministère français des Affaires étrangères. Grâce à l'apport de ces revenus divers, on s'était autorisé une petite folie : nous nous étions procuré une voiture d'occasion, ce qui avait grandement amélioré nos conditions de vie. Cette seconde année fut ainsi bien plus agréable que la première, même si j'étais très absorbé par mon travail. Et nous eûmes de surcroît la joie d'accueillir quelques amis venus de France, ainsi que des membres de notre famille — dont ma belle-sœur Françoise, qui avait tenu sa promesse. Nous faisions avec eux des virées aux alentours, le long de la belle côte rocheuse du Maine qui avait tant plu à Marguerite Yourcenar, ou, à l'opposé, vers Cape Code, nous arrêtant pour visiter le *Mayflower* ou pour déguster une délicieuse *clam chowder* (soupe aux clams), et parfois un superbe homard grillé, à un prix bien plus abordable qu'en France.

Mais voilà, il fallait penser au retour. À Noël 1987, je décidai de revenir à Paris pour prendre quelques contacts dans le but de préparer mon « atterrissage » en France. La période tombait plutôt bien par rapport à mon propre calendrier : je venais d'achever mon livre et pouvais envisager de passer à autre chose, précisément à la recherche sur le rôle des médias dans l'ouverture de l'Europe communiste. Chance : Jean-Luc Domenach, alors directeur du CERI (Centre d'études et de recherches internationales) à Sciences Po, accepta tout de suite de me recevoir. Comme je l'interrogeais sur la possibilité de trouver un poste en France, il me répondit avec une grande franchise : « Désolé, je n'ai rien à vous proposer au CERI. Cependant, vous devriez vous présenter au CNRS. Votre sujet sur les médias et la *Glasnost* est très intéressant. Mais je ne vous cacherai pas que le concours y est très difficile. »

Dans les jours suivants, je rencontrai François Bédarida, qui dirigeait l'Institut d'histoire du temps présent (IHTP), précisément un laboratoire du CNRS. Celui-ci avait déjà eu l'occasion de me croiser, quand je venais travailler sur ma thèse, à la bibliothèque de l'institut. Plutôt cordial, il me dit : « Cela vaut effectivement la peine que vous tentiez le CNRS. Mais puis-je vous demander : avez-vous votre agrégation ? Ah... dommage ! En ce cas, vous n'avez aucune chance si vous vous présentez devant les historiens. Voyez plutôt chez les collègues en science politique. »

Sans le savoir, François Bédarida venait de remuer mon passé : la voie du CNRS me serait-elle barrée parce que, quinze années plus tôt, j'avais renoncé à passer une agrégation ? Heureusement, il me recommandait d'aller voir du côté des politologues. Avant de repartir pour les États-Unis, je devais justement rencontrer l'un d'entre eux, Pierre Grémion, qui travaillait sur les relations culturelles Est-Ouest. Cet entretien s'annonçait donc particulièrement important. Or, à peine étais-je arrivé à notre rendez-vous, au Centre de sociologie des organisations, que celui-ci m'annonça qu'il devait l'écourter. Il dut lire ma déception sur mon visage — je prenais mon avion le lendemain —, car il m'expliqua qu'il devait de toute urgence retourner chez lui en raison d'un imprévu. Et moi qui espérais une discussion approfondie sur mon avenir, c'était bien ma veine ! Néanmoins, Pierre Grémion alla à l'essentiel :

« Oui, votre sujet est intéressant et croise d'ailleurs mes propres travaux. Oui, je vous encourage à vous présenter au CNRS en science politique. Non, vous n'avez pas besoin de posséder une agrégation pour déposer votre dossier devant cette commission. » Et, tout en enfilant son manteau, il ajouta : « Vous devez savoir toutefois que le niveau du concours est très relevé et que vos chances sont réduites. Je vous invite donc à très bien préparer votre dossier. »

Ainsi, chacun à leur manière, mes interlocuteurs m'avaient poussé à aller vers le CNRS, tout en précisant que je ne devais pas me faire beaucoup d'illusions. Cette perspective semblait presque inaccessible. Mais je n'en imaginais guère d'autres. Peut-être avais-je d'ailleurs trouvé en Pierre Grémion, en dépit de la brièveté de notre échange, un appui avisé et bienveillant ?

Je ne connaissais rien au CNRS, bien que mon frère y travaillât déjà, dans un domaine complètement différent du mien. De retour à Cambridge, je m'efforçai de collecter un maximum d'informations sur cet organisme prestigieux, y compris auprès de chercheurs français de passage à Harvard, notamment l'historien Henry Rousso. Il me fallut du temps pour comprendre l'organisation de cette structure passablement compliquée, aux multiples branches administratives. Peu à peu, je compris que le CNRS était structuré en différents départements scientifiques. Celui qui me concernait, le département des « Sciences de l'homme et de la société », était divisé en différentes sections regroupant les historiens, les sociologues, les politologues, etc. Tous les ans, des postes étaient ouverts à concours dans chacune de ces sections. Mais leur nombre était limité : deux ou trois en général pour toute la France, quatre ou cinq en période faste, ce qui était très rare. Autant dire que la possibilité d'être pris était fort réduite. Néanmoins, le candidat pouvait se représenter deux fois. Par conséquent, j'avais trois coups à jouer, chaque année, durant trois ans. Trois chances de gagner ou de mordre la poussière. Il fallait vraiment y croire ! J'appris cependant une information capitale, qui me donna un peu plus l'énergie de me lancer dans la course. Pour la plupart des candidats, je suppose qu'elle n'avait guère d'importance, mais pour moi, si : la visite médicale — obligatoire comme pour tout recrutement dans la fonction publique — ne constituait pas, au CNRS, un critère de sélection *a priori*. Autrement dit : pas de barrage de ce côté-là ! Quelle bonne nouvelle ! Se pouvait-il que la voie soit ainsi dégagée ? J'en doutais encore et me renseignai, *via* différents canaux, pour recouper l'information. Mais oui : je pouvais être accepté en dépit de mon problème aux yeux. Encore fallait-il réussir le concours.

Durant le dernier semestre qui me restait à Harvard, je me mis à préparer ce dossier de candidature, tout en avançant sur la recherche pour l'USIP. Les deux activités allaient de pair : plus je progresserais dans ma connaissance du développement des médias occidentaux à l'Est dans le contexte de la *Glasnost*, plus je me donnerais de chances de présenter un dossier « pointu » pour le concours à Paris. Les semaines passaient très vite, trop vite. De plus, nombre de visites s'annonçaient au printemps : famille ou amis de France, tout le monde souhaitait venir à Cambridge pour nous voir avant notre retour. J'eus alors un moment de doute, pour ne pas dire de mélancolie. Ne pouvait-on explorer d'autres pistes ? Étions-nous vraiment contraints de quitter ces lieux, de ne plus jamais traverser Harvard Yard où Marie venait de faire ses premiers pas ? Pourquoi ne pas aller à Stanford, en Californie, où René Girard m'avait invité à le rejoindre pour travailler avec son ami Robert Hamerton-Kelly au Center for International Security and Arms Control ? Mais il m'aurait fallu dénicher un nouveau financement, alors que je n'avais pas fini mon travail pour l'USIP. Ce n'était pas raisonnable.

Bien préparer ma candidature au CNRS depuis l'étranger n'était cependant pas chose facile. Pour obtenir de nouveaux conseils, je me décidai à téléphoner à Pierre Grémion. Il me précisa qu'un dossier est d'abord évalué sur la qualité du projet de recherche et que chaque candidat est invité à le présenter brièvement lors d'une audition. Pierre Grémion me donna aussi une information capitale : pour avoir une chance d'être retenu, le candidat devait demander à être rattaché à un laboratoire du CNRS. Logique : on ne pouvait imaginer de chercheur isolé ; il devait être intégré à une équipe. Dans mon cas, il me suggérait de me rapprocher du laboratoire « Communication et politique », dirigé par Dominique Wolton, qui venait juste d'être créé. C'était sûrement une bonne idée, mais je ne connaissais pas personnellement ce sociologue de la communication, sachant seulement qu'il avait publié avec Jean-Louis Missika un livre remarqué sur la télévision[1]. Impossible, cependant, de rencontrer Dominique Wolton avant mon retour prévu en juin, alors que les auditions au CNRS étaient également organisées à cette date. Pierre Grémion me mit en garde contre le risque de précipiter ma candidature. Mais je ne l'écoutai pas. Anxieux quant à mon avenir, je ne voyais pas une autre perspective à laquelle me raccrocher. Me revenait en mémoire la maxime favorite de mon professeur d'histoire à Lavoisier : « Qui ne tente rien n'a rien. »

Et le *blues* me reprit. Devais-je vraiment quitter ces rues de Cambridge qui m'étaient devenues si familières ? abandonner ce bureau du CFIA où j'avais bossé comme un « chien », ainsi que me l'avait dit Michael ? Je pris conscience que j'appréhendais mon retour en France. Qu'allait-il se passer ? Voudrait-on de moi quelque part ? Avant de partir, j'eus l'idée de prendre rendez-vous avec ceux que je considérais comme les « grands » d'Harvard, du moins ceux que j'avais eu l'occasion de croiser durant mon séjour. Sans rien leur dire de mon état d'esprit, ce serait pour moi une manière de faire mes adieux à ces lieux et à ces personnages, en m'efforçant de graver dans ma mémoire non pas tant leurs visages que leurs voix. Quelque vingt années plus tard, je suis cependant bien incapable de me remémorer leurs intonations. De ces entretiens, il me reste plutôt aujourd'hui un souvenir émotionnel, ce qu'on pourrait appeler le *feeling* d'une rencontre.

Je commençai par Samuel Huntington, toujours installé au troisième étage du CFIA, que je rencontrais de temps à

1. Jean-Louis Missika et Dominique Wolton, *La Folle du logis : la télévision dans les sociétés démocratiques*, Paris, Gallimard, 1984.

autre dans l'ascenseur. Il me situait parfaitement, et je n'eus aucune peine à obtenir un rendez-vous. Mais, comme c'était prévisible, nous eûmes une conversation assez superficielle : il était alors plongé dans des questions de sécurité militaire, et moi dans mes histoires de résistance civile. À la Kennedy School, je vis Joseph Nye, qui m'avait impressionné un jour que j'assistais par hasard à l'un de ses cours. Curieux de savoir ce que ce Français faisait à Harvard, il se montra cordial à mon égard. Il me semblait parfait dans son rôle de professeur, voulant adopter un style décontracté et néanmoins très professionnel. Nye était toutefois plongé bien davantage que moi dans les théories des relations internationales, et nos centres d'intérêt communs restaient également limités. Puis je me rendis au William James Building, situé juste derrière celui du CFIA, où Herbert Kelman avait son bureau. Celui-ci était très actif dans le *Middle East Program*, cherchant à œuvrer au rapprochement entre Israéliens et Palestiniens. Aussi voulais-je mieux comprendre son rôle dans l'élaboration d'un éventuel processus de paix, après le déclenchement de la première *Intifada*. Quelle ne fut pas ma surprise d'apprendre qu'il était psychologue ! Il avait bien connu le célébrissime Stanley Milgram, auteur des expériences de psychologie sociale dont j'avais parlé dans mon premier livre, visant à tester la soumission des individus à l'autorité. Kelman allait d'ailleurs publier avec Lee Hamilton un ouvrage important sur le massacre bien connu de My Lai, perpétré au Vietnam par des soldats américains[1].

1. Herbert C. Kelman and V. Lee Hamilton, *Crimes of Obedience : Toward a Social Psychology of Authority and Responsibility*, New Haven, Yale University Press, 1989.

Pourquoi n'avais-je pas cherché à le voir plus tôt ? Nous eûmes une conversation passionnante et je le quittai à regret.

La plus émouvante cependant fut ma dernière visite, celle à Stanley Hoffman, directeur du Center for European Studies. En fin de compte, c'est avec lui que j'avais le plus de connivences au sein de la « Harvard Community ». Il m'avait déjà reçu à plusieurs reprises dans son petit bureau d'Irving Street, où l'on ne pouvait pénétrer qu'après être passé par celui de son assistante, Jacqueline Brown, qui montait la garde. Chaque fois, Stanley commençait par me raconter une anecdote relative à la politique de Reagan ou de Mitterrand, à moins que ce ne fût à propos d'un détail de la vie sur le campus. Il y mettait toujours une pointe d'humour, qui suggérait qu'il prenait les choses avec beaucoup de philosophie, en observateur amusé et néanmoins attentif des conduites humaines. Puis venait la question : « Alors, où en êtes-vous ? Est-ce que ce livre avance ? »

Notre conversation, d'une vingtaine de minutes au grand maximum, était toujours un réconfort. Je n'ai pas souvenir qu'il m'ait interrogé une seule fois sur ma vue. Stanley portait tout simplement de l'intérêt à mon travail et se montrait plutôt disposé à me soutenir. Il avait souhaité me faire rencontrer un étudiant d'Harvard, Daniel Goldhagen, qui préparait sa thèse sur les bourreaux nazis et dont le livre ferait tant de bruit à sa parution. Mais ma rencontre avec ce dernier ne m'avait pas laissé une bonne impression. Je l'avais trouvé trop sûr de lui, prenant déjà le ton du donneur de leçons, alors qu'il en était encore à préparer son doctorat. Mais je n'en avais rien dit à Stanley. Pierre Grémion ? Il le connaissait, bien sûr, et appréciait ses travaux, ce qui ne m'étonna guère. J'imaginais bien que les deux hommes puissent être amis.

« Et Pierre Hassner, vous le connaissez ? ajouta-t-il. C'est aussi un très bon ami et un grand esprit. Nous avons en commun d'avoir été les élèves de Raymond Aron. »

Oui, je connaissais bien sûr le nom de Pierre Hassner et je savais qu'il était à Sciences Po ; mais je n'avais pas eu encore l'occasion de le rencontrer personnellement. Je me promis donc de le faire dès mon retour en France. Comme je confiais à Stanley Hoffman mon intention de me présenter au concours du CNRS, il me souhaita « bonne chance », bien sûr... Mais je perçus dans sa voix une pointe d'ironie, du genre : « Je vous souhaite bien du courage ! »

Du courage ? J'allais en avoir besoin en effet. De retour à Paris, en juin 1988, je me présentai à mon audition au CNRS, juste une semaine après être descendu de l'avion. Je ressortis de cet entretien avec une impression mitigée. J'avais le sentiment de ne pas avoir été très bon, mais pas non plus celui d'avoir été mauvais. Impossible de percer la disposition des membres du jury à mon égard. Cependant, je fus vite fixé quant au résultat : j'avais lamentablement échoué. Décrocher un poste à la première candidature, vu le niveau de cette compétition, était pratiquement impossible. On connaissait certes quelques cas de ce genre, tout à fait exceptionnels ; je n'avais pas la prétention d'en être. Au moins espérais-je être « classé ». Dans le jargon du concours, cela signifie que votre dossier est parvenu au-dessus du panier. Par exemple, vous émergez au quatrième, cinquième ou sixième rang, alors qu'il y a trois postes au concours. Vous ne pourrez donc pas être recruté, à moins que l'un des trois premiers ne se désiste. Mais votre classement, très proche des meilleurs, signifie que votre dossier est sorti du lot. En somme, le jury vous envoie le message que votre projet de recherche a été jugé excellent et que vous faites désormais partie des candidats potentiels jugés dignes d'avoir un poste l'année suivante. Or, on ne m'avait pas adressé un tel message : rien, strictement rien. Apparemment, mon projet n'avait pas suscité d'intérêt. Je m'en voulais maintenant de ne pas m'être fié au conseil de prudence que m'avait donné Pierre Grémion. Voilà que j'avais déjà gâché bêtement l'une de mes chances. Il m'en restait deux. Mais pourrais-je demeurer ainsi dans l'incertitude durant deux ans ? Le moral était bien bas.

À cela s'ajoutait notre humeur générale, à Lydie et moi, dans cette période du retour à Paris qui était plus difficile que prévu. Sans doute est-ce aussi le cas d'autres expatriés qui reviennent au pays. Après avoir vécu cette période assez exceptionnelle aux États-Unis, nous nous retrouvions entre les quatre murs de notre petit appartement parisien. Tout avait changé pour nous là-bas et, cependant, nous devions nous réinstaller dans notre ancien cadre de vie. Nous avions la sensation amère de « retourner à la case départ ». Et il fallait faire toutes sortes de démarches administratives pour s'insérer à nouveau en France. Que c'était pénible ! Même Lydie qui, heureusement, reprenait son travail, ne s'y sentait plus tellement à l'aise. De l'eau avait coulé sous les ponts. Par comparaison avec notre arrivée à Cambridge, cette réadaptation à la vie en France nous parut psychologiquement plus dure.

De mon côté, il y avait encore autre chose : cet environnement familier que je retrouvais, celui de mon appartement, de la rue du Commerce, du carrefour de La Motte-Picquet-Grenelle, je remarquais que j'en avais une perception encore plus floue qu'avant de partir. Se pouvait-il qu'en l'espace de vingt mois ma vue ait encore baissé ? Ce n'était pas possible ! J'étais pourtant obligé de l'admettre. Un signe d'ailleurs ne trompait pas : si, avant mon départ, je pouvais encore m'aventurer dans la rue du Commerce sans canne, ce n'était désormais plus possible. J'avais bien basculé dans l'autre monde. Et pour couronner le tout, je n'avais plus de travail salarié. Quelle galère !

Dans mon malheur, je m'inventai une devise pour garder le moral : « Voir peu mais voir loin ! » Faire de la résistance : voir au moins deux ans de plus. Pour avoir l'impression de repartir en France sur de nouvelles bases, il fallait que je m'accroche à quelque chose, que je me projette vers du neuf. Mon seul espoir se trouvait du côté du tout nouveau laboratoire « Communication et politique », animé par Dominique Wolton. De Cambridge, je lui avais écrit une longue lettre pour lui présenter mes thèmes de recherche et mon souhait de rejoindre son équipe. J'avais aussi glissé un mot sur mes problèmes de vue mais, comme d'habitude, sans insister. Début juillet, je le rencontrai pour la première fois, à son bureau de la rue Damesme, dans le 13e arrondissement. Très accueillant, Dominique Wolton se montra curieux de savoir ce que j'avais fait à Harvard, ce que je savais des travaux sur la communication aux États-Unis, comment je comptais développer mes propres recherches, etc. Puis il me présenta les axes de son laboratoire, ainsi que la toute nouvelle revue, *Hermès*, qu'il venait de fonder. Ses propos étaient vifs, pétillants, encourageants. Si je le souhaitais, me précisa-t-il bientôt, j'étais invité à rejoindre les diverses activités de son équipe. Et comment donc !

Vint enfin la question fatidique, à laquelle je m'étais évidemment préparé. Elle arriva au détour d'une phrase, comme ça, en passant. J'y perçus plus de curiosité que d'anxiété. À vrai dire, il ne s'agissait pas d'une seule question mais de plusieurs, portées presque en rafale par le flot d'une élocution très rapide :

« Puis-je vous demander quel est l'état réel de vos yeux ? Comment travaillerez-vous ? Si je vous donne des textes à lire, comment ferez-vous ?

— Je les lirai ! Voilà tout », répondis-je très calmement en lui souriant.

Je ne pouvais guère lui donner de précisions, ne sachant pas encore comment j'allais m'organiser. Mais j'étais certain de vouloir reconstituer en France, au plus tôt, le poste de travail qui s'était montré opérationnel à Harvard. Dans l'immédiat, je souhaitais surtout le rassurer sur ma capacité à travailler comme n'importe quel chercheur, sans lui demander quoi que ce soit à cet égard. Sans entrer dans les détails, je lui expliquai donc que oui, j'avais de gros problèmes de vue, mais que je parvenais à les surmonter avec un matériel spécialisé. D'ailleurs, je venais de finir un livre, preuve que je pouvais y arriver. En somme, ma position était : « Ne faites aucune différence avec moi. C'est mon problème, pas le vôtre. Donnez-moi à lire tous les textes que vous souhaitez, sans vous en préoccuper ; je me débrouillerai. » Dominique Wolton n'insista pas. Sans doute ma réaction à ses questions visait-elle à lui signifier que ce sujet n'était pas si important, qu'il n'y avait pas de raison de s'y attarder, qu'il valait mieux revenir à nos conversations « scientifiques ». En fut-il convaincu ? J'imagine qu'il dut légitimement conserver des doutes et se dire, à la fin de notre entretien : « On verra bien. »

Pouvais-je d'ailleurs adopter une autre attitude ? Je venais de rater le concours du CNRS et je ne possédais aucun statut en France. C'était déjà bien qu'il m'acceptât dans son laboratoire, où j'avais à cœur de faire mes preuves. Y être associé, c'était la toute première condition pour m'insérer dans les réseaux de la recherche française en sciences sociales. Je devais donc mettre mon handicap entre parenthèses, si j'ose dire, sans demander aucun traitement de faveur. Car il aurait été stupide de poser mes conditions, en disant par exemple : « J'accepte de rejoindre votre équipe mais, s'il vous plaît, aménagez-moi d'abord un poste de travail. » Je devais me réjouir d'être associé au « laboratoire Wolton », sans formuler une quelconque exigence. À moi plutôt d'y faire mes preuves. À moi de me doter de mes propres outils de travail, pour devenir pleinement opérationnel, pleinement professionnel, auprès des autres membres de l'équipe. Comme nombre de chercheurs en sciences sociales, je devais travailler à mon domicile. J'étais d'ailleurs frappé par l'exiguïté des locaux du laboratoire. Je ne pouvais certes prétendre y avoir une place, au contraire des chercheurs statutaires du CNRS. Or, ceux-ci ne disposaient même pas d'un vrai bureau. Quelle misère en comparaison avec les États-Unis ! Mon « chez moi » serait donc mon repère, ma base arrière, pour aller au combat.

Les moyens nécessaires à ce nouveau départ tenaient en trois mots : ordinateur, télé-agrandisseur, lecteurs. Je fis donc au plus vite l'acquisition de mon premier ordinateur en France, un IBM, que mon frère m'aida à installer. Puis je me procurai un télé-agrandisseur, fabriqué par la firme américaine Telesensory. Cet appareil étant onéreux, je pus l'obtenir grâce à un prêt sans intérêt contracté auprès de l'Association Valentin-Haüy. Quant aux lecteurs, leurs services étaient bénévoles, heureusement. Outre le GIAA, que j'avais contacté avant mon départ à Harvard, je découvris l'existence de deux autres associations proposant une aide à la lecture : les Auxiliaires des aveugles (AA), également située dans le quartier Duroc, et les Enregistrements sur cassettes pour aveugles (ECA), hébergée à la mairie du 1er arrondissement. Ces associations, animées et fréquentées surtout par de « jeunes retraités actifs », proposent aussi bien l'enregistrement de livres que la lecture à domicile, service ô combien appréciable. L'ennui est que vous ne savez pas toujours qui va frapper à votre porte. C'est ainsi qu'on m'envoya un jour une mamie d'un âge plus que respectable, certes encore très vive, mais qui était à moitié sourde ; elle se mit à ânonner un texte de Pierre Bourdieu, sans parvenir à lire les petits caractères des notes de bas de page. Bilan : une après-midi de fichue. Mais à part ces quelques ratés, surtout au début, je ne saurais trop louer le dévouement de ces lecteurs, qui ont le pouvoir magique de faire parler les livres. Dans certaines sociétés, la tradition orale tient une place centrale pour transmettre la connaissance et les valeurs. N'étais-je pas en train de retrouver ce mode de communication du savoir ? Quand, de surcroît, le lecteur aimait à lire ce qu'il lisait, quand le texte nous intéressait l'un et l'autre, cela devenait un vrai bonheur que d'entendre ainsi la pensée d'un auteur, que de se laisser porter par la musique de ses mots. Pour reproduire l'expérience vécue avec David à Harvard, j'eus l'idée de mettre une petite annonce au bureau des élèves de Sciences Po : moyennant une modeste rémunération (plus alléchante toutefois que celle d'un *baby-sitting*), je proposais quelques heures de travail par semaine. Cette solution présentait plusieurs avantages : je pouvais demander à ces étudiants de sortir des livres de la bibliothèque, leur donner à lire des textes en anglais, leur faire revoir la présentation de mes propres écrits sur l'ordinateur. Je découvris que des professeurs de Sciences Po ou des chercheurs du CNRS faisaient aussi appel à des étudiants pour faire des recherches bibliographiques, dépouiller des enquêtes, taper certains textes, etc. Finalement, je faisais la même chose, mais pour un autre type de service.

Puis, je me décidai à oser un pas supplémentaire pour améliorer mon adaptation au monde dans lequel j'étais désormais obligé de me mouvoir : apprendre le braille. Quelle incroyable transformation psychologique avais-je vécue en deux ans, quand j'y repense ! Avant mon départ aux États-Unis, j'aurais subi cet apprentissage comme une déchéance. Mais dans cette période du retour en France, je le considérais comme une nécessité. Je m'étais fait une raison, me disant que le braille me rendrait des services. Je ne dis pas que tout serrement au cœur avait disparu quand j'arrivai à 13 heures à l'AVH pour suivre mon premier cours (gratuit). Je montai très vite au premier étage me réfugier dans une petite pièce, bien au calme, où m'attendait déjà mon professeur. Cette forme d'écriture a été inventée par un Français, Louis Braille (1809-1852), afin de promouvoir la condition des aveugles. Son principe est très astucieux : sur la base d'un rectangle, constitué de six points, suffisamment en relief pour être identifiés par l'extrémité des doigts, chaque lettre est définie par une composition unique entre ces points. Ainsi, au *a* correspond le point 1, au *b* les points 1 et 2, etc.

Je trouvais plutôt agréable de développer ainsi ma sensibilité tactile : j'éprouvais un certain plaisir à différencier de mieux en mieux les assemblages, toujours différents, de ces petites pointes éparses. Peut-être y avait-il même quelque chose de sensuel à faire ainsi glisser mes doigts sur le papier lisse, pour en caresser les fines protubérances. Je réussis peu à peu à reconnaître chaque forme de lettre, ainsi que les divers signes de ponctuation. À cette fin, je me servais instinctivement des doigts de ma main gauche, dont la sensibilité se révélait la meilleure. C'est étrange, car j'écrivais de la main droite depuis mon enfance. (Mon professeur fit l'hypothèse que j'avais peut-être été un gaucher contrarié, ce dont je ne gardais aucun souvenir.) Au terme de quelques semaines d'un apprentissage assez laborieux, je réussis finalement à acquérir les bases de cette écriture. Mais il me fallait ensuite passer à une pratique plus intensive, me mettre à lire de plus en plus de textes en braille pour acquérir de la vitesse. On me donna pour commencer un ouvrage de Jean Giono. Le trouvant fort ennuyeux, je capitulai au bout de deux ou trois pages. Je perçus ainsi les limites de la méthode ou, en tout cas, mes propres limites. Car ceux qui avaient appris le braille dès leur enfance avaient, je le savais, une vitesse de lecture extraordinaire. Ce ne serait jamais mon cas. Certes, j'aurais pu faire l'effort de me mettre à lire un autre livre, plus passionnant pour moi. Mais comment pourrais-je disposer en braille de la multitude des livres et articles en sciences sociales que je devrais consulter dans mes recherches ? C'était tout simplement impossible. Seul le passage par le vocal, que j'avais commencé à expérimenter, pouvait être opérationnel. Le braille ne serait jamais qu'un appoint pour me permettre, par exemple, de faire du classement au moyen d'étiquettes autocollantes — très utiles pour me retrouver aisément dans mes dossiers et les nombreuses cassettes des livres que j'avais commencé à faire enregistrer.

Au sein du laboratoire de Dominique Wolton, nous avions une réunion d'équipe tous les mardis. J'y fis bientôt la connaissance du philosophe Jean-Marc Ferry, ainsi que du sociologue Daniel Dayan. Un peu plus tard, nous rejoignit l'historienne Isabelle Veyrat-Masson. Je prenais un vif intérêt à nos échanges, apprenant beaucoup sur les conditions de la communication politique ou la réception des médias. Certains des travaux auxquels il était fait référence seraient utiles à mes propres recherches. Tout en m'intégrant au mieux à ces discussions, je gardai comme objectif de faire oublier mon handicap. « Objectif » est d'ailleurs un mot trop fort, car j'étais loin d'y penser en permanence : ce qui comptait d'abord pour moi, c'était d'être de plain-pied dans ces débats. Chaque mardi, j'arrivais avec ma canne, sortant du métro pour prendre la rue Tolbiac sur la droite et obliquer tout de suite à gauche dans la charmante rue Damesme, bordée de petites maisons (on pouvait se croire hors de Paris). Sitôt parvenu à la hauteur du 27, au moment de m'engager dans la cour puis dans l'ascenseur de l'immeuble, je rangeais l'instrument dans mon sac. Il n'allait m'être d'aucune utilité pour ma circulation dans des locaux exigus, dont j'appréciai vite les volumes. Il est vrai qu'il pouvait m'arriver de bousculer telle ou telle personne dans le couloir, surtout s'il y avait beaucoup de monde. Mais, dès que j'avais trouvé un siège autour de la table, je me sentais parfaitement à l'aise. Alors, je pense — je crois même en être sûr — que le fait d'y voir ou pas n'avait plus guère d'importance, que seules comptaient ma participation au sujet à l'ordre du jour et la pertinence de mes propos.

Les débats autour de la préparation des numéros d'*Hermès* étaient les plus passionnants. Nous en étions au tout début de cette revue qui visait à devenir une référence — sinon la principale référence savante —, en France, dans le champ des recherches sur la communication. Y étaient invités des universitaires et chercheurs de différentes disciplines, ce qui donnait une vraie richesse à nos échanges. J'en garde un excellent souvenir. Toutefois, ces discussions tournaient parfois à de franches engueulades, qui finissaient par me mettre mal à l'aise. J'aurais trouvé normal qu'on se batte pour soutenir mordicus telle ou telle interprétation d'un phénomène sociologique, bref pour la science. Mais il n'était point besoin d'être grand clerc pour découvrir que, par-delà ces confrontations intellectuelles, se jouaient des rivalités de personnes et de pouvoirs.

Restait la priorité des priorités : continuer à avancer mes travaux sur la communication Est-Ouest. Suivant le conseil de Stanley Hoffman, je pris contact avec Pierre Hassner, dont le bureau se trouvait alors à la Maison des sciences de l'homme, boulevard Raspail. En y pénétrant, je fus aussitôt saisi par une odeur de vieux papiers. Il devait y avoir des dossiers et des livres partout, du plancher au plafond. J'imaginais aussi que le bureau devait être très encombré. Mais l'homme semblait parfaitement à l'aise, au cœur de son antre, pétillant d'intelligence et de cordialité. Je dirais même qu'il y rayonnait. En quelques minutes, je lui résumai mon itinéraire : ma thèse sur la résistance civile, mon voyage en Pologne, Harvard, ma nouvelle recherche sur les médias occidentaux à l'Est, etc. Pierre Hassner se montra tout de suite intéressé, me précisant au passage qu'il connaissait certains responsables de la station américaine *Radio Free Europe* installée à Munich. Il m'invita à rejoindre le groupe de recherche Est-Ouest qu'il animait au CERI avec Pierre Grémion ! Comme c'est étrange : j'ignorais que ces deux-là travaillaient ensemble. Lors de ma première participation à ce groupe, j'y retrouvai Alexander Smolar, que j'avais rencontré trois ans plus tôt, avant de partir en Pologne. Le groupe, qui avait déjà plusieurs années d'existence, réunissait les meilleurs chercheurs français sur l'Europe de l'Est. En me retrouvant parmi eux, j'avais le sentiment de progresser dans mon engagement dans la recherche, tout en réunifiant des éléments de mon proche passé. Ce jour-là, nous eûmes un exposé passionnant de Pierre Kende, qui revenait de Hongrie. Selon lui, des changements politiques importants s'annonçaient dans ce pays. Nous étions à la fin de l'année 1988 : les évènements de 1989 n'allaient pas tarder à lui donner raison !

Côté publications, j'appris plusieurs bonnes nouvelles. Mon livre sur la résistance civile était accepté aux Éditions Payot. Depuis ma période étudiante, j'avais lu des ouvrages de Sigmund Freud ou de Gaston Bouthoul publiés par cet éditeur. J'étais ravi d'un tel accord, d'autant que Gene Sharp entendait aussi œuvrer de son côté, aux États-Unis, pour sa traduction en anglais. La perspective de publier ma thèse chez un éditeur de qualité constituait un atout important dans mon dossier, en vue du concours du CNRS. Quant à mes travaux sur les médias, je pouvais aussi compter sur deux publications à venir. La très sérieuse revue *Études* acceptait de faire paraître mon premier article sur le sujet au printemps 1989[1]. Parallèlement, deux spécialistes de stratégie, Dominique David et André Brigot, alors à la Fondation pour les études de défense nationale (FEDN), me proposaient mon premier contrat d'études depuis mon retour en France. Contrat certes modeste, mais très appréciable pour quelqu'un qui ne bénéficiait plus d'aucun salaire régulier. Il devait se concrétiser par une publication de mes travaux sur la communication dans une nouvelle collection de cette fondation. Ces nouvelles, très encourageantes, contribuèrent à maintenir mon dynamisme dans une période où le moral n'était pourtant pas bien fort.

D'autant que, sur le front de ma vue — que dis-je, de ma très mauvaise vue, voire de ma quasi-« non-vue » —, je fis une nouvelle découverte. Depuis combien d'années n'avais-je pas fait un bilan de l'état de mes yeux chez un ophtalmologiste ou dans le service spécialisé d'un hôpital ? Je n'aurais su le dire. Aux États-Unis, on m'avait conseillé de me rendre au très célèbre Hear and Eye Hospital de Boston. (« Vous verrez, ils sont à la pointe du progrès. S'il existe de nouveaux traitements, soyez sûr qu'ils vous le proposeront. ») Comme d'habitude, je n'y croyais pas. J'avais quand même téléphoné un jour à cet hôpital. Une assistante du service, qui me parut très au fait de la rétinite pigmentaire, fut franche avec moi : on pouvait me faire un bilan très complet mais pas me proposer une thérapie. Donc :

1. « La communication Est-Ouest. De la radio sur ondes courtes à la télévision par satellite ? », *Études*, avril 1989.

merci, pas la peine de perdre mon temps et mon argent. J'étais revenu à la rédaction de mon livre. De retour à Paris, je m'étais dit qu'il valait la peine de faire cette évaluation. On me parla d'un professeur d'ophtalmologie, Jean-Louis Dufié, très compétent dans le domaine des rétinopathies, qui consultait à l'hôpital Necker. Je m'y rendis donc un matin pour subir différents types d'examens. En fait, ils furent plutôt rapides. Mon acuité visuelle ? réduite à presque rien. Mon champ visuel ? une petite pastille qui me permettait encore de repérer un point lumineux au centre. Puis débuta un autre test :

« Monsieur, pourriez-vous me dire quelle est cette couleur ? — *(Silence.)* — Et celle-ci ? — *(Silence.)* »

Quoi ? Je n'identifiais plus les couleurs ! Mais comment ne l'avais-je pas remarqué plus tôt ? J'en restai ahuri. Quand donc cela s'était-il produit ? Impossible d'avancer une date, pas même un mois, mais c'était sûrement durant mon séjour à Cambridge. Quel phénomène surprenant ! J'en avais perdu la capacité physiologique, sans intégrer psychologiquement la conscience de cette perte, jusqu'à cet examen médical à Paris. Comme si mon esprit y avait résisté le plus longtemps possible. Soudain, cette évidence m'apparut : ma vue avait continué à baisser à Harvard, mais je n'avais pas voulu y prêter attention. J'avais travaillé comme une bête, certes pour réussir professionnellement, mais aussi pour me protéger de la nouvelle secousse dépressive qui m'aurait atteint si je m'étais trop préoccupé de l'évolution de mes yeux. Ainsi avais-je dû perdre la perception des couleurs sans vraiment m'en rendre compte. Mon invitation aux États-Unis était tombée à pic pour me projeter en avant et m'obliger à donner le meilleur de moi-même : Harvard m'avait aidé à sortir de la crise « par le haut », en m'évitant de m'y enfoncer.

Maintenant que j'avais pris conscience que les couleurs, elles aussi, avaient fini par s'envoler à jamais, je fus surpris de ne pas en être anéanti. J'aurais dû exploser, me révolter, crier ma rage d'être privé de cette dimension de la beauté. Vous qui pouvez contempler la magnificence d'une fleur, d'un tableau de maître, d'un coucher de soleil, soyez sûr de votre bonheur. Moi, je m'étais enfoncé encore un peu plus dans les marais de la grisaille. Je ne me faisais plus d'illusions depuis longtemps : je savais que j'étais en train d'y disparaître complètement. Mais j'espérais ne pas y laisser ma peau, ayant préparé, tant bien que mal, les conditions de ma métamorphose.

CHAPITRE 7

Aller jusqu'au bout

FINALEMENT, quelle importance de ne plus voir les couleurs de l'arc-en-ciel ? Ce qui comptait désormais, ce qui pouvait assurer les conditions de ma renaissance, c'était de réussir ce sacré concours du CNRS, qui approchait à nouveau. Cette fois-ci, je travaillai d'arrache-pied à mieux argumenter et mieux structurer mon projet de recherche. Je pris quelques conseils auprès de chercheurs qui venaient de le réussir, en premier lieu Jean-Marc Ferry et Daniel Dayan. Comme il était demandé, j'y adjoignis des lettres de recommandation de Dominique Wolton, François Bédarida et Pierre Hassner. Ces trois noms — un sociologue de la communication, un historien de la Seconde Guerre mondiale et un spécialiste des relations Est-Ouest, de renommée internationale — résumaient bien mon parcours. Quelqu'un me dit que la réussite au concours dépendait de quatre facteurs au moins : un projet de recherche très solide sur un sujet neuf; des publications depuis la thèse; le soutien d'un directeur de labo et... la Chance ! Allais-je en avoir ?

Côté famille, nous en avions un peu : après bien des démarches, nous avions enfin trouvé pour Marie une place en crèche — on en sait la pénurie dans la capitale — et nous nous en réjouissions beaucoup. Mais je devais parfois l'y conduire ou aller la chercher avec la poussette, et Lydie en était quelque peu inquiète : comment ferais-je ? Je tins à la rassurer : je m'en sentais parfaitement capable et il n'y aurait pas de problème de sécurité. La solution était simple : je me servais de ma main droite pour taper la canne devant moi et je tirais la poussette avec la main gauche, le bras replié dans mon dos ; de la sorte, la poussette se trouvait derrière moi et Marie était protégée de tout choc. Si je heurtais quelque chose, c'est moi qui prendrais. Certes, notre équipage ne devait pas passer inaperçu dans la rue. Mais quelle importance ? D'une certaine manière, tant mieux : en attirant ainsi l'attention, le plus probable était de susciter des regards protecteurs en cas de danger. Par exemple, si j'attendais avec la poussette à un passage pour piétons, j'entendais souvent, quand le feu passait au vert, une personne proche de moi me dire spontanément : « Vous pouvez y aller. » Et je suis certain que cette personne gardait un œil sur nous tandis que nous traversions.

Si je me trouvais seul avec Marie à la maison, il n'y avait pas non plus grand-chose à craindre. Bien entendu, nous avions mis des caches sur les prises électriques, ôté les produits dangereux dans les placards du bas de la cuisine, enlevé tout objet de petite taille susceptible d'être avalé — rien que de très normal, recommandé à toute famille avec un petit enfant. Mais un accident est vite arrivé et je risquais de ne pas réagir assez vite. Ce risque est-il vraiment plus élevé avec un parent non-voyant ? Je ne saurais le dire en théorie. Il est certain que les parents aveugles sont interdits de séjour chez tous ceux qui aspirent à un monde complètement sécurisé. Dans mon cas, il ne s'est jamais rien passé de grave. Repensant à ma propre expérience, j'ai le sentiment que l'enfant d'un parent très malvoyant a tendance à intérioriser l'anxiété de celui-ci. De la sorte, son comportement tend à être plus calme qu'avec un parent qui peut mieux le surveiller. Sans pouvoir le démontrer, j'ai l'intuition que Marie, du haut de ses trente mois, s'est adaptée à ma maladresse, à mes à-peu-près. Un exemple ? Si je lui donnais à manger à la petite cuillère et que mon geste approximatif manquait sa bouche, elle tournait un peu la tête pour se replacer dans la bonne trajectoire. C'est pourquoi, au lieu de m'inquiéter sur ce qui pouvait arriver — et qui n'est pas arrivé —, il me semblait plus important, dans les moments que je m'accordais avec elle, de la faire rire. À travers des petits jeux corporels, des poursuites à quatre pattes, ou « la petite bébête qui monte, qui monte », nous eûmes de franches parties de rigolade...

Mais ces moments restaient trop rares, préoccupé que j'étais toujours par le concours du CNRS. J'avais toutefois un élément de satisfaction : mon sujet de recherche était encore plus actuel que l'année précédente. En ce printemps 1989, cela bougeait de plus en plus à l'Est de l'Europe. On ne parlait que de la *Glasnost* et de la *Perestroïka* lancées par Gorbatchev à Moscou. Cette politique d'ouverture commençait à avoir des effets en Pologne, peut-être même en Allemagne de l'Est. Et les médias semblaient bien le fer de lance de ces changements potentiels. Or, c'était précisément le cœur de mon projet de recherche depuis au moins deux ans.

Quand vint le jour de mon audition, je ne manquai pas de le faire valoir, soulignant au passage la carence des travaux sur cette question, en France comme à l'étranger. J'exposai mes hypothèses de recherche, ce que j'avais déjà accompli, ce que je souhaitais faire si le CNRS m'en donnait les moyens. Le jury était présidé par le professeur Jean Leca, codirecteur d'un *Traité de science politique* en plusieurs volumes[1]. Je redoutais ses questions. Mais tout sembla bien se passer. J'avais le sentiment d'avoir été percutant dans ma présentation et mes réponses.

Mais l'on n'est jamais sûr de rien tant que les résultats ne sont pas connus. J'appris bientôt que j'étais classé cinquième, alors que, cette année-là, trois postes étaient au concours. Autrement dit, j'avais échoué ; mais si je continuais encore sur ma lancée et si au moins deux postes étaient disponibles l'année prochaine, j'avais une sérieuse chance d'en décrocher un. L'horizon se dégageait un peu ! Enfin, mon dossier était sorti du panier des quelques dizaines de candidatures que la section examinait chaque année. Mais l'affaire n'était sûrement pas dans le sac ; il fallait ne pas baisser la garde, continuer à travailler sur le sujet pour revenir dans un an devant la commission, afin de démontrer à nouveau la pertinence et la cohérence de mon projet et faire valoir les acquis de ma recherche.

Durant l'été et l'automne 1989, l'Histoire connut une soudaine accélération en Europe de l'Est. Première nouvelle sensationnelle : la Hongrie avait décidé d'ouvrir sa frontière vers l'Autriche. Quelques images de télévision

1. Madeleine Grawitz et Jean Leca, *Traité de science politique*, PUF, 1985.

(des ciseaux coupant des fils de fer barbelés) avaient eu un impact considérable en Allemagne de l'Est. Tous ceux qui en avaient assez de leur enfermement dans le régime communiste de Honecker comprirent qu'ils avaient là une occasion inouïe de fuir à l'Ouest. Depuis des années, ils rêvaient chaque soir de l'Occident en regardant les télévisions ouest-allemandes. Maintenant, ils avaient la possibilité de s'y rendre définitivement. Les médias occidentaux suivirent l'exode de ces dizaines de milliers d'Allemands de l'Est, surtout des jeunes entre 20 et 25 ans, en route vers ce qu'ils considéraient comme l'eldorado capitaliste. Mais en RDA même, d'autres n'étaient pas d'accord avec ces départs : ils voulaient rester au pays, à condition que le régime se transforme profondément. Nouveau phénomène incroyable : des manifestations de rue, de plus en plus massives, apparurent en RDA, où l'on n'avait pas connu de démonstrations publiques indépendantes depuis... l'arrivée d'Hitler au pouvoir en 1933. Or, ces rassemblements, inspirés par des cercles de l'Église protestante, étaient pacifiques et défiaient par la puissance de leur nombre les forces de répression d'un État pourtant surmilitarisé. Visiblement, ces manifestations bénéficiaient d'une amplification médiatique internationale, au point que certains observateurs commencèrent à parler d'une « télérévolution ».

Comme chacun, j'assistais à ces évènements extraordinaires. J'avais deux raisons de m'en réjouir. D'abord, comme toute personne solidaire des peuples en lutte pour leurs libertés, je ne pouvais qu'applaudir à ce qui était en train d'advenir, non seulement à Leipzig ou Berlin, mais aussi à Varsovie, Budapest et bientôt Prague. Ensuite, en tant qu'« observateur-chercheur », j'étais heureux de voir arriver au cœur de l'actualité les questions qui étaient au centre de mes recherches, que ce soit celle du développement de la résistance civile au sein de régimes non démocratiques ou celle, corrélative, du rôle des médias comme vecteurs de contestation. J'avais cependant été incapable de prédire l'ampleur de tels bouleversements, même si j'avais souligné — comme dans mon article pour la revue *Études* — que l'essor des médias occidentaux à l'Est, en dépit de la partition stratégique du continent européen, constituait un défi évident pour les régimes communistes, lesquels allaient être de plus en plus acculés à l'ouverture. À Moscou, Gorbatchev l'avait d'ailleurs bien compris, tentant en quelque sorte d'accompagner par la *Glasnost* cette évolution inévitable. Mais je n'aurais jamais pu imaginer que cette politique déclencherait des mouvements de contestation en chaîne, de plus en plus massifs, à travers cette Europe sous domination soviétique. Gorbatchev devait d'ailleurs en être le premier surpris.

Quant à ce moment fantastique de l'ouverture du mur de Berlin, dans la nuit du 9 au 10 novembre 1989, qui aurait pu le prévoir ? À Washington ou Moscou, Londres ou Paris, tout le monde contemplait, incrédule, ces foules en liesse en train d'envahir le Kurfürstendamm, où des milliers de personnes s'embrassaient, les larmes aux yeux, et criaient leur joie en faisant sauter les bouchons de bouteilles de Sekt.

Bravo aux « grands » experts des relations internationales qui nous avaient promis une troisième guerre mondiale si on touchait au mur de Berlin ! De quoi réfléchir à la capacité prédictive de la « science » politique... Ce mur de la honte, ce mur de la peur, de chaque côté duquel des milliers de missiles atomiques avaient été dressés en direction de l'autre camp, s'effondrait sans qu'un seul coup de feu n'ait été tiré et, plus encore, dans une atmosphère de fête ! Même si, pas plus que d'autres, je n'avais rien prévu de tel, il était clair que l'Histoire avec un grand H venait percuter mon sujet de recherche et que, du coup, mes travaux gagnaient en légitimité et — qui sait ? — en pertinence.

En était-ce un signe annonciateur ? Dans son édition du 26 septembre 1989, *Le Monde* consacrait un article au travail que je venais de publier sous l'égide de la Fondation pour les études de défense nationale [1]. Reprenant son titre — « Les nouveaux enjeux de la communication occidentale vers l'Est » —, la journaliste Claire Tréan en faisait un résumé honnête, sans porter de jugement sur le fond. Son papier était situé en page 2 du journal, bien visible. Quelle pub ! Je n'en attendais pas tant... Le mois suivant, devait sortir chez Payot, sous le titre *Sans armes face à Hitler*, mon livre sur la résistance civile, que Jean-Pierre Azéma avait accepté de préfacer [2]. Comment allait-on en parler dans la presse ? D'ailleurs, allait-on même en parler ? Tout auteur qui a travaillé plusieurs années sur un projet ne peut

1. *Les Nouveaux Enjeux de la communication occidentale vers l'Est*, Paris, Fondation pour les études de défense nationale, 1989. Dans ce petit volume, il avait été adjoint une recherche d'Anne-Chantal Lepeuple sur « La politique américaine en matière radiophonique ».

2. *Sans armes face à Hitler. La résistance civile en Europe (1939-1943)*, préface de Jean-Pierre Azéma, Paris, Payot, 1989. L'ouvrage a été réédité en 1998 dans la « Petite Bibliothèque Payot » et traduit en cinq langues.

être indifférent à la manière dont celui-ci va être reçu… ou ignoré. Or, moins d'un mois après la présentation de mon étude sur la communication, *Le Monde* du 20 octobre publiait, sous la signature de l'historien Jean-Pierre Rioux, un grand article intitulé « La résistance sans grand R ». Ce titre attira tout de suite mon attention, car on pouvait imaginer qu'il faisait explicitement référence à la notion de « résistance civile », comme résistance des anonymes. Vérification faite — ô victoire ! —, l'essentiel du texte était consacré à la recension de mon livre, ainsi qu'à celle d'un ouvrage de l'historien anglais Harry Kedward sur *La Naissance de la Résistance dans la France de Vichy*. Il se terminait par une présentation plus brève du premier volume de Daniel Cordier sur Jean Moulin : *L'Inconnu du Panthéon*. Le soir même, je demandai à Lydie de m'en faire la lecture. L'article, moyennant quelques réserves, m'était très favorable, ainsi qu'à Kedward. À propos de mon travail, j'y relevai cette phrase : « Le livre de Sémelin ouvre toute grande la porte à un réexamen général de notions encore trop dépourvues de statut historique dans l'analyse de cette guerre totale : l'opinion publique, la vie quotidienne, la résignation des masses, le jeu des institutions ou la solidité des cadres sociaux. »

Quelques semaines plus tard, je découvrais dans *Le Nouvel Observateur* un autre article positif du philosophe Pierre Bouretz, sous le titre « Les héros du silence » ; plus tard encore, une recension également favorable de l'historien Henry Rousso dans la revue *Esprit*. Jusque-là, pas de critiques négatives ni de polémiques à l'égard de mon travail. J'étais comblé. Certes, le livre ne serait pas un succès de librairie. Bernard Pivot avait refusé de nous inviter, Kedward et moi, dans sa célèbre émission littéraire télévisée, *Apostrophes*, préférant faire une place à Daniel Cordier, dont le travail était effectivement impressionnant. Mais bon : le plus important pour moi était la reconnaissance universitaire de mon approche de la résistance par ceux dont j'espérais un jour devenir les collègues.

Au labo, Dominique Wolton me dit, pensant déjà à ma prochaine échéance, celle du concours CNRS : « C'est bon pour toi, Jacques. Mais ce n'est pas gagné. Montre-toi : va dans des séminaires et des colloques. Interviens, fais-toi remarquer ; et, en plus, cogne-toi partout ! » Et moi de lui répondre, faussement naïf : « Tu crois vraiment que je dois faire ça ? »

Dominique avait observé depuis longtemps que je cherchais à me faire le plus discret possible, quant à mes yeux. Mais lui, au contraire, m'invitait à signaler ouvertement mon handicap, voire carrément à en jouer, pour l'afficher comme un argument en ma faveur ! Qui avait raison ? Il y avait là deux lignes, deux postures bien différentes, en vue d'un hypothétique recrutement. J'appris qu'elles faisaient débat dans une toute nouvelle association, l'ATHAREP[1], créée précisément pour promouvoir l'intégration des personnes handicapées dans la recherche publique. Pour les uns (les plus nombreux), des procédures spécifiques d'embauche devaient être mises en place pour que les handicapés puissent accéder à un travail, sans quoi ils resteraient toujours sur le carreau. En somme, ils préconisaient déjà ce

1. Créée en 1986, l'ATHAREP s'attache à promouvoir l'insertion de personnes handicapées dans les organismes de recherche, les grands établissements et les universités.

qu'on appelle aujourd'hui des mesures de discrimination positive. Pour les autres, les personnes handicapées devaient suivre les procédures normales de recrutement, moyennant un aménagement des conditions de concours. Tout en comprenant les arguments des premiers, je me trouvais bien plus proche des seconds, d'autant que — c'était plus fort que moi — je ne parvenais pas à me définir comme handicapé.

Le mot *handicap* me mettait mal à l'aise. Il est vrai que je me surprenais parfois à l'utiliser dans la conversation, par pure commodité. Mais je cherchais souvent à l'éviter : il me pesait terriblement, comme si l'on m'avait mis un boulet au pied. D'ailleurs, handicap par rapport à qui ? à quoi ? Chacun n'est-il pas handicapé quelque part ? Il y a simplement des handicaps plus ou moins visibles, plus ou moins « handicapants ». Le mot n'exprime-t-il pas avant tout un jugement normatif, pour se mettre à distance de la différence ? Les questions se bousculaient dans ma tête, mais je n'avais guère le temps d'y réfléchir en profondeur, accaparé que j'étais alors par mes recherches sur la communication internationale. Au moins pressentais-je un phénomène dont je voulais à tout prix me préserver : le handicap suscite souvent chez autrui de la peur ou de la pitié. Or, je n'avais envie de provoquer ni l'une ni l'autre, mais simplement d'être reconnu dans et pour mon travail. Un jour, passant dans une librairie de la FNAC en compagnie d'une amie, celle-ci me fit remarquer que mon livre était sur un présentoir. Quelle joie ! Je me fis cette réflexion : « Si un client vient à feuilleter par hasard ton bouquin, quelle importance qu'il sache ou non que tu n'y vois pas ? L'essentiel est que le sujet du livre l'intéresse... et qu'il se décide à l'acheter ! »

Cette volonté farouche de mettre mon « problème de vue » comme entre parenthèses se heurtait toutefois à d'évidentes limites. Je pense notamment à ces situations sociales et professionnelles de cocktails ou de « pots » auxquels il est souhaitable d'assister de temps en temps, non seulement pour y retrouver collègues et amis, mais aussi pour y faire de nouvelles rencontres. Mais quelle épreuve ! Je me retrouvais pratiquement hors jeu dans un exercice dont les stratégies d'approche sont surtout visuelles.

Un verre de champagne dans une main et un petit-four dans l'autre, vous essayez d'aborder tel ou tel professeur ou chercheur dont vous souhaitez vous faire connaître. Vous devez d'abord vérifier si la personne que vous cherchez est bien là, au milieu du brouhaha d'une centaine d'invités. (Autant dire que j'étais tout à fait à la hauteur de la situation !) Il s'agit ensuite de s'en approcher sans avoir l'air d'être trop intrusif. Si cette personne est déjà en conversation, ce qui est le plus probable, il convient de guetter le moment propice où celle-ci semble sur le point de se terminer. Tout se joue donc dans l'observation discrète de la scène. Si la discussion s'éternise, il faut se résoudre à un coup de force en douceur pour se rapprocher des deux bavards et prendre pied dans la place. Il devient alors possible de s'introduire auprès de votre interlocuteur. Vous accueille-t-il avec le sourire parce que votre venue le libère opportunément de la personne précédente ? Affiche-t-il au contraire un air réservé, sinon renfrogné, parce qu'il ne vous connaît pas ? Une expression sur son visage vous aurait fourni une indication précieuse. Mais, en l'occurrence, vous n'en savez trop rien. Maintenant que vous vous trouvez en face de lui, il s'agit de vous présenter, tout en prenant un air détendu, alors que vous ne l'êtes pas. Après avoir échangé quelques banalités, il faut aller à l'essentiel : vous faire connaître de lui en expliquant sur quoi vous travaillez, ou obtenir une information importante, voire décrocher un rendez-vous. Vous n'avez pas beaucoup de temps, juste quelques minutes, sinon vous risquez d'importuner votre interlocuteur. Car le « jeu » consiste, pour lui et pour vous, à aller ensuite au-devant de quelqu'un d'autre, jusqu'à épuisement des petits-fours et du champagne. D'ailleurs, lui aussi ne vient-il pas d'apercevoir dans la foule le visage d'un ami qu'il voudrait aller saluer ? Vous ne pouvez pas vraiment vous en rendre compte. Mieux vaut mettre bientôt fin de vous-même à la conversation pour lui rendre sa liberté.

Combien de fois me suis-je ainsi retrouvé comme un idiot au milieu des convives, à ne savoir comment m'y prendre ? Je repensais à la situation du dancing, dans ma jeunesse, quand la demi-obscurité m'empêchait de trouver une fille disponible. Il y avait là, pour moi, quelque chose de semblable : n'étais-je pas invité à participer à une sorte de ballet informel, où des dizaines de couples se réunissaient le temps d'une conversation, puis se séparaient pour se reformer avec un ou une autre partenaire ? Et selon la nature du morceau de musique — pardon ! du sujet de discussion —, on voyait se constituer des petits groupes sur la piste. Comme au bal, ces moments de rencontre et de séparation se jouaient principalement dans le regard. Je ne pouvais donc y faire bonne figure.

Au CERI, une personne avait cependant tout compris de ma difficulté : Riva Kastoryano. Nous avions fait connaissance à Harvard et elle était donc au courant de mon problème visuel. Rentrée en France plus tôt que moi, elle avait brillamment réussi le concours du CNRS. Inutile de dire combien j'enviais son parcours. Quand elle me vit un jour arriver au pot du CERI, où elle avait été affectée, Riva me lança : « Dis-moi qui tu veux voir, et je t'emmène auprès de lui. » Comme c'était simple ! Joignant le geste à la parole, Riva me prit par le bras, d'un air déterminé, pour me conduire à la personne en question. Comme je lui en étais reconnaissant ! Sa simplicité directe me facilitait grandement les choses. Elle me servait en quelque sorte de médiatrice, en m'introduisant auprès de tel ou tel. Et mon nouvel interlocuteur ne semblait pas être affecté outre mesure par cette entrée en matière. Mais Riva ne pouvait pas être en permanence à mes côtés, ce qui m'aurait de toute façon embarrassé. De plus, elle avait aussi son petit monde à voir. Aussi me vint-il une idée. Quand la conversation se terminait avec mon partenaire, j'osais lui adresser cette demande : « Vous savez, j'y vois très peu. Cela vous ennuierait-il de me conduire auprès de X ? Cela me faciliterait les choses. » Et je récoltais aussitôt un « Mais bien sûr ! ». En était-il surpris ? Sans doute un peu ; mais gêné, non. Difficile en tout cas de refuser une telle demande. En jouant ainsi de franchise, j'obtenais de chacun ce petit service, qui me permettait de rencontrer les personnes avec lesquelles je souhaitais discuter.

Sans y être à l'aise, je tenais donc à être présent de temps à autre à ce type d'évènement. Bien m'en a pris ! Un jour de cet automne 1989, tandis que les manifestations en Europe de l'Est continuaient de s'étendre, je me rendis à l'Institut français des relations internationales (IFRI) pour le lancement de *Ramsès 89*, le rapport annuel que cet institut publie sur l'évolution de la situation mondiale. J'avais une bonne raison de m'y rendre : le rapport contenait un petit article qu'on m'avait demandé, sur le rôle des médias dans l'ouverture des pays communistes. Au milieu de la foule des invités, je fus abordé par Jean-Marie Guéhenno, récemment nommé à la direction du Centre d'analyse et de prévisions (CAP) du ministère des Affaires étrangères. Quelle surprise ! Alors que je m'efforçais d'aller vers les autres, c'était pour une fois quelqu'un qui venait vers moi. Il me dit avoir lu l'article du *Monde* rendant compte de mes travaux sur les médias. Désormais à la tête du CAP, il comptait bien engager de nouvelles études destinées, en principe, à aider à la décision du ministre. Il venait me demander si cela m'intéresserait d'en conduire une sur l'évolution de la politique audiovisuelle française vers l'Est, compte tenu des changements en cours. Et comment donc, oui, cela m'intéressait ! C'était même pour moi une aubaine. J'acceptai aussitôt son offre, d'autant qu'il était prêt à me fournir quelques moyens pour aller sonder les responsables des principales radios occidentales émettant vers les pays communistes. Je comptais aussi me rendre en Pologne pour y enquêter sur l'évolution interne des médias : un pays-test, car venait de s'y constituer, sous l'égide de Tadeusz Mazowiecki, le premier gouvernement non communiste depuis 1945.

Pour cette enquête de terrain en Pologne, je comptais recruter sur place un guide qui m'aiderait dans mes déplacements et pour la traduction lorsque mes interlocuteurs ne parleraient pas anglais. Quand ils se rendent en mission à l'étranger, journalistes et chercheurs peuvent aussi recourir aux services de traducteurs locaux. Dans mon cas, ce traducteur me servirait aussi de guide, ce qui permettrait de « résoudre » mon problème visuel. Pour mes missions en Angleterre ou aux États-Unis, pays dont la langue m'était familière, j'avais décidé, sauf exception, de m'en passer.

Au cours de l'hiver et du printemps 1990, je me rendis successivement à Varsovie, Londres, Cologne, Washington et New York[1]. Un jour que, de retour à Paris, je prenais un café avec Daniel Dayan au laboratoire « Communication et politique », celui-ci me dit : « Jacques, tu nous surprends : tu voyages bien plus que nous en ce moment. » Peut-être y avait-il dans sa voix un peu d'admiration, mais j'entendis sa remarque comme la formulation d'un constat. C'était vrai, je me déplaçais beaucoup à l'étranger dans cette période. Et je me dis : « Tiens, c'est plutôt bon pour ta candidature au CNRS, puisque tu fais ainsi la démonstration que tu peux voyager et faire des missions de terrain. »

Justement, la nouvelle échéance du concours approchait. C'était pour moi le rendez-vous de la dernière chance. Après cette ultime tentative, il ne me serait plus possible de me présenter. Or, cette année-là, il n'y avait que deux postes de chargé de recherche en science politique ouverts au concours : une misère[2]. La compétition allait donc être, une fois encore, très relevée. J'apportai un soin méticuleux

---

1. Mes missions consistaient à rencontrer des responsables de la BBC à Londres ; de la *Deutsche Welle* à Cologne ; de *Voice of America* et *Radio Free Europe à* Washington et New York.

2. À ces deux postes, ouverts aux projets de recherche les plus pertinents sur n'importe quel sujet, s'ajoutait un troisième dit, dans le jargon du concours, « poste fléché » — c'est-à-dire préalablement défini sur un thème précis —, pour lequel je ne pouvais concourir.

à bien ficeler mon projet de recherche, enrichi des données les plus récentes. Or, plus l'échéance fatidique de l'audition approchait, plus je me mettais à douter. J'y étais pourtant entraîné depuis deux ans. Je savais que j'avais au total vingt minutes pour convaincre : dix pour présenter mon projet et dix pour répondre aux questions. Mais sur quoi devais-je insister au début ? Je ne le savais plus vraiment. Au labo, Daniel Dayan et Isabelle Veyrat-Masson eurent la bonne idée de me faire jouer à l'avance mon rôle de candidat : ils se mirent dans la peau de deux membres du jury pour juger de la pertinence de mes arguments, tout en surveillant, montre en main, que je ne dépassais pas les dix minutes imparties. Heureusement qu'ils me firent faire cet exercice, car ma prestation devant eux ne fut pas brillante, n'allant pas suffisamment à l'essentiel, ne valorisant pas bien mes idées, etc. Je dus réfléchir à une autre manière de présenter mon affaire.

Le jour J, j'étais bien mieux préparé dans ma tête. Évitant de recourir à ma canne en pénétrant dans la salle, j'eus quelque peine à trouver la chaise prévue pour le candidat. De sa place, l'un des membres du jury me lança aussitôt, pour m'aider à la repérer : « Plus à droite ! » Ce simple petit détail aurait pu me déstabiliser, mais je ne me démontai pas et entrai tout de suite dans le vif du sujet. Cette fois-ci, j'avais un argument très fort à l'appui de ma candidature : l'Histoire avec un grand H. Les évènements de 1989 étaient en effet passés par là, les médias y avaient tenu une place importante, et le mur de Berlin n'existait plus. Je pouvais donc revenir vers la commission en affirmant : « Permettez-moi de vous faire observer que, l'année dernière, mon projet de recherche portait déjà sur le rôle de la communication dans les changements en cours à l'Est. L'Histoire est venue prouver la pertinence de cette hypothèse. C'est pourquoi je n'ai pas jugé nécessaire de transformer fondamentalement mes précédents axes de travail, mais plutôt de les adapter à la nouvelle situation historique. » D'emblée, j'affirmais la force et la solidité de mon projet qui avait pu « tenir » face à des évènements si peu prévisibles. Je développai quelques points précis : méthodologie, programmation de mes travaux.

Au cours de cette présentation, il me sembla nécessaire de faire une allusion explicite à mes yeux. J'avais eu cette idée presque à la dernière minute, car j'avais esquivé cette question lors de mes deux précédentes candidatures. Maintenant, elle me paraissait incontournable. J'étais d'ailleurs presque certain qu'au moins deux des membres du jury, juste devant moi, étaient au courant. Ma « réputation » à cet égard commençait à se répandre dans le milieu. Et pour ceux qui n'en étaient pas encore informés, mon entrée dans la pièce avait dû paraître bizarre. Mieux valait que je prenne les devants en jouant cartes sur table. Aussi ajoutai-je en passant, sans m'appesantir :

« Du fait de mes difficultés visuelles importantes, je tiens à préciser que je travaille d'ores et déjà avec un équipement spécialisé, qui me permet de les surmonter. Je me tiens à votre disposition pour en parler plus en détail. »

Puis je revins à mon sujet de recherche, autant pour exposer ce que j'avais déjà accompli que ce que je comptais entreprendre, si la commission décidait de m'accorder sa confiance.

Ma présentation visait à mettre en valeur deux arguments qui, je l'espérais, étaient de nature à lever leurs éventuelles résistances quant à ma vue. Le premier s'inspirait de la leçon que j'avais apprise aux États-Unis : pour dissiper l'angoisse que pouvait susciter mon « problème », il fallait le présenter sous un angle fonctionnel, en soulignant l'existence de solutions techniques pour y remédier. Le second administrait la preuve de ce que je venais d'affirmer, en me fondant sur l'expérience acquise au cours de mes deux années passées dans le laboratoire « Communication et politique ». Mon insertion dans cette équipe, et les résultats que je pouvais légitimement faire valoir devaient plaider en ma faveur. En somme, j'envoyais au jury le message suivant : « Vous doutez de mes capacités ? C'est normal. Mais, s'il vous plaît, prenez en compte ce que j'ai déjà réalisé. Observez que je voyage, que je fais des missions de terrain, que je suis invité dans des colloques internationaux, que je travaille actuellement à un rapport pour le Quai-d'Orsay, que je viens de publier plusieurs articles et même un nouveau livre. Bref, constatez-le par vous-mêmes : je fais déjà le métier de chercheur » — sous-entendu : « Vous n'avez plus… qu'à me recruter. » Vint le temps des questions. J'y répondis, je crois, avec une certaine aisance. Aucune ne portait sur mes yeux. Le président du jury me fit comprendre que je pouvais me retirer. Je retrouvai aisément la porte. C'était fini.

Nous étions en mai 1990. J'avais donné le maximum de moi-même, et les dés étaient définitivement jetés. Quelques jours auparavant, Lydie m'avait annoncé une bonne nouvelle : elle était à nouveau enceinte. Marie allait donc avoir bientôt un petit frère ou une petite sœur. La naissance de notre premier enfant avait coïncidé avec l'achèvement de ma thèse et le départ à Harvard. Pourvu que l'arrivée prochaine du second coïncide avec mon recrutement au CNRS ! Ce serait un scénario formidable, auquel je n'osais encore croire. Je n'eus pas bien longtemps à attendre. Un soir, vers 20 heures, le téléphone sonna : c'était la voix de Pierre Grémion. Je savais qu'il était membre de la section et ce coup de fil était tout à fait inhabituel. Il tenait à m'annoncer personnellement la nouvelle :

« Vous avez été classé second derrière Jean-François Legrain, qui travaille sur les Palestiniens. En principe, donc, vous êtes recruté. Cependant, il faut encore que le classement de la section soit confirmé par la direction des Sciences de l'homme et de la société, puis par le comité national du CNRS. Vous ne serez donc fixé que début juillet. »

Pierre Grémion parlait encore au conditionnel de mon succès. Il mettait tellement de *si* que, ce soir-là, je ne parvins pas à me réjouir. Tout se passa pourtant au mieux : le classement fut ratifié par les instances nationales. Dans le même temps, la grossesse de Lydie se déroulait sans problème. C'est vers 1983 que j'avais commencé à envisager vaguement de devenir un jour universitaire ou chercheur. Il m'avait donc fallu sept longues années pour y parvenir. Et si j'avais finalement gagné, c'était aussi parce que les Allemands de l'Est, les Polonais et les Tchèques avaient fait leurs « télérévolutions ». Je leur devrais bien un jour un livre...

Rien à voir entre ce combat pour ma reconnaissance intellectuelle et la naissance de Maud — puisque nous apprîmes bientôt que ce serait une fille. Il n'empêche : je vivais sa venue prochaine comme une superbe récompense, qui allait consacrer la réussite de ce parcours. Une chose me chagrinait cependant : je devais participer à une conférence à Moscou dont les dates étaient proches de celle prévue pour sa naissance. Il m'était difficile d'échapper à cette rencontre internationale, et je m'inquiétais de ne pouvoir revenir à temps pour l'accouchement. Mais la mère et le bébé attendirent le papa. Deux jours après mon retour à Paris, Maud venait au monde, au matin du 24 décembre. Un beau cadeau de Noël ! Quand Maud poussa son premier cri, j'eus l'impression qu'elle me disait : « Coucou, Papa, me voilà. Tu as bien travaillé ! » J'en versais quelques larmes de bonheur, gardant cependant au fond de mon cœur une infinie tristesse : Maud n'était pour moi qu'un cri, certes un cri de vie, mais non un visage. J'aurais tout donné pour contempler cette petite bouille, même encore fripée. Heureusement que la sage-femme me la mit bientôt dans les bras pour que j'en ressente toute la chaleur et la fragilité. Un peu plus tard, je me fis cette réflexion : quelle étrange coïncidence ! Marie était née en juin, à la veille de l'été, et Maud naissait en décembre, la veille de Noël... Bravo les filles, vous allez vous compléter dans la vie !

La naissance de Maud fut un vrai moment de bonheur et de sérénité. Et pourtant, j'aurais eu de quoi plonger à nouveau dans une forme de détresse car l'évolution de mes yeux restait, elle, totalement insensible à ces évènements heureux. En effet, durant l'année 1991, je perdis complètement prise avec le monde des signes et des lettres. Sur le petit écran de mon ordinateur, les phrases étaient devenues de plus en plus floues. Quant à mon télé-agrandisseur, il ne me servait plus à rien : il fallait songer à m'en séparer et, si possible, à le revendre. Ainsi avais-je définitivement rejoint l'univers des sons et du toucher. Certes, c'était déjà le cas pour la lecture depuis au moins quatre ans. Mais non pour l'écriture, puisque j'avais pu rédiger « avec mes yeux » *Sans armes face à Hitler* et bien d'autres textes au cours de cette même période. Désormais, la rédaction de mes textes devrait passer, elle aussi, par le canal du vocal. Difficile d'imaginer de descendre encore plus bas. J'aurais donc eu de quoi me morfondre et me désespérer à nouveau de mon sort. Eh bien non ! Cela devait arriver un jour, et je m'y étais préparé. Comment d'ailleurs pouvais-je baisser les bras, ayant maintenant la responsabilité de deux enfants ?

Dans mon malheur, j'eus cependant de la chance. Au moment même où je perdais tout contact avec le visuel, apparaissait en France la première synthèse vocale adaptée au traitement de texte. D'autres prototypes étaient en expérimentation. Mais, au début des années 1990, c'est la synthèse *Sonolect*, distribuée par le club Micro Son, qui s'imposait sur le marché. Ce produit résultait de la coopération féconde entre Philippe Léon, un ingénieur d'IBM, Alain Rousso, un ingénieur du CNRS, et Michel Jaquin, vice-président de l'Association Valentin-Haüy. Cette synergie entre acteurs de la recherche privée et publique, en partenariat avec le secteur associatif concerné, avait permis d'aboutir à cette réalisation remarquable. Car *Sonolect* s'avérait un outil de travail performant, même si la voix synthétique était peu agréable. Pour qui l'entendait la première fois, elle paraissait un peu trop métallique. Mais, avec l'habitude, l'utilisateur forcené que j'en devins n'y fait même plus attention. Le principe de *Sonolect* ne consiste pas à *parler* à son ordinateur, comme on le croit trop souvent. On tape tout simplement son texte sur un clavier des plus ordinaires, et la synthèse vocale prononce en écho les lettres, les mots ou les phrases qui viennent s'inscrire sur l'écran. Comme je connaissais par cœur la disposition des touches de mon clavier, le passage à cette technologie vocale se fit en douceur.

À la même époque, un agent du CNRS, Raymond Tissier, au service social de la direction des Ressources humaines, se battait pour poser ouvertement la question du handicap, encore largement taboue, au sein de cet organisme. Véritable pionnier en la matière, il eut notamment l'idée de monter, en 1992, une session de formation informatique pour les chercheurs déficients visuels. Bien que me servant déjà de *Sonolect*, je voulus m'y rendre, tout autant pour y bénéficier de conseils spécialisés quant à son utilisation que pour rencontrer les autres collègues partageant ma condition. C'était une première dans l'histoire du CNRS : il se montrait sur ce point bien plus en avance que l'université. Je garde un souvenir ému de cette session où nous nous retrouvâmes à une petite dizaine, presque retirés du monde, à Garchy, en Bourgogne. Pendant des années, je m'étais battu en solitaire, sans avoir aucun contact avec des « intellos miros » avec qui j'aurais pu échanger expériences et conseils. J'étais donc impatient de savoir qui j'allais y découvrir. Il y avait là notamment le sociologue Terry Scheen, d'origine américaine, toujours accompagné de son chien-guide, le chimiste Jean-René Hamon, l'anthropologue Margarita Xanthakou, d'origine grecque. Chacun transportait avec lui son histoire et sa douleur, le plus souvent avec pudeur. Quelques-uns cependant semblaient encore hurler la perte de leurs yeux, comme des écorchés vifs. Tous étaient animés par la rage de vaincre et de réussir dans leur métier.

Au sein du groupe, une personnalité me frappa plus particulièrement : la linguiste Françoise Madray Lesigne. Sa voix, bien timbrée, respirait la clarté et surtout une volonté farouche. J'eus tout de suite l'intuition que j'étais devant une battante. Mais pas au point que je pouvais l'imaginer. Françoise, aveugle de naissance, avait eu un parcours exceptionnel qui me laissa pantois d'admiration. Elle m'apprit en effet qu'elle avait réussi à entrer à l'École normale supérieure et que, de surcroît, elle était agrégée de lettres. C'est peu dire que j'en restai stupéfait. Subitement, plus rien ne comptait autour de moi : je voulais tout savoir de son histoire. Je la pressai de m'en dire davantage. Toute sa vie, m'expliqua-t-elle d'abord, elle s'était battue pour passer les mêmes examens que tout le monde, du BEPC à l'agrégation, sans être désavantagée par son handicap :

« Mon histoire se résume à une bataille juridique homérique, déjà pour avoir simplement le droit de concourir, me répondit-elle. (Elle avait prononcé le mot *droit* avec une grande fermeté, presque avec la dureté de l'acier.) Car il me fallait nécessairement un secrétaire au moment des examens écrits. »

Françoise se lança alors dans une brève explication historique. Elle m'apprit que le gouvernement de Vichy avait interdit par décret la fonction publique aux aveugles, alors qu'on avait connu avant guerre le cas de Pierre Villey, premier agrégé de lettres non-voyant. Heureusement, ce texte avait été abrogé en 1947 par l'Assemblée nationale. En principe, il n'était plus interdit à un aveugle de se présenter à un concours de la fonction publique. Mais, afin que l'abrogation du texte de Vichy prenne effet, il fallait un décret d'administration publique qui ne vit jamais le jour.

On était donc toujours dans ce vide juridique quand Françoise, élève de khâgne, particulièrement brillante, au lycée Fénelon, se présenta en 1957 au concours de l'École normale. En arrivant dans la salle d'examen, elle essuya un refus de la part de la surveillante, qui lui annonça que rien n'avait été prévu pour elle. Au bout d'un quart d'heure d'âpres discussions, alors que l'épreuve avait déjà commencé, le président du jury fit son apparition et, finalement, consentit à sa présence. Cela valait la peine de se battre : Françoise fut reçue seconde à Normal Sup et première à l'écrit. Elle triomphait !

Mais elle n'était pourtant pas au bout de ses peines. Car, sur la feuille des résultats, on avait apposé une petite étoile près de son nom : elle était priée de se présenter à la visite médicale. Françoise s'y rendit très inquiète. Peut-être allait-on lui trouver quelque chose de grave aux poumons ? Car « cela ne pouvait pas être pour les yeux, n'est-ce pas ? avait-elle demandé perfidement en arrivant. Vous m'avez donné l'autorisation de passer le concours. Cela signifie donc que vous m'avez aussi donné l'autorisation de le réussir. »

Elle dut alors attendre plus d'une heure, une éternité, pour finalement s'entendre dire que... on l'avait convoquée par erreur ! L'administration capitulait.

« Et pour l'agrégation, m'empressai-je encore de lui demander, ne t'es-tu pas aussi heurtée à un barrage ?

— Là aussi, j'ai dû obtenir l'autorisation de concourir. (Françoise s'en souvenait comme si c'était hier.) On m'a convoquée devant une commission de l'Éducation nationale composée de quinze messieurs, principalement des inspecteurs généraux. Quand je suis entrée dans la salle, ils étaient déjà tous assis autour d'une table ovale. Pour rejoindre la place qui m'avait été désignée, on me prévint que je devais faire le tour de cette table. Je suis certaine qu'ils l'avaient fait exprès, pour avoir le temps d'observer comment j'allais me déplacer devant eux. Je dus ainsi essuyer quinze paires d'yeux avant de trouver mon siège. On se mit alors à m'interroger pour savoir comment j'allais m'y prendre pour enseigner. Celui qui me posait le plus de questions s'avéra être un médecin. Après plus d'une demi-heure de cet interrogatoire incessant, n'y tenant plus, je lui lançai avec, je l'avoue, quelque impertinence : "Est-ce que je vous demande comment vous allez ausculter vos patients ?" Un ange est alors passé dans l'assistance... Et j'ajoutai que, si j'avais choisi d'exercer ce métier, c'est que je m'en sentais parfaitement capable. Personne n'osa plus y redire.

— On m'a pourtant dit, lui fis-je remarquer, que je ne pourrais jamais passer l'agrégation et que, même si je réussissais le concours, on me refuserait lors de la visite médicale.

— Mais c'est faux ! s'exclama Françoise. Sous de Gaulle, en 1959, un décret du ministre André Boulloche a autorisé des candidats aveugles à concourir. Seules quelques matières étaient concernées : la philosophie, les lettres, les langues et la musique. Mais c'était déjà une première ouverture [1]. »

1. Décret n° 59-884 du 20 juillet 1959, ouvrant accès à l'emploi de professeurs de l'enseignement public aux candidats aveugles ou grands infirmes (paru au *Journal officiel* du 25 juillet 1959). Ce décret a été accompagné de deux arrêtés : le premier détermine les disciplines

J'en restai abasourdi.

« Et, ajouta-t-elle, c'est mon propre cas qui a permis d'aboutir à ce changement et d'obtenir que les professeurs non-voyants soient aidés "en tant que de besoin", comme le précise l'article 7 de ce décret, ne serait-ce que pour la correction des copies. »

Comme je m'étonnais que son histoire personnelle ait pu faire ainsi évoluer la législation, elle m'avoua :

« Dans tous ces combats, j'ai été aidée par une femme extraordinaire, ma propre mère, Simone Gardès. C'est elle qui m'a communiqué la force de me battre, dès le biberon, si j'ose dire. Elle m'a fait comprendre qu'il n'y avait aucune raison que je n'accède pas à la même vie que tout un chacun, qu'il n'y avait aucune raison que je ne réalise pas mon désir de devenir professeur, si tel était bien mon projet. Mais je dois ajouter que je descends d'une famille de juristes et que ma mère elle-même était une avocate fort connue. Or celle-ci a mis toute son énergie, toutes ses compétences juridiques pour lever les barrières administratives qui se dressaient régulièrement devant moi. Je ne serais jamais parvenue à mes fins sans son précieux soutien. »

Moi, je n'avais bénéficié de rien de tel. Mes parents étaient d'un milieu trop modeste pour me conseiller quoi que ce soit. Le parcours de Françoise avait suivi une ligne droite, brillante, presque parfaite. Le mien avait été au contraire hésitant, sinueux, incertain. Après le bac, j'avais dérivé comme un bouchon sur la mer, ne sachant quelle

---

concernées par les concours et le second organise la Commission chargée d'évaluer la capacité des candidats à assurer l'enseignement des disciplines visées.

direction prendre. Je fus soudainement saisi par un accès de rage intérieure. Comment avais-je pu construire ma vie sur du faux ? Car, vingt ans auparavant, on m'avait induit en erreur ! On m'avait raconté des histoires. Pourquoi la dame de l'INOP n'était-elle pas au courant de ce décret ? C'était bien son métier, non ? Et pourquoi le docteur Blanchot m'avait-elle dissuadé de préparer l'agrégation ? Si j'avais su que cette voie m'était ouverte, peut-être l'aurais-je tentée ? ou peut-être pas. Mais je n'en avais pas été informé, et cela avait pesé sur mes choix, ou plutôt sur mes non-choix. En somme, durant vingt ans, je m'étais battu en voyant dressée devant moi une barrière qui, en fait, n'existait pas ! Il s'agissait d'un mur imaginaire qui s'était écroulé en un instant, sous les propos de Françoise. Quel choc ! Certes, je devais me garder de toute naïveté : ce mur existait bel et bien, tant sont puissants les préjugés et les peurs contre les aveugles. Mais ce mur n'était pas infranchissable : il comportait une porte étroite, que je n'avais pas su découvrir. Et d'ailleurs, pourquoi n'avais-je pas repéré moi-même ce passage ? Il n'était pas secret, puisque c'était la loi ! Il aurait fallu que j'aille chercher l'information en me rapprochant de ce monde des aveugles que je voulais fuir par-dessus tout. J'étais resté dans l'ignorance. L'amertume me montait à la gorge.

Mais n'était-il pas ridicule de vouloir ainsi refaire le passé ? Cela ne menait vraiment à rien, et je commençai à me ressaisir. En dépit de nos histoires différentes, Françoise et moi nous retrouvions dans cette même session du CNRS, où nous étions ravis de faire connaissance. Je l'écoutais d'une oreille un peu plus distraite. « À quoi bon regretter quoi que ce soit ? me disais-je en mon for intérieur. Tu as finalement réussi à te frayer un chemin, à te donner un cap. » D'ailleurs, un point fondamental rapprochait nos itinéraires respectifs : chacun dans notre catégorie — elle comme aveugle de naissance, moi comme perdant la vue —, nous nous étions battus pour nous faire reconnaître socialement et professionnellement, sur la base de nos compétences.

Nous discutions ainsi depuis un moment dans le couloir, juste à côté de la salle des ordinateurs. Je me surpris à fermer les yeux. J'entendais toujours la voix de Françoise, en sourdine, comme en décor. Quelqu'un se mit à rire près de nous. Aussitôt le goût amer du regret s'évanouit de ma bouche. J'entendis aussi la voix métallique de *Sonolect*, désormais compagne de mon infortune tout autant que de ma survie. Et encore quelques murmures… Puis à nouveau la voix de Françoise, un peu plus chantante, cette fois-ci : elle laissait percer un léger accent du Midi, que je n'avais pas encore remarqué. Il n'y avait pas davantage de regrets dans son expression : que du courage, que de la ténacité, que de la fierté. Elle aussi avait résisté, elle aussi avait gagné. Voilà tout. Finalement, la vie était bien belle.

CHAPITRE 8

Derrière le rideau gris

DÉSORMAIS, je vous écris depuis les murs invisibles de ma prison. Me voici en effet confiné dans une sorte de cellule aux parois opaques qui m'enveloppent de toutes parts, où que je pose mon regard. Cette prison est certes spéciale : point besoin de gardien, puisque ses murs me suivent jour et nuit. Je les porte avec moi, comme une épaisse enveloppe. Pas moyen de m'en échapper : où que je sois, ils me collent à la peau, comme la coquille sur le dos d'un escargot. Comme si l'on m'y avait enfoui la tête, me permettant d'entrevoir encore un faible halo de lumière.

Le comble est que je suis seul à en percevoir les parois invisibles… en ne voyant pas. Imaginez par exemple que vous me remarquiez, attablé à la terrasse d'un café, en grande conversation avec un ami. La scène vous semblera on ne peut plus banale. Au premier abord, vous n'observerez rien de mon état. Entre lui et moi, sachez pourtant que se dresse de mon côté une muraille imperceptible aux yeux du passant. Quelle surprenante constatation, à bien y réfléchir ! Vous qui nous regardez, tout autant que mon ami et moi-même, nous faisons bien partie du même monde, n'est-ce pas ? Nous respirons le même air, profitons du même soleil. Mais moi, je sais bien qu'une barrière me sépare de mon ami, tandis que je suis tranquillement assis à quelques centimètres de lui. J'ai en effet la sensation étrange d'être ailleurs, dans un autre univers, confiné dans une bulle hermétique, de laquelle je ne peux communiquer avec lui que par la magie de la voix.

Est-ce que j'exagère ? Il est vrai que je ne suis pas incarcéré, que ma situation est plus enviable que celle d'un détenu croupissant dans une cellule de Fresnes ou des Baumettes. Il est vrai aussi que je suis pleinement libre de mes mouvements ; encore que, si j'omettais de prendre ma canne, en me levant pour prendre congé de mon ami, je n'irais pas bien loin… Telle est ma condition : être à la fois libre et ligoté par la camisole de ma grisaille. Comprenez-vous ? Où que j'aille, je me sens « encapsulé » dans mon brouillard, « encellulé » à jamais derrière les barreaux de mes yeux. Et il n'y a même pas de lucarne par laquelle je pourrais savoir la couleur du ciel.

Ayant donc rejoint cette cellule « portative », si je puis qualifier ainsi ce non-lieu de mon enfermement, j'ai éprouvé l'irrésistible besoin d'écrire sur moi. On dit que c'est dans l'air du temps. Dans mon cas, ce fut une nécessité, pour tenter de comprendre ce qui m'était arrivé et ce que j'étais désormais acculé à vivre. Ce besoin d'une écriture auto-analytique s'est affirmé, une fois que le rideau fut tombé, que le destin promis à mes 16 ans s'est accompli.

Le 28 avril 1993, à l'âge de 42 ans, j'ai donc décidé de commencer à écrire un « journal ». Je voulais pourtant attendre encore. Jusque-là, en effet, je n'avais rien consigné sur l'expérience de ma progressive cécité, si ce n'est quelques pages, vers mes 20-25 ans, quand tout était en train de se jouer (pages que j'ai d'ailleurs perdues). Ce n'était pourtant pas le désir qui m'en manquait. Mais je ne voulais pas, je ne pouvais pas écrire sur moi. Il fallait que je consacre l'essentiel de mon énergie à me battre contre ce traumatisme lancinant. J'aime pourtant écrire, sans pour autant me prendre pour un écrivain. Mais, jusque-là, j'avais voulu dédier mon écriture à un seul but : parvenir, en rédigeant articles et livres, à être le chercheur en sciences politiques que je suis effectivement devenu.

Écrire sur mon envahissante perte de vue, il n'en était pas question. Plus exactement, j'envisageais ce projet pour plus tard, beaucoup plus tard, une fois que mon activité professionnelle serait derrière moi, lorsque j'aurais pris en quelque sorte de la hauteur, de la distance ; un peu comme cet alpiniste qui, après une ascension difficile, contemple du haut de la cime le chemin parcouru.

J'ai cependant perdu cet état d'esprit, parce qu'il n'y a pas de cime : on peut toujours monter plus haut, peut-être aussi descendre plus bas. J'ai craint également de perdre la mémoire de ces petits détails du quotidien qui révèlent la profondeur des êtres. Il me fallait donc rassembler mes souvenirs, mes émotions, mes réflexions sur ce que j'avais toujours repoussé. Il est vrai que je ressentais depuis peu une maturité nouvelle, qui me permettait enfin d'écrire sur ma blessure ; comme si cette histoire était déjà derrière moi, alors que, bien entendu, elle est au cœur de ma vie.

~

Je présente ici quelques-unes de ces notes, remontant pour l'essentiel aux années 1990, qui attestent de ma nouvelle condition, de ma manière de « voir autrement ». J'ai retenu surtout des anecdotes de ma vie quotidienne, propres à certaines situations (par exemple, dans la rue) ou à certaines relations (par exemple, avec mes filles). J'ai tenté aussi parfois de décrire l'évolution de mes émotions et de mes pensées.

Avril 1993

Un jour d'avril 1993, Marie, tu avais 7 ans et tu m'as dit : « Je n'ai pas de chance d'avoir un papa qui ne voit pas. » Ce jour-là, il faisait très beau ; j'étais allé te chercher à ton cours de danse et, sur le chemin du retour, je venais de me cogner contre un poteau. C'était la première fois que tu me parlais ainsi. Sur l'instant, je n'ai pas su quoi te répondre. Les mots me manquaient. Je voulais qu'ils soient justes et j'improvisais dans ma tête des répliques que je trouvais stupides. Alors je n'ai rien dit. Et cela me semblait mieux ainsi. Je me suis consolé en me convaincant que, puisque tu avais pu me dire cela, le sujet n'était pas tabou entre nous. Car tu m'avais lancé cette petite phrase avec naturel. Je n'y percevais pas de la souffrance, mais un constat : cela créait quelques difficultés de ne pas avoir un papa *normal*. Et comment te le reprocher puisque ce constat, je le porte moi-même dans ma propre chair ?

Chose étrange : quelques semaines plus tard, alors que tu faisais des progrès en saut à la corde, comptant — comme toutes les petites filles du monde — le nombre de fois que tu parvenais à faire passer la corde sous tes pieds, tu me lanças : « Papa, regarde ! »

Ce verbe *regarder*, venais-tu de l'employer de façon conventionnelle, dans un sens presque abstrait ? ou bien était-ce pour toi une manière de t'inventer un papa qui voit ? Toujours est-il que j'ai suivi ton désir et que je t'ai regardée. Je n'avais pas alors l'impression de faire semblant de voir, comme autrefois, comme avant ta naissance. Tu savais que je te voyais à peine, sautillant avec ta corde d'un pied sur l'autre. Et j'avais bien conscience que tu en avais conscience. Non, il n'y avait pas de faux-semblant dans ce moment-là, mais un profond sentiment de communion entre un père et sa fille.

Quant à toi, Maud, du haut de tes 2 ans et demi, combien de fois m'as-tu dit en brandissant vers moi l'un de tes petits livres : « Papa, on lit ! »

Subtile élégance de ta demande, qui revient à me ménager ; car tu ne dis pas : « Papa, *tu* lis ! » Non, tu veux que nous lisions ensemble. Pour bien me le faire comprendre, tu t'installes avec détermination sur mes genoux.

« Mais, Maud, je t'ai déjà dit que je ne vois presque pas. »

Et toi de reprendre : « Papa, on lit ! »

Comment dois-je le comprendre ? Tu me demandes qu'on lise ensemble, alors que tu ne le peux pas encore et que je ne le peux plus. Mais je ne veux pas faire semblant. C'est donc toi qui tournes les pages et qui dis, en montrant de ton petit doigt : « Un bébé, un bateau, un chien… »

~

CHAPITRE 8

Mai 1993

Petit manuel de communication avec les vivants de l'autre monde :

1. Partir du principe que la cécité peut susciter de l'angoisse chez celui qui voit.

2. Supposer, donc, que toute personne venant à ma rencontre qui ne me connaît pas et découvre mon état peut en ressentir de l'embarras, sinon une forme d'anxiété.

3. En conséquence : tenter de mettre mon interlocuteur le plus à l'aise possible en ma compagnie.

4. Dans ce but, blaguer, à l'occasion, de mon handicap : l'humour est le meilleur antidote contre l'angoisse.

5. Ranger la canne quand elle n'est plus nécessaire, afin de faire disparaître la marque du stigmate.

6. Ne jamais jouer de mon état pour obtenir un quelconque privilège ; mais accepter un petit coup de main si nécessaire.

7. Éviter tout ton plaintif ou agressif susceptible de parasiter la rencontre.

8. Accepter de parler de mes yeux avec mon interlocuteur, s'il m'interroge sur ce point, pour lui montrer qu'il ne s'agit pas d'un sujet tabou.

9. En venir cependant au plus vite à l'essentiel : l'objet de notre rencontre, afin de lui faire comprendre que ce problème visuel est secondaire.

10. Enfin, communiquer *normalement* avec mon interlocuteur.

~

10 juillet 1993

J'entre dans un restaurant pour déjeuner avec ma femme. Je me heurte bêtement à l'une des tables. La serveuse, qui nous a vus entrer, comprend aussitôt ma situation. Quand nous sommes attablés, elle apporte la carte du menu, qu'elle ne donne qu'à Lydie. Quelques minutes plus tard, elle revient prendre notre commande, ne s'adressant toujours qu'à celle-ci. Après avoir pris note des plats, elle l'interroge :

« Est-ce que Monsieur prendra du vin ? »

Et ma femme de répondre :

« Mais Monsieur sait parler ! »

Autre anecdote du même style. Je prends de temps en temps le bus 62. Ce jour-là, il est bondé, comme très souvent. J'y pénètre malgré tout. Chacun a pu voir ma canne. Un monsieur, assis non loin de moi, me dit gentiment :

« Voulez-vous ma place ? »

Et moi de répliquer :

« Merci bien, mais j'ai encore de très bonnes jambes ! »

Je le sens affreusement vexé et je m'en veux aussitôt de lui avoir répondu ainsi. Autour de nous, tout le monde a pu entendre sa proposition et mon refus. Il est vrai que son offre m'avait irrité, car je n'avais aucune envie d'être considéré comme une personne âgée ou une femme enceinte. J'avais voulu le lui faire comprendre avec un mot d'humour, mais il ne semble pas que cet humour ait été perçu…

Quelques semaines plus tard, je lis *Stigmate* d'Erving Goffman[1], dont m'a parlé Daniel Dayan. Je ne savais pas que ce sociologue américain était de petite taille. Sa réflexion sur les usages sociaux des handicaps m'aide à comprendre bien des choses. Goffman montre en effet qu'on a tendance à attribuer d'autres infirmités à tout porteur de ce qu'il appelle un « stigmate ». Charmant !

C'est pourtant bien ce qui m'est arrivé. La serveuse s'est aperçue que je n'y voyais pas et elle a supposé, en plus, que j'étais muet. De même, le passager du bus a supposé que l'état de mes yeux avait des conséquences sur mes jambes. Après coup, ma réponse à son offre m'est apparue agressive et inutile. Jamais plus je ne réagirai ainsi en pareilles circonstances.

~

9 septembre 1993

L'angoisse est partie. Je le sais bien maintenant. Cette angoisse qui me rongeait depuis au moins vingt ans s'est quasiment dissoute. Pas seulement parce que j'ai enfin réussi à gagner un emploi stable, mais aussi parce que mes yeux ont atteint pour ainsi dire leur plancher. Donc, plus de souci à me faire de ce côté-là : je ne peux guère tomber plus bas. J'ai l'impression que la question de ma vue est maintenant derrière moi.

Du coup, cette énergie qui m'a permis de tenir durant toutes ces années, que vais-je en faire ? Il me semble qu'il

1. Erving Goffman, *Stigmate. Les usages sociaux des handicaps*, Paris, Minuit, 1976.

m'en reste encore un peu. Conséquence immédiate, étrange : j'ai retrouvé mon corps ! Comme si je l'avais « oublié » durant ces années de lutte, cherchant à ne faire fonctionner que mon cerveau. Depuis quelque temps, je me suis mis à faire du sport pour éprouver de nouvelles sensations. Ma lecture du livre de Jane Hervé a été un révélateur[1]. Elle y propose un regard « positif » sur les aveugles, montrant, exemples à l'appui, comment certains se réalisent dans différents domaines d'activités, dont le sport, y compris de compétition. Je n'ai aucune prétention à cet égard ; mais au moins ai-je envie de me remettre à « bouger » !

Je suis cloué avec ma canne sur les trottoirs de Paris. Pourquoi ne pas ressentir la sensation de la vitesse sur une piste de ski ? Et pourquoi ne pas faire la même chose sur l'eau ? Jamais je n'avais pratiqué le ski alpin, pas plus que le ski nautique. Cette année, je me suis mis à l'un et à l'autre durant nos vacances familiales, à Aussois (près de Modane), puis à la base handisport du lac de Cazaux. Les débuts n'ont pas été extraordinaires. Mais peu importe : je revis !

~

15 février 1994

Je suis assis sur le canapé avec Maud. Elle a un peu plus de 3 ans. Voici qu'elle m'apporte un livre de coloriages, avec des images de *La Belle et la Bête*.

---

1. Jane Hervé, *Comment voient les aveugles*, Paris, Ramsay, 1990 (épuisé).

« Papa est-ce que tu vois pas bien ?

— Oui.

— Bon, je te montre. »

Toi, Marie, qui est juste à côté, tu lances, sans t'adresser spécialement à moi : « Maud, elle est gentille », d'un air approbateur.

Et voici, Maud, que tu me prends le doigt et que tu me le poses sur les images. Tu as compris que je peux, par le toucher, saisir un peu de la réalité extérieure.

« Ici c'est Belle et Gaston », me dis-tu, en me faisant caresser la feuille avec mon index. Et de tourner la page : « Ici, c'est la bête qui cueille des fleurs… »

Et ainsi de suite, jusqu'à la fin du livre. Alors, avec un petit air sérieux, tu te plantes devant moi :

« Bon, papa, tu as compris ?

— Oui.

— Bon, tu le regardes tout seul, maintenant. »

~

23 mars 1994

Je ne saurais dire quand je me suis perdu de vue. Je veux dire, quand je n'ai plus été en mesure de me voir dans la glace. J'ai seulement une idée de la période durant laquelle cela s'est produit. Vers mes 34-35 ans, je crois, j'ai pris conscience que je ne voyais plus les autres dans leur globalité. Quelqu'un me parlait et, subitement, je pensais : « Tiens, je vois à peine son visage. » Ou encore : « Tiens, je ne vois plus que ses yeux. » C'était une sensation fort bizarre d'étrangeté. L'angoisse me prenait alors à la gorge et je me sentais comme dissocié : je dialoguais avec mon interlocuteur tout en « partant » ailleurs, comme si je m'observais, à l'extérieur de moi. Je me sentais devenir un autre, sans peut-être que mon interlocuteur s'en rende compte. Je fermais l'œil droit, celui qui voyait encore un peu, pour ne plus dépendre que de l'œil gauche, celui que j'avais perdu depuis longtemps. Alors, je me disais en moi-même : « Voilà, dans quelque temps, ce sera ça : le brouillard total, le "glauque" intégral. Sache que tu vas perdre ce visage ; tu dois l'oublier, tu dois t'y préparer dès à présent. Tu dois encore t'habituer à ne plus voir le visage de ta femme, à ne plus la complimenter pour sa coiffure ou sa nouvelle robe. Comment va-t-elle le prendre ? » Je ne cessais de me répéter « Tu dois, tu dois, tu dois... », comme pour mieux me préparer à cette catastrophe annoncée. Et je pensais aux belles pages que le philosophe Emmanuel Levinas a écrites sur la rencontre avec le visage de l'Autre comme expérience fondamentale de notre commune humanité. En perdant de vue ce visage, allais-je vivre un processus de dessèchement intérieur ? Allais-je perdre quelque chose de ce qui me fait humain ? J'avais de plus en plus l'impression d'être au bord du gouffre de mon évanouissement.

Mais, curieusement, je ne pensais pas encore à moi, à ma propre image. En y réfléchissant aujourd'hui, ce phénomène me paraît curieux. Une sorte d'énigme : je ne comprends pas pourquoi j'y ai porté si peu attention. Car je n'ai pas cherché à surveiller le jour J, si j'ose dire, de ma propre disparition. Je suis incapable de préciser : c'est le jour *x* de l'année *y* qu'un beau matin, au moment de me raser, je n'ai plus été en mesure de croiser mon regard dans le miroir. Je ne sais donc pas dire à quel moment je me suis quitté. En définitive, je ne me suis jamais dit « Adieu »...

Cela tient-il à la lenteur du processus ? Ou bien est-ce une question purement psychologique ? Est-il d'ailleurs humainement concevable de consigner, jour après jour, les étapes de sa propre chute spéculaire, de la fin de sa propre image ? J'ai sans doute vécu une période où j'étais persuadé de me voir, alors que je ne me voyais déjà plus.

Un jour, le rideau gris est définitivement tombé. Avec retard, j'ai enfin compris que j'étais passé de l'autre côté ; j'ai intégré psychiquement l'ampleur du désastre, réalisant que j'étais devenu un autre… en me perdant de vue. Alors, j'ai éprouvé comme la douce sensation d'un engloutissement, comme pénétré par le goût âcre de la nausée, à moins que ce ne fût le souffle de la mort. Pourtant, j'étais toujours bien vivant et j'avais bien l'intention de persister dans ma résistance. Mais rien n'y faisait : en disparaissant à moi, j'ai pris conscience d'avoir subi comme une métamorphose, de vivre déjà ma finitude, bref d'éprouver comme une « petite mort ». C'est alors que je me suis défini en moi-même comme un « petit mort bien vivant ». J'oserai dire « bon vivant », car le fait d'éprouver ainsi la mort, de soi et en soi, entraîne paradoxalement à adorer les délices de la vie.

~

19 juin 1994

Pour la première fois, j'ai eu la curiosité de regarder le mot *aveugle* dans les dictionnaires : édifiant ! Sens 1 : « Qui est privé du sens de la vue. » Rien à objecter. Mais comment ne pas se révolter contre le sens 2, qui pointe l'aveuglement d'une personne : *« La passion le rend aveugle »* ? Je n'avais encore jamais pris conscience de cette extension sémantique du physique au psychique. Donc, quand on est aveugle, on est nécessairement stupide *(« Tu es aveugle ! Tu ne vois donc pas qu'elle te manipule ! »)*. Il serait par conséquent contradictoire d'être aveugle et clairvoyant ! Et les dictionnaires en rajoutent : « Qui exclut la réflexion, l'esprit critique : *une confiance aveugle* » ; et encore : « Qui frappe au hasard sans discernement : *un attentat aveugle*. » Tout intellectuel aveugle serait-il donc une monstruosité culturelle, lui qu'on suppose dénué d'esprit critique et de discernement, aisément manipulable ?

Heureusement que d'autres expressions sont apparues : *très mal voyant* ou *non-voyant*. Mais c'est seulement depuis... les années 1950. Ces expressions, moins chargées en préjugés, n'évoquent aucune relégation au ban des faibles d'esprit.

J'entends objecter : « Vous tombez dans le "politiquement correct" ! » Pardon ! Cela vous ferait plaisir, à vous, d'être catégorisé comme « idiot » ? Non merci ! L'affranchissement des individus passe aussi par leur émancipation d'un vocabulaire qui les enferme dans des étiquettes.

Maintenant, je comprends mieux le sens de la belle conférence de Marguerite Yourcenar sur Jorge Luis Borges, l'écrivain argentin devenu aveugle, à laquelle j'avais eu la chance d'assister à Harvard, en 1986, peu après mon arrivée aux États-Unis. C'était la première et la dernière fois que je l'entendais en public (elle devait mourir quelques semaines plus tard dans sa propriété du Maine). Le titre de sa communication — écoutée presque religieusement par des centaines d'étudiants — était : « Borges ou le voyant ».

~

CHAPITRE 8

3 juillet 1994

Mes chères filles, puisque je ne peux lire pour vous les histoires qui sont dans les livres, je dois donc les inventer. C'est ainsi que, chaque soir, il me faut mobiliser mon imagination pour vous raconter quelque chose, chacune à votre tour. Il n'y a là rien d'extraordinaire : bien des pères le font. Mais, dans mon cas, il s'agit d'être à la hauteur de la situation en contournant mon handicap, afin d'être proche de vous, au moment du coucher.

Quand je m'assois au bord de votre lit, je me demande souvent : « Mais qu'est-ce que je vais encore inventer ce soir ? Comme il aurait été plus facile de prendre un livre ! » Puis une idée me vient à l'esprit, plus ou moins bonne. Et je brode, je brode... Peu importe, je partage alors avec vous ce moment de rêve et d'intimité avant votre endormissement.

Avec l'expérience, je me suis constitué un petit répertoire de contes, dont tu bénéficies aujourd'hui, Maud. Tu as d'ailleurs tes favoris.

« Papa, raconte-moi *La Princesse des nuages* ! Non, pas celle-là : *La Fleur qui parle* ! Non, plutôt *Le Fantôme du grand-père.* » Cependant, tu finis aussi par t'en lasser. Alors, par jeu, tu te fais plus exigeante : « Ah, non ! Pas celle-ci, tu me l'as déjà racontée hier. Non, pas celle-là non plus, tu me l'as racontée avant-hier ! Trouves-en une autre ! » Et moi, pauvre bougre, bien que me sentant à court d'idées, il me faut encore et encore me creuser la cervelle...

Marie, je le sais depuis peu, tu as vécu le fait que je t'invente des histoires comme un privilège, dont tu étais la seule bénéficiaire. Je suppose que ce sera la même chose quand Maud sera un peu plus grande. Je l'ai compris le jour où tu m'as dit : « Papa, tu m'as raconté des milliers d'histoires que personne n'a pu lire dans les livres. »

Tu m'as fait découvrir quelque chose que je n'imaginais pas et qui m'a fait vraiment plaisir. Car, au début, ne pas pouvoir te lire des histoires avait été pour moi une véritable tristesse. Or, voici que, dans ta petite tête de 8 ans, tu vis le fait que je t'en invente comme une chance.

~

28 juillet 1994

On a beau s'habituer à tout, trouver presque douillet le brouillard qui vous enveloppe, bref, vivre une nouvelle vie dans l'à-peu-près : voilà que la douleur vient vous surprendre, vous reprendre, sans crier gare, le temps d'un éclair, le temps d'une rencontre.

Tenez : alors que j'étais plongé dans la rédaction de mon ouvrage sur les médias à l'Est, le téléphone sonne : « C'est Alberto. Tu te rappelles ? » La voix ne m'est pas inconnue, sans m'être familière. L'homme parle un excellent français, avec ces belles intonations de la langue italienne. J'essaie de faire appel à ma mémoire pour ne pas le peiner. Sa voix est très insistante : il est sûr que je vais me rappeler. Et puis, oui, tout d'un coup, les souvenirs me reviennent. C'est incroyable : voici près de vingt ans que je ne l'ai pas vu ! Nous nous sommes rencontrés pour la première fois dans un chantier de jeunesse : j'avais 18 ans et lui un peu plus. Nous sommes devenus amis et avons parcouru la France en auto-stop. Par la suite, nous nous sommes retrouvés dans d'autres groupes de jeunes, et notamment à Taizé où nous avions participé à l'animation d'une rencontre internationale. Pendant quelques années, nous nous sommes nourris de notre franche et simple amitié, découvrant l'un et l'autre la vie sur les routes de France. Et puis, nos chemins se sont séparés : lui à Rome et moi à Paris.

Au ton de sa voix, je sens qu'il est très heureux d'avoir retrouvé ma trace. Il veut absolument qu'on se voie, que je fasse la connaissance de sa femme et de ses deux filles, âgées de 12 et 15 ans. Moi, je suis hésitant. Pourquoi ? Je m'étonne de mon hésitation mais j'accepte.

Je comprends bien vite d'où vient mon trouble. Lui veut me revoir ; mais, pour moi, quel sens a ce mot *revoir* ? Pourquoi vient-il faire irruption dans ma vie, sans me prévenir, pour me rappeler que je le voyais et que je ne le verrai plus ? Bien sûr, il ne peut pas savoir cela, et je n'ai rien à lui reprocher. Mais qu'importe ! Sa visite m'embarrasse, parce qu'elle vient brutalement me remémorer cet autre que je fus et que je ne suis plus.

Mais dois-je lui dire que je n'y vois plus ? Dois-je lui annoncer dès le début de nos retrouvailles ? Il risque d'être choqué, de beaucoup me plaindre. Dois-je plutôt lui en parler à la fin, quand il partira, quand il se sera rendu compte de mon état ? Peut-être est-ce la meilleure solution, comme cela, en passant, de manière presque banale. En vérité, je ne sais quelle attitude adopter. Une chose est sûre : je ne veux pas faire l'aveugle ni geindre : « Voilà, Alberto, tu te rends compte de ce que je suis devenu ! N'est-ce pas que c'est triste ? » Non, pas ça : je veux être simple, « frais », rieur, comme je l'étais à mes 20 ans et comme je tente de le rester.

Voici qu'il frappe à la porte : « Jacques ! — Alberto ! » Nous tombons dans les bras l'un de l'autre. Il me présente sa femme et ses deux filles. Leurs voix chantent : c'est toute l'Italie qui débarque ! En un instant, l'atmosphère de la maison a changé. Je suis ravi. Les souvenirs roulent entre nous ; la conversation est joyeuse.

« Mes filles ne croient pas que nous avons traversé la France en stop. Dis-leur, dis-leur que c'est vrai ! »

Je suis assis à côté de lui sur le canapé. Ils sont arrivés de telle manière que je suis pratiquement certain que personne n'a réalisé que je n'y voyais pas. Dans un univers familier, il est toujours possible de faire illusion. Je ne dis rien.

Alberto est trop heureux de nos retrouvailles. Il me rappelle des évènements que j'avais totalement oubliés et qui me font rire. Je reconnais bien sa voix, et je ne pense plus que je ne vois pas son visage. J'ai pris ma décision : je ne dirai rien. Je vais chercher à faire illusion jusqu'au bout. Je ne veux pas briser la fête. Je ne veux pas lui causer de la peine. Va-t-il se produire un incident qui m'obligera à me dévoiler ? Je fais très attention à mes gestes. Je suis en alerte, tout en m'efforçant d'être détendu. Non, tout se passe au mieux. Il est ravi de sa visite, sa famille aussi, je pense. Nous échangeons nos adresses pour nous revoir. (Je ne sais pas si j'en ai vraiment envie…) Puis la porte se referme ; le silence revient.

Voilà que je m'en veux. Je m'étais juré de ne plus jamais recommencer à faire semblant. Et je l'ai fait de la plus belle manière ! Je ne voulais pas casser la joie de notre rencontre. Mais n'était-ce pas une excuse pour revivre, un instant seulement, mon passé ? Il aurait suffi de quelques mots, de quelques gestes, pour briser le masque. Je n'ai pas su.

~

20 octobre 1994

Ces jours-ci, je me rends compte que j'ai vécu une seconde « petite mort », qui a rapport avec la séduction. Je prends en effet conscience que mon rapport aux femmes s'est transformé du fait de ma cécité. J'ai toujours été très sensible à leur beauté. Oui, j'ai toujours beaucoup aimé les femmes, moins pour les posséder que pour les admirer. De cela, je suis maintenant définitivement privé. De cela, je suis *mort*.

Le plus dur est de ne plus pouvoir contempler le merveilleux spectacle des seins d'une femme. Dans notre société, la publicité ou le cinéma les montrent souvent. Et sur les plages, le fait de les découvrir est devenu banal. Mais je ressens cette privation de la vue du corps de l'autre sexe comme une blessure. Ne croyez pas que j'aie jamais été voyeuriste. Non, ne plus voir le corps d'une femme, c'est comme avoir perdu un peu de la sensation d'être un homme.

Les spécialistes de la rééducation m'ont dit de nombreuses fois : « Servez-vous de vos autres sens pour compenser la perte de la vision : le toucher, l'audition, l'odorat. » Ils ont mille fois raison. Je devrais suivre leurs conseils. Alors, chiche ! Puisque je ne peux plus voir des seins, que je les entende ! Que je les sente ! Que je les touche ! Ou plutôt que je les caresse. Non que je les palpe ou les soupèse, mais que je les caresse comme un tissu de soie, une pierre précieuse ou une pièce rare. Oui, le désir fou m'est venu parfois, je l'avoue, de caresser la poitrine de nombreuses femmes.

Et je me suis vu parcourir des dizaines de seins, des gros, des petits, des ronds et des pointus. Je me suis imaginé l'été, déambulant sur la plage, demander poliment à la dame : « Je ne peux pas voir vos seins. Je suis très frustré. Me permettez-vous de les toucher ? » Que récolterais-je ? une paire de claques ? une plainte pour harcèlement sexuel ? ou bien un grand éclat de rire ? Je me sens ridicule, petit, grossier.

Je sais bien que ce geste ne serait qu'un pis-aller. Car il ne peut remplacer ce que devine le regard. L'érotisme n'est-il pas d'abord ce jeu subtil entre le visible et le dissimulé, entre le vu et le deviné ? Que puis-je percevoir de ce corsage échancré, si joliment arrangé pour attirer l'œil ? Que puis-je ressentir de cette bouche rouge délicatement ouverte ? La pensée que je ne peux plus être sensible à la beauté d'une femme dévêtue, que ce soit dans la crudité du réel ou à travers la représentation d'un peintre, m'est insoutenable. J'ai le sentiment de ne plus être normal : je me sens acculé au fantasme, à l'imaginaire, ou bien, à l'inverse, à la neutralisation du désir, à son assèchement.

Je suis ainsi entré dans un monde où les corps ne sont plus que des vibrations. Car le corps de l'autre, qu'il soit féminin ou masculin, est devenu une absence. À l'exception de celui de ma femme, il n'a d'existence qu'à travers la sonorité de la voix. Mais cette beauté du parlé est trop éphémère : elle disparaît chaque fois que la parole s'éteint ; comme une étoile filante qui s'évanouit dans la nuit noire.

Pour vous qui voyez, quand les mots se taisent, le regard demeure, et les yeux continuent de parler ; tout comme le corps qui impose la réalité de l'être. Que l'autre arrête sa parole, et je bascule subitement dans le vide ; à moins qu'on me prenne la main pour m'éviter la chute.

Personne n'imagine combien le silence des mots peut être un précipice. Auprès d'amis, j'ai éprouvé le secret désir de prendre une main, de toucher une épaule, de caresser un visage, bref de reconnaître leurs corps. Mais comment ces gestes pourraient-ils être compris dans une société où le toucher est tabou et le regard roi ?

~

25 mars 1995

Je marche tranquillement dans la rue, battant le pavé de ma canne à coups réguliers. Soudain, un SDF assis près d'un réverbère me lance : « C'est dur ! » C'était comme un cri du cœur. Jamais quelqu'un ne m'avait abordé aussi directement pour me plaindre. Les gens mettent souvent les formes pour dire à peu près la même chose. Il y a le compatissant « Ce ne doit pas être facile », l'interrogatif « Mais comment faites-vous ? » et l'exclamatif « Je vous admire ! ». Rarement la plainte à mon égard, et à travers elle la crainte de connaître un état semblable, n'a été aussi franche. Voici qu'elle provient d'un clochard… Spontanément je lui réponds, en passant devant lui, sans m'arrêter : « Oh, ça va », d'un ton qui veut dire « On y arrive quand même ».

Mais lui me réplique : « Si, si, c'est dur », avec beaucoup de conviction dans la voix.

Son insistance m'a alors bouleversé et j'ai dû ralentir mon pas. Car, bien entendu, qui de nous deux était le plus à plaindre ? Subitement, je me suis senti proche de lui.

D'ailleurs, si ma vie s'était orientée différemment, qui sait si je ne me serais pas retrouvé à côté de lui ?

~

27 mars 1995

Réflexion étonnante de Maud, âgée de 4 ans. Sur le chemin de l'école, alors que je nous dirigeais vers un mur, elle me tire par le bras dans la bonne direction et me dit : « C'est bien : quand les papas voient pas, les petites filles peuvent trouver le chemin. »

~

Pâques 1995

Ah, Marie ! Qu'il était beau ce jour (tu avais presque 9 ans), quand nous avons couru sur une plage de Noirmoutier ! Tu sais, quand on ne voit plus, on ne court plus. Ne plus pouvoir que marcher, et souvent de manière hésitante, c'est une façon de se rétrécir, d'être déjà un petit vieux.

Depuis notre arrivée dans l'île, nous avions un temps détestable. Ce jour-là était « moins pire » que les précédents : juste un peu de soleil et beaucoup de vent. Nous voulions aller à la plage : il n'y avait presque personne. J'adore ces moments où la nature vous enveloppe de tous ses charmes, dont vous semblez être l'unique témoin.

Qui a donné la main à l'autre ? Je ne m'en souviens plus. Qui a commencé à courir ? Je ne le sais pas davantage. Toujours est-il que je me revois galoper tout à coup avec toi sur le sable mouillé. Tu rigolais, tu ne cessais de rire aux éclats. Ton rire me faisait rire à mon tour, et j'embrassais à pleins poumons le vent qui venait frapper mon visage.

Nous nous sommes subitement arrêtés et tu m'as dit tout à coup : « Gaëlle (ta cousine de 18 ans) court plus vite que toi ! — Quoi ? » ai-je réagi, d'un air vexé. Tu m'adressais un défi…

Je t'ai aussitôt entraînée pour courir de plus belle. Comme un gamin pris au jeu, je poussais sur mes jambes ; j'essayais d'aller le plus vite possible. Et toi, tu ne cessais de rire, tout comme moi, qui te serrais la main très fort.

Je courais sans voir. Je courais sans peur. Je te faisais totalement confiance. J'étais léger et fort comme le vent qui soufflait sur mon visage. Je m'aperçus alors que je te tirais de plus en plus et que tu avais du mal à me suivre. Sans doute voulais-tu cela. Tu voulais voir ton père courir vite, courir plus vite que toi. Tu y avais réussi et, en me poussant ainsi, tu m'as offert ce jour-là un superbe moment de bonheur.

~

18 mai 1995

Maud, un jour, tu m'as tendu les bras pour que je te porte, et je n'ai pas su te retenir.

Nous étions au parc André-Citroën avec ta mère et nos amis anglais. Tu es montée sur un muret d'environ un mètre de haut. Et de là, tu sautais vers ta maman. Chaque fois qu'elle te recevait dans ses bras, tu partais de ton bel éclat de rire. Je me tenais non loin de toi, mais je n'avais rien remarqué de ce petit jeu, discutant avec nos amis. Tu m'as appelé : « Papa, viens ! » Je me suis approché, sans comprendre ce que tu allais me demander. Tout à coup, tu as sauté, croyant que j'allais te retenir, comme venait de le faire ta maman. Tu as donc plongé dans ma direction, avant que je ne réalise ce que tu attendais de moi. Je n'ai pu refermer mes bras, et tu es tombée. J'ai senti le poids de ton corps frapper le mien. À cause du rebond, tu es tombée en arrière et ta tête est venue frapper le rebord du muret.

Tu as eu mal, très mal. Mais tu n'étais pas la seule. J'étais en colère contre moi. Pourquoi donc n'avais-je pas compris ton jeu ? Le choc de ta tête contre le muret avait produit un bruit sourd, qui ne cessait de résonner dans mes oreilles. Ta mère se demandait si tu n'avais pas un traumatisme crânien. Mais non, notre inquiétude se dissipa : quelques minutes plus tard, tu es redevenue enjouée et rieuse comme à ton habitude. Tu dévorais avec délectation une énorme glace au chocolat.

J'ai plusieurs fois repensé à ce qui s'était passé ce jour-là. Pourrais-tu encore me faire confiance ? N'y aurait-il pas toujours un doute dans ton esprit avant de me sauter dans les bras, un doute aussi fort que le bruit du choc de ta tête contre le muret ? Mais non. Là encore, il semble que tu ne m'en aies pas tenu rigueur. Et pourtant, j'ai longtemps gardé, au souvenir de cet évènement, un serrement au cœur.

~

12 décembre 1995

Prise de conscience : je pratique aujourd'hui la « marche-stop » comme hier l'auto-stop. Ainsi, lorsqu'une personne se propose de me guider, je ne peux m'empêcher de vouloir engager la conversation avec elle, si les circonstances s'y prêtent. Je commence par quelque chose comme : « Alors vous habitez dans le quartier ? » Ou bien : « Vous passez souvent par là ? »

À l'inverse, il arrive que ce soit mon guide d'un instant qui prenne les devants :

« Cela doit être terrible ce que vous vivez.

— Bof ! Vous savez, on s'habitue…

— Oh si ! Je ne voudrais vraiment pas être à votre place. »

Pour une minute, voire dix, rarement davantage, on se parle en chemin. La conversation est souvent superficielle, mais parfois étonnamment profonde quand le trajet est un peu long. On va alors à l'essentiel sur ce que l'on vit, sur ce que l'on aime.

Certains lieux ne se prêtent pas du tout à cette communication spontanée. Ainsi, la station de métro Châtelet, trop immense, trop anonyme ; les gens y circulent comme des automates, sans faire attention aux autres. On dirait qu'ils veulent au plus vite s'en échapper. Ce n'est pas un espace d'humanité. (Un jour que j'hésitais à m'engager dans un couloir, n'étant pas certain d'être dans la bonne direction, j'ai dû crier pour me faire remarquer.) J'évite donc au maximum ces grandes stations de métro, comme les avenues trop larges, sans repères. En revanche, je suis plus à l'aise dans les petites rues dont les murs me guident, même si leurs trottoirs se trouvent encombrés par les poubelles… Je peste surtout quand je me heurte à une voiture garée sur un passage pour piétons. Alors, de rage, je la bats ! Oui, je lui assène un coup de canne violent en poussant un juron ! On doit croire que je suis fou…

Étonnantes, en tout cas, ces confidences que je recueille parfois dans les rues de Paris, dans une gare ou le métro. Et moi j'écoute, j'enregistre ; je suis une éponge. J'ai l'impression d'être aussi bien à l'aise avec le cadre sup qu'avec le travailleur maghrébin, l'employé de bureau ou la vendeuse du supermarché. Quelques-uns me racontent parfois des bribes de leur vie. En échange, je leur parle aussi un peu de moi, puisqu'ils sont en général curieux de la manière dont je vis ma situation. Quand on se quitte, nous nous disons mutuellement « Merci ! ». C'est ainsi que, de ma vulnérabilité, je fais une richesse. Je transforme la nécessité de mon « assistance publique » en une occasion de communication pour sortir de mon enfermement.

Dans ces moments-là, la canne n'existe plus. Je préfère d'ailleurs la replier pour marcher plus vite au côté de celui ou de celle qui m'accompagne. Je me permets de lui prendre le bras ; et la personne en est parfois intimidée.

« Vous savez, pour moi, c'est la première fois…

— Vraiment ? Mais c'est très simple : vous n'avez qu'à marcher normalement et je me cale sur le rythme de vos pas. En somme, vous êtes le pilote et je vous suis ! » *(Rires.)*

Nous devisons alors de tout et de rien, comme si nous nous connaissions déjà. Je partage un instant l'exubérance de cette étudiante des Beaux-Arts qui me raconte sa passion de la peinture, d'Alésia à la porte d'Orléans ; ou encore la détresse de cet infirmier algérien qui, remontant avec moi la rue Saint-Charles, se désespère de ne pas trouver de poste en France. Un jour que j'hésitais à traverser l'avenue des Champs-Élysées, quelle ne fut pas ma surprise d'être abordé par un homme qui me parut fort distingué, qui, au moment où nous nous engagions sur la chaussée, me prit par l'épaule, presque par le cou ! Me voilà donc avec un homo ? Je n'ai rien dit, ni protesté. Nous nous sommes peu parlé jusqu'à ce qu'il me laisse devant le numéro de l'immeuble où je devais me rendre.

La rencontre peut être encore plus troublante, quand vous avez l'intuition que c'est la solitude qui vient à vous. J'en ai en effet la conviction : parmi les personnes qui vous proposent de l'aide, quelques-unes se sentent seules, surtout des femmes. J'ai remarqué que cela se produit plutôt vers 19-20 heures, quand chacun rentre chez soi. Qui sait si celles-ci ne vont pas se retrouver seules devant la télé ? Dans ce moment de transition entre leur travail et leur chez-soi, elles semblent disponibles, ouvertes à je ne sais quoi de neuf dans leur vie. Pourquoi ne pas parler à quelqu'un qui a besoin d'elles ? Cela ne m'est arrivé que rarement, mais assez pour que je le remarque.

Voici ce qui s'est passé la semaine dernière. Ma ligne de métro étant bloquée, je dus sortir à une station éloignée de mon domicile, puis marcher une bonne dizaine de minutes pour rentrer chez moi. Comme j'hésitais dans le couloir du métro sur la bonne sortie, elle vint vers moi. Il était environ 20 heures. Parvenus tous les deux dans la rue, nous nous rendîmes compte que nous devions marcher dans la même direction. Alors, pourquoi ne pas faire la route ensemble ? Cela semblait tout à fait naturel. Elle avait un accent du Midi très prononcé, dont j'appris qu'il provenait de Corse. En chemin, elle me confia qu'elle était divorcée, ayant à charge ses deux enfants. Puis elle se montra curieuse à mon égard, me demandant un peu par jeu ce que je faisais, ce que j'aimais. Pêle-mêle, je lui dis que j'étais chercheur, qu'il m'arrivait d'écrire des livres, que j'aimais le bon vin et la natation. Autour de nous, la ville était devenue tranquille (les gens devaient regarder le journal télévisé), et la circulation automobile se faisait plus discrète. Il commençait à s'installer entre nous comme un début d'intimité.

Venait, déjà, le moment de nous séparer. Parvenus au carrefour où nous devions prendre congé l'un de l'autre, nous continuions pourtant de bavarder. Je me rendis compte que j'allais la quitter à regret, quand elle me dit : « Si vous voulez, on pourrait aller à la piscine ensemble ? » Sa proposition me prit de court. Je lui bredouillai une réponse qui témoignait de mon embarras, que j'étais très occupé, etc. Comme sa solitude devait lui peser pour qu'elle proposât à un inconnu de la revoir ! Dans les jours qui suivirent, j'entendis encore résonner dans ma tête : « Si vous voulez, on pourrait aller à la piscine ensemble ? »

Ce moment est resté gravé dans ma mémoire. C'est l'émotion de cette rencontre inopinée qui m'a conduit à écrire ces lignes sur mes déambulations dans Paris.

~

2 janvier 1996

Blagues.

À quelqu'un qui s'inquiète de l'état de mes yeux :

« Mais vous y voyez encore un peu, n'est-ce pas ?

— Oui, un peu : la lumière. Vous savez, j'ai de beaux restes ! »

À un passant qui me guide avec détermination dans la direction que je recherche :

« Ne vous en faites pas, je connais le chemin…

— Oh, cela tombe bien… Je vous suis les yeux fermés ! »

Au cours d'un repas bien arrosé :

« Le problème majeur dans un couple où l'un voit et l'autre pas est de savoir, quand chacun a un peu bu, lequel va conduire au retour… »

~

8 mars 1996

Les distributeurs automatiques de billets sont désormais partout dans nos rues. Quand les premiers sont apparus, j'avais encore mes yeux ; comme tout le monde, j'ai apprécié leur utilité. Mais quand la lecture m'est devenue impossible, mon accès à ces machines s'est trouvé réduit : ce que je faisais aisément lorsque j'avais encore un peu de vue devint pour moi une performance presque inaccessible. J'ai réalisé alors combien ces distributeurs étaient différents les uns des autres. J'ai pu continuer à me servir de celui qui était proche de chez moi, parce que j'avais mémorisé les gestes du temps où je voyais. Mais après le déménagement, mon environnement quotidien s'est trouvé bouleversé.

Terrible constat : des appareils d'un type nouveau m'entouraient qui, avec leurs touches différentes, leurs séquences différentes, me semblaient tous hostiles. Les premiers chiffres 1, 2, 3 se trouvaient-ils en haut ou en bas du cadran ? Devais-je composer le montant demandé ou bien fallait-il appuyer sur une touche déjà programmée ? Fallait-il valider une fois ou deux fois ? Celui qui n'y voit rien est plongé dans un océan de perplexités et d'impossibilités : il ne peut que capituler, passer son chemin et aller à la poste ou à la banque pour y faire la queue.

J'ai pourtant mis un point d'honneur à apprendre à me servir d'un appareil situé près de mon nouveau domicile. À l'étude, il m'est apparu manipulable. Je passais et repassais devant sa face métallique, ne sachant pas encore comment l'attaquer. Je m'immobilisais près de lui, comme si cette proximité allait l'apprivoiser. Je demandais qu'on me le décrive et, touche par touche, j'apprenais à le connaître. Justement, ces touches étaient bien séparées les unes des autres. Il me fallait apprendre d'abord leur disposition et, de cette manière, je saurais où poser mes doigts.

Le succès n'est pas venu du jour au lendemain. Il est tellement facile de profiter de la présence d'un proche et de lui demander : « Tu peux m'aider à retirer de l'argent ? » Du coup, on ne pratique pas, on ne fait pas l'apprentissage technique que l'on s'est pourtant juré d'entreprendre. J'ai même parfois pris le risque de quémander l'aide d'un passant. J'ai aussi sollicité l'employé de banque : il ne peut refuser cette assistance, mais en général il est occupé et vous fait attendre. Attendre, attendre, toujours attendre. Vient un moment où vous en avez assez. Vous voulez y parvenir vous-même.

Enfin, j'ai réussi ! Je suis arrivé à mémoriser les touches, et j'ai aussi intégré la séquence des gestes nécessaires pour obtenir le retrait d'une somme donnée. Il m'a fallu encore me souvenir du temps de latence entre certains gestes, correspondant à l'affichage des informations visuelles sur le tableau. Et — victoire ! — les billets sont sortis : j'avais réussi à dompter cette bête, sans qu'elle mange ma carte.

Et voici qu'un soir — chose bizarre —, alors que je venais lui faire cracher quelques billets comme j'en avais maintenant pris l'habitude, je ne la trouvai pas. Je passai et repassai devant la banque, sans pouvoir localiser la billetterie. Deux jeunes femmes se rendirent compte de mon manège :

« Vous avez besoin d'aide ?

— Oui, s'il vous plaît : où se trouve le distributeur ?

— Mais il est là ! »

Ce fut un choc : la machine avait changé d'emplacement… et n'était plus la même. Et — catastrophe ! — les touches en relief avaient disparu. À la place, un tableau presque lisse au toucher, qui ne pouvait se manipuler qu'avec le regard. Autant dire que l'animal m'est apparu tout de suite indomptable.

Tous les efforts que j'avais faits pour apprendre à me servir de ce diable d'engin ne servaient plus à rien. Mais qu'est-ce qui prend à ces fichus ingénieurs d'imaginer de telles machines ? Pourquoi les associations d'aveugles n'ont-elles pas leur mot à dire ? Pourquoi les fonctionnaires de Bruxelles, au lieu de s'occuper de la taille des saucissons, n'imposent-ils pas aux fabricants de ces appareils des normes afin d'en faciliter l'usage par des déficients visuels ? Il serait pourtant simple de graver dans le plastique du cadran des points braille, comme on peut en trouver sur les boutons de certains ascenseurs. Cela ne coûterait pratiquement rien. Il suffirait seulement d'y penser en amont de la fabrication.

Je rentrai chez moi avec la sensation étouffante qu'un nouveau mur s'était dressé devant moi, réduisant un peu plus l'espace de mon autonomie. J'étais en rage contre cette dictature de l'image.

~

5 juillet 1996

Madame la Dépendance, je vous hais ! Je vous déteste ! Vous êtes la principale cause de mon tourment. Vous avez la capacité d'empoisonner chaque jour mon existence. C'est insupportable !

« Tu veux bien me lire ceci ? Tu veux bien me lire cela ? » — vous êtes toujours à la merci de l'autre, et d'abord de vos proches... qui ne sont pas toujours disponibles. Alors, vous enragez, vous touchez le fond, vous vous cognez la tête contre les murs de votre enfermement. C'est par là que la dépression menace à nouveau : vous avez envie de la boucler une fois pour toutes, de ne plus rien demander. Vous vous sentez de trop. Et à force d'être dans le besoin de ceci ou de cela, cette forme d'aliénation déstabilise l'équilibre quotidien de votre couple et peut causer sa chute.

À l'expérience, je me suis forgé une règle d'or : chercher à être le plus autonome possible par la dilution de cette dépendance. Pour ne pas demander trop à l'autre-proche (en premier lieu ma femme), il faut rechercher de l'assistance en dehors de la famille. Cette aide extérieure est en effet l'unique moyen de permettre au couple de « respirer », en allégeant le poids déséquilibrant du handicap. Certes, il se présente toujours des « urgences », des situations qui obligent à solliciter l'aide de votre compagne ou compagnon ; mais le principe de base reste le même : aller vers l'extérieur du couple et éviter ainsi que la réitération des demandes ne devienne pesante. Il faut donc s'appuyer sur une diversité de personnes disposées à rendre service. Dans mon cas, ce furent surtout des lecteurs, que ce soient des étudiants ou des personnes proposées par des associations de bénévoles. En demandant un peu à plusieurs, on pèse moins sur chacun.

Aux uns et aux autres, à tous ceux qui ont bien voulu me prêter de temps en temps leurs yeux, je dois vraiment beaucoup : je leur dois de m'avoir affranchi de ma servitude. Par là même, ils ont contribué à entretenir chez moi la force de me battre, le feu de la recherche et de la connaissance. Un jour, j'écrirai un hommage aux lecteurs.

~

29 août 1996

Allez, courage ! Je vais parvenir à l'écrire, bien que cela me pèse. Oui, dans ma jeunesse, j'ai souvent prié Dieu pour que ma vue me soit redonnée, au moins pour qu'elle ne baisse pas. Vous pouvez vous moquer... Je sais bien que, dans notre Occident déchristianisé, la religion n'est plus de saison. Et voici que, porté par mon éducation chrétienne, j'ai voulu croire au miracle ! Car, je le reconnais, j'ai plusieurs fois répété avec conviction ces paroles du soldat romain à Jésus : « Seigneur, je ne suis pas digne de te recevoir, mais dis seulement une parole et je serai guéri. » J'ai lu et relu les passages de l'Évangile où le Christ guérit des aveugles, espérant qu'il ferait un jour de même pour moi...

Mais rien n'est venu, et le pire tant redouté s'est produit. Et je crois bien que j'en ai voulu à Dieu.

Pourquoi son silence ? Pourquoi me laissait-il dans ma souffrance ? Pourquoi Dieu ne m'envoyait-il pas les signes que j'attendais de lui ? J'en vins alors à douter de l'authenticité de ma foi. Si le miracle ne s'était pas produit, c'était que ma foi n'était pas assez forte ; ou bien que j'aimais Dieu pour de mauvaises raisons, par intérêt. Bref, j'ai cessé de mettre Dieu là où je voulais le convoquer : sur le terrain de mes limites.

Par la suite, ce chambardement intérieur a contribué à déstabiliser en moi les convictions les plus profondes, héritées de mon enfance. Je me suis mis à douter de l'existence de Dieu. Cela s'imposait soudain comme une évidence. Après tout, si Dieu ne me faisait pas signe, s'il ne s'opposait pas au sort qui m'était promis, c'était tout simplement qu'il n'existait pas. Il était donc vain d'en attendre un réconfort quelconque : je ne devais compter que sur moi-même. Ce fut la crise, l'effondrement de mes représentations de Dieu. Je suis entré dans une forme d'errance, de désespérance, qui ne fut adoucie que par l'amour de mes proches.

Mais cette absence de sens ne devait pas me convenir. Car j'ai découvert un jour cette épître de saint Paul dans laquelle il affirme qu'il a fait de sa faiblesse une force. De quelle faiblesse parle-t-il ? Ce point n'est pas clairement établi, il me semble. Mais peu importe : j'ai bu les paroles de Paul comme si elles m'avaient été personnellement adressées. Faire de sa faiblesse une force, voilà toute mon affaire, toute mon histoire. J'en ai été comme ragaillardi. Plus tard, j'ai été fasciné par l'histoire de Job, je dirai même l'énigme de Job, cette figure biblique à la fois si attachante et si scandaleuse : il éprouve également l'injustice jusque dans sa chair, mais continue pourtant à ne point douter, lui, de la bienveillance de Dieu à son égard. Superbe acte de foi, bien au-dessus de mes forces ! Aujourd'hui, il me reste cette intuition, enracinée dans ma condition : l'expérience de ma « petite mort » a ouvert plus grande en moi la porte vers l'Autre, vers une aspiration à la transcendance, que le texte des Évangiles vient nourrir. Par exemple, chaque fois qu'il m'est donné d'entendre le Sermon sur la montagne, je suis saisi par sa splendeur dépouillée, oui, par sa lumière éblouissante. J'ai l'impression non pas de revoir une simple lueur, mais d'être inondé par une boule de soleil à l'état brut. Alors, je ne manque pas de m'interroger : se peut-il que ces mots si simples, si vrais, auxquels on continue à se référer après deux mille ans, soient seulement nés dans l'esprit d'un homme ? À travers le verbe et la vie du Christ, la question de Dieu continue à me tarauder.

~

5 février 1997

Nous vivons à travers le regard de l'autre, n'est-ce pas ? Si cela est vrai, et je le crois, alors je fais souvent dans mon quartier l'expérience de ma non-existence. Étrange sentiment que de savoir que vous croisez un autre qui vous connaît mais ne vous reconnaît pas. Par exemple, je conduis ce matin à l'école ma plus jeune fille, Maud, âgée de 6 ans. Nous traversons la cour pour aller vers sa classe, quand elle me dit : « C'est la maman de Jeanne. » Je connais la maman de Jeanne. Nos filles jouent souvent ensemble. Mais la maman de Jeanne ne m'a pas salué, alors que je sais, par les mots de Maud, que nous venons de nous croiser. Ce même jour, en sortant de l'école, un jeune enfant (garçon ou fille, je ne sais) lance, en entrant dans la cour avec l'un de ses parents : « C'est le papa de Maud. » Je n'ai pas identifié ce mystérieux parent, avec qui j'ai sans doute déjà parlé. Mais, une fois encore, c'est l'enfant qui me reconnaît ou me signale la présence de l'adulte.

Pourquoi celui-ci ne me salue-t-il pas ? Parce que je ne croise pas son regard. Parce que le croisement des regards déclenche le signal du « bonjour » entre des personnes qui se connaissent de vue, ou même un peu mieux. Il m'a fallu longtemps pour comprendre la logique de cette habitude. La comprendre : oui ; l'admettre : non. Car ce que je vis ainsi parfois en conduisant ma fille, je l'expérimente tous les jours dans mon quartier en allant à la boulangerie ou au supermarché. Je croise des ombres, je croise des filets d'air, je croise des parfums. Ces ombres, ces filets d'air, ces parfums ont des visages qui souvent me connaissent parce que nous sommes voisins. Mais moi, je ne peux reconnaître le leur. Comme cette communication visuelle ne peut s'établir, nous nous ignorons. Plus exactement, ce sont eux qui m'ignorent. Car moi, je voudrais leur crier bonjour, je voudrais leur arracher un sourire. Je voudrais les reconnaître pour qu'ils me reconnaissent à leur tour. Mais non, notre rencontre fugitive sur un même trottoir me plonge dans le non-être. Ce matin-là, quand je suis parti de l'école, c'est une voiture qui m'a fait exister : lorsque j'approchai du trottoir avec la canne, elle s'est arrêtée pour me laisser traverser la rue.

~

12 juillet 1997

Révélation dont j'ai mis longtemps à prendre conscience : le handicap est toujours perçu socialement comme une perte, une limite ou une insuffisance. À juste titre. Mais cette approche négative empêche d'entrevoir ses effets secondaires, ses possibles modes de compensation qui, eux, peuvent être favorables, et même constituer un atout dans l'adaptation et le développement de l'individu.

On n'imagine guère que le handicap puisse être un *plus* ! Pourtant, à bien y réfléchir, ce préjugé mérite d'être discuté. Je ne puis parler, bien entendu, que de ma propre expérience. Or, j'ai aujourd'hui la conviction que le fait de voir de moins en moins m'a entraîné à me reposer davantage sur les ressources de ma mémoire, que j'ai donc dû développer. De même, j'ai été contraint d'augmenter ma capacité de concentration, par exemple pour faire un cours ou une conférence. En outre, ne plus pouvoir laisser vagabonder ses yeux sur un texte m'a probablement conduit à vouloir aller à l'essentiel, à cultiver l'esprit de synthèse. En somme, je me suis efforcé de surmonter ma condition en tentant de développer mes capacités intellectuelles. En quelque sorte, j'ai organisé la résistance à partir de mon cerveau… Ce sont mes petites cellules grises qui ont pu pallier, tant bien que mal, le mauvais fonctionnement du sens qui me faisait de plus en plus défaut. Du coup, j'ai été acculé à stimuler des fonctions cognitives qui sont au plus haut point souhaitables dans le métier de chercheur et de professeur. Ce n'est d'ailleurs pas un hasard si des entreprises informatiques emploient des ingénieurs non-voyants.

Ainsi certains métiers de l'intelligence sont-ils compatibles avec la privation de la vue. Le « non-voir » est de nature à stimuler le développement intellectuel.

~

Janvier 1999

Un jour, Marie (tu avais 12 ans), je t'ai demandé : « Qu'est-ce que cela fait de vivre avec un père qui n'y voit pas ? Enfin, presque pas ? »

J'attendais ta réponse avec quelque inquiétude ; mais tu m'as dit : « Rien du tout. De toute façon, je ne peux pas comparer avec un père qui y voit. »

Il n'y avait chez toi aucun embarras. Tu étais spontanée et simple. Je ne pouvais discerner dans ta réponse nulle arrière-pensée. Tu as ajouté : « En plus, tu es hyperactif : tu tapes à l'ordinateur toute la journée, tu fais du ski, de la planche à voile, etc. » Et encore quelque chose comme : « Ce serait différent si tu tournais en rond toute la journée. »

Et moi d'insister : « Mais peut-être que c'est gênant, quand tu veux me montrer quelque chose ?

— Non, de toute façon je suis habituée. »

Tu étais en train de me dire que tu m'acceptais comme j'étais et comme j'avais toujours essayé d'être avec toi. Notre échange n'avait pas duré plus de cinq minutes. Je ne voyais pas de raison de le poursuivre. Je n'avais perçu en toi aucune gêne à répondre à mes questions. Ce jour-là, tu m'as donné beaucoup de paix.

~

Mars 2000

Je viens de terminer mon premier semestre d'enseignement à Sciences Po. J'y ai proposé de faire un cours sur la violence et le génocide. Depuis mon livre sur les médias et les révolutions à l'Est, je réalise enfin le projet de travailler sur les crimes de masse. J'observe que j'aime enseigner. D'ailleurs, je ne conçois pas le métier de chercheur sans cet exercice de diffusion du savoir et d'échange. J'aime le contact avec les étudiants. À travers leurs réactions, on apprend quelque chose de neuf. On découvre un problème sous un autre angle. C'est Jean-Luc Domenach qui a soutenu mon projet auprès de la direction.

Quelques semaines avant de commencer, il m'avait convoqué à son bureau. L'inquiétude m'avait gagné : allait-on changer d'avis à mon égard ? Très direct, comme à son habitude, il me dit : « Ce serait mieux que tu aies un assistant pour te faciliter les déplacements dans la maison. » En venant à ce rendez-vous, j'avais pensé à tout sauf à cela. Passé un instant de surprise, j'ai été touché par cette sollicitude. Je n'avais même pas imaginé faire une telle demande, étant déjà trop heureux d'être pris. Et voilà que je n'avais pas à la formuler : on allait au-devant de mes besoins ! Ce n'était pas courant car, à ma connaissance, rien n'est prévu dans les universités pour les professeurs très mal ou non-voyants.

Avant de commencer, je n'étais pourtant pas très détendu. Comment les étudiants allaient-ils me percevoir ? À ma connaissance, c'était la première fois que Sciences Po recrutait un prof non-voyant. Comment les choses allaient-elles s'engager ? J'eus l'idée de leur parler tout de suite de mon « problème », si possible avec humour. C'était la meilleure manière d'évacuer le malaise qui pourrait s'installer.

Donc, dès les toutes premières minutes, je félicitai les étudiants d'avoir choisi ce cours, dont le sujet, particulièrement douloureux, est si important au regard de l'histoire du XXe siècle. Puis j'ajoutai : « Vous avez beaucoup de chance d'être là. En effet, c'est le seul cours à Sciences Po où vous pouvez lire votre journal sans vous faire remarquer ! » Je récoltai un grand éclat de rire... Ils avaient compris : on pouvait passer à autre chose. Je leur demandai seulement de garder toujours à peu près la même place dans la salle pour que je puisse les identifier au fil des séances. Ils n'étaient pas si nombreux (environ une vingtaine).

Quant à la notation de leurs exposés, pas de problème. Pour leurs mémoires, je fais appel à des lecteurs bénévoles, de préférence d'anciens professeurs de français. Du coup, je peux rendre aux étudiants des devoirs où les fautes d'orthographe sont pointées.

À la fin du semestre, j'ai eu l'occasion d'en revoir certains, alors que j'avais remis mes notes et qu'ils les connaissaient : il n'y avait donc plus d'enjeux entre nous. J'ai eu très envie de leur demander comment ils avaient « vécu » le cours, par rapport à mon handicap : est-ce que cela les avait gênés ? Avaient-ils perçu des manques dans ma façon d'enseigner ? Et eux de me répondre :

« Mais monsieur, cela ne nous a pas dérangés. L'essentiel, c'est ce que vous nous avez appris. Et puis, dans la conférence, on oubliait que vous n'y voyiez pas. On était pris par le sujet, voilà tout. »

Aujourd'hui, je comprends mieux que, pour eux, le fait que je voie ou ne voie pas n'ait guère d'importance. Ce qui compte avant tout, c'est le contenu et la qualité de l'enseignement. Sur ce point, je ne veux surtout pas les décevoir.

~

Novembre 2006

Vive l'informatique ! Je connais le discours de ceux qui abhorrent la technique, qui la voient surtout comme une force asservissant les hommes. Mais moi, j'atteste, je témoigne que la technologie a contribué à ma libération, à ma renaissance, à mon intégration professionnelle.

Quelle chance d'être né dans le siècle des micro-ordinateurs ! Quelle chance d'avoir pu bénéficier des premiers logiciels adaptés aux déficients visuels ! Au Moyen Âge, mon sort aurait été de demander l'aumône sur la voie publique. Et je n'oublie pas qu'il faut attendre le XVIIIe siècle pour qu'un Denis Diderot démontre que les aveugles disposent, comme tous les autres êtres humains, de facultés intellectuelles[1] ! Quelle révélation ! Julia Kristeva a justement souligné que c'est lui qui a ouvert la voie à leur éducation[2]. De fait, grâce aux efforts d'un Valentin Haüy, d'un Louis Braille et de bien d'autres, les aveugles ont eu au XIXe et surtout au XXe siècle la possibilité de

---

1. Denis Diderot, *Lettre sur les aveugles à l'usage de ceux qui voient*, 1re éd. en 1749, Paris, Gallimard, « Folio », 2004.

2. Julia Kristeva, *Lettre au président de la République sur les citoyens en situation de handicap. À l'usage de ceux qui le sont et de ceux qui ne le sont pas*, Paris, Fayard, 2003.

recevoir enfin une instruction adaptée, qui a été la base de leur intégration et de leur promotion sociales.

Curieux, je me suis intéressé à la biographie de certains d'entre eux. J'ai lu d'abord la célèbre histoire de l'Américaine Helen Keller : extraordinaire de courage et de volonté, grâce toutefois au dévouement indéfectible de son éducatrice Ann Sullivan. L'écriture d'Helen Keller m'est cependant apparue vieillotte et, pour tout dire, assez mièvre[1]. Tout semble beau pour elle ; pas pour moi. J'ai découvert plus tard le parcours bien moins connu de l'Indien Ved Mehta, qui, au début des années 1950, mena une lutte acharnée pour ne pas être traité comme un paria dans son pays. Il se rendit aux États-Unis pour y recevoir une éducation appropriée. Il raconte les étapes de ce périple, synonyme de sa lente émancipation, avec beaucoup d'humour et d'émotion[2]. La vie et l'œuvre de l'écrivain égyptien Taha Hussein m'ont encore plus impressionné. Issu d'une famille très modeste de la Moyenne-Égypte, devenu aveugle à l'âge de trois ans, il étudia à la célèbre université islamique Al-Azhar et à la jeune université laïque Fouad, où il obtint son doctorat. Puis il vint en France poursuivre ses études à la Sorbonne. Romancier et poète, il se fait aussi essayiste et critique. André Gide a écrit que Taha Hussein est « le plus éminent représentant de la littérature musulmane » de son temps[3]. Outre son

1. Helen Keller, *Sourde, muette, aveugle. Histoire de ma vie*, rééd., Paris, Payot, « Petite Bibliothèque Payot », 2001.

2. Ved Mehta, *Vu par un aveugle*, trad., Paris, La Table Ronde, 1959.

3. Taha Hussein, *Le Livre des jours*, préface d'André Gide, trad., Paris, Gallimard, 1947, 1984.

activité littéraire et journalistique, il fut encore un homme engagé politiquement en faveur de l'émancipation de l'Égypte et des Égyptiens. En 1950, il devint ministre de l'Éducation, voulant se battre pour l'accès de tous ses compatriotes à l'école. On ferait bien aujourd'hui de redécouvrir sa pensée, qui prône un islam tolérant et ouvert sur la modernité. J'ai encore été captivé par l'incroyable parcours du Français Jacques Lusseyran qui, bien qu'ayant perdu la vue à 8 ans, poursuivit des études brillantes, entra en résistance dès les débuts de l'occupation allemande, puis rejoignit le mouvement Défense de la France. Arrêté en 1943, il fut déporté à Buchenwald, où il parvint à survivre, probablement grâce à sa connaissance de l'allemand. Après guerre, ne pouvant se présenter au concours de l'agrégation pour devenir professeur, il décida d'émigrer aux États-Unis, où il réussit à enseigner la civilisation française[1]. Quant au grand Jorge Luis Borges, qui a toujours eu une mauvaise vue et est finalement devenu aveugle, mon admiration pour lui est sans limites. Bien que je connaisse mal son immense œuvre littéraire, je n'en reviens pas de son parcours, lui qui fut le directeur de la bibliothèque de Buenos Aires. Passé, comme moi, d'un univers à un autre, de la lumière à l'ombre, il précise que, s'il en a ressenti une infinie tristesse, il n'a jamais « permis à la cécité de l'abattre », parce que c'est en fin de compte « un mode de vie comme un autre ». Ce n'est pas un « mal-

1. Jacques Lusseyran, *Et la lumière fut*, préface de Jacqueline Pardon, Paris, Éditions du Félin, 2005. — Lusseyran s'est en effet heurté à la loi de Vichy, signée Abel Bonnard, excluant de la fonction publique les non-voyants et les manchots, qui n'avait pas encore été abrogée.

heur total », ajoute-t-il, mais « un instrument de plus parmi tous ceux, si étranges, que le destin ou le hasard nous dispensent »[1].

Chapeau bas à tous ces anciens ! Au regard de leurs parcours, je ne peux faire valoir que la modestie du mien. Car ils ne disposaient pas à leur époque de cet outil fabuleux et magique que nous appelons un ordinateur. Que ferais-je aujourd'hui sans ce cher compagnon de vie ? Bien peu de choses. Il constitue la base, le tremplin de mon autonomie. Depuis les années 1990, les logiciels adaptés aux déficients visuels ont fait des progrès considérables, que ce soit dans le domaine du braille ou celui des synthèses vocales. Ces outils ont révolutionné l'accès à la connaissance et à la communication des personnes non-voyantes.

Ainsi ai-je pu, sans voir, écrire des dizaines d'articles et quelques livres. La synthèse vocale me renvoie en écho ce que j'ai écrit. Les premières synthèses avaient une voix assez métallique, mais elles reproduisent presque, aujourd'hui, les intonations de la voix humaine, celle d'un homme ou d'une femme : on peut choisir. Pour ma part, je préfère celle d'un homme, car la voix féminine tend à me déconcentrer.

Ce tableau est cependant loin d'être idyllique. Car les produits informatiques spécialisés pour les utilisateurs non-voyants sont beaucoup plus chers, du fait de l'étroitesse de ce marché. Par ailleurs, les obstacles restent importants dans le domaine de la lecture. Certes, l'accès à la presse

1. Jorge Luis Borges, *Conférences*, Paris, Gallimard, « Folio », p. 145.

écrite a fait depuis peu un bond considérable : il est désormais possible de recevoir chaque jour l'édition intégrale d'un quotidien dans une version électronique, en souscrivant un abonnement. Pour moi qui avais dû renoncer à lire la presse par moi-même depuis le milieu des années 1980, je ne peux que me réjouir d'une telle évolution.

Pour les livres et articles de revues, il faut recourir à différents procédés. Le scanner peut rendre des services quand il s'agit de lire des textes très bien imprimés. Cependant, numériser des documents prend du temps et le résultat n'est pas toujours parfait. Aussi les associations de lecteurs restent-elles indispensables. Vous leur donnez n'importe quel document et on vous le retourne, dans un délai raisonnable, sous une forme sonore. À cet égard, le support des audiocassettes tend aujourd'hui à décliner au profit d'enregistrements sur CD de meilleure qualité, que vous pouvez écouter à l'aide d'un lecteur ou baladeur MP3 ou, mieux encore, avec un appareil de lecture nommé DAISY[1]. Le plus efficace est encore de recevoir directement sur votre ordinateur l'article de revue ou le livre que vous avez l'intention de lire. Quand un collègue m'envoie de cette manière l'un de ses textes pour me demander mon avis, je suis en mesure d'en prendre connaissance immédiatement et donc de réagir. Nous pouvons alors communiquer *via* le courrier électronique ; il n'y a alors plus aucune différence entre lui et moi.

1. Créé en 1996, le *Digital Accessible Information System* désigne un consortium qui réunit une cinquantaine de bibliothèques sonores pour déficients visuels, dans le but de définir des normes pour les formats de fichiers de livres numériques adaptés (voir www.daisy.org).

L'accès à la lecture est encore élargi quand certains sites Internet mettent directement des textes en ligne. Mais la plupart d'entre eux, avec leurs images, icônes et autres symboles, sont muets pour qui les approche avec un logiciel braille ou vocal. Il suffirait pourtant que leurs concepteurs respectent les directives sur l'accessibilité, élaborées par le WAI *(Web Accessibility Initiative)* et les recommandations européennes *Accessiweb*. Cela ne coûterait guère plus cher : il s'agit seulement d'y penser en amont, c'est-à-dire au moment de la création du site, pour y inclure certains paramètres techniques qui ne présentent aucune difficulté pour un informaticien. Quand donc l'Union européenne imposera-t-elle le respect des normes en ce domaine ?

La lecture des livres les plus récents constitue un autre obstacle de taille, pour qui voudrait en disposer tout de suite, sans passer par une association de lecteurs. Moi qui adorais flâner dans les librairies, quelle expérience déprimante que d'en franchir aujourd'hui la porte... Comme il ne m'est pas possible de feuilleter les livres sur les présentoirs ou de scruter les titres plus anciens sur les étagères, j'en suis réduit à caresser leurs couvertures ou à respirer leur odeur de papier neuf. Et, je l'avoue, j'aime toujours m'en imprégner, comme s'il s'agissait de la senteur d'une fleur printanière. Mais « humer » un livre n'a guère de signification si vous ne pouvez prolonger votre geste par le regard de sa découverte. Alors, je me console en me disant que le plus important reste d'en percer le sens. Or, tous ces textes, avant de prendre leurs habits de papier, n'ont-ils pas d'abord été des fichiers informatiques, que je peux lire aisément ? Alors je m'interroge : quand donc les éditeurs accepteront-ils de vendre leurs ouvrages sous un format électronique ? Il me semble (à ce que j'en sais) que les procédures de sécurisation des livres numériques sont maintenant au point. Les éditeurs feraient donc bien d'oublier leur crainte du piratage, désormais injustifiable.

Épilogue

ME VOICI donc arrivé là où je suis étranger. Disons plutôt : où j'étais étranger. Car, ce nouveau monde, j'ai appris à le connaître. Mais rien n'y fait : je continue à y éprouver une sensation bizarre, un mélange indéfinissable de présence et d'absence ; je suis là et je ne suis pas là. Au terme de ce périple de quelque trente longues années, je me suis pourtant installé dans ces contrées lointaines où l'on ne voit plus le soleil. Sur ces terres hostiles, j'ai appris à vivre. J'y ai acquis de nouveaux réflexes, découvert une autre manière de percevoir la réalité. J'y ai fait surtout la connaissance de nouvelles personnes, dites *non-voyantes*, parfois exceptionnelles. Si vous en doutez encore, je peux l'attester : les « miros » sont des êtres humains comme les autres ! Il en existe des grands et des petits, des plus ou moins sympas, des plus ou moins intelligents. Et je peux aussi vous assurer qu'on rencontre même parfois... oui, des emmerdeurs ! Bref, les « zaveugles » font bien partie de notre commune humanité.

Par touches successives, en changeant peu à peu d'univers, j'ai subi comme une métamorphose. Au final, j'ai commencé une nouvelle vie, avec ses moments de joie et de tristesse, d'inquiétude et de bonheur. Pourtant, je continue à percevoir le pays où je suis arrivé comme n'étant pas le mien. Je le considère toujours avec une certaine distance, me sentant bien plus à l'aise dans le monde d'où je viens, que l'on qualifie de *normal*. Ainsi, je me trouve à la fois moi-même, en continuité avec mon passé, et tout autre dans le présent.

La lecture du beau livre d'Amin Maalouf, *Les Identités meurtrières*[1], m'a aidé à prendre conscience de cette évolution. L'auteur y raconte comment il a grandi entre deux cultures, d'abord au Liban, son pays natal, puis en France, son pays d'adoption. Il explique que la vie lui a donné une double identité — de Libanais puis de Français — et qu'il est par conséquent façonné par les cultures de ces deux pays. Le fil de son histoire m'a inspiré la manière de raconter la mienne. J'ai en effet connu, me semble-t-il, une expérience assez semblable : moi aussi, je suis passé en quelque sorte d'un pays à un autre, d'une culture à une autre, des rivages de la couleur à ceux de la grisaille.

Même si j'ai réussi à m'adapter à ce nouvel environnement, je garde certains réflexes de mon ancien monde, peut-être même le « look »... Les rares fois où j'ai été invité sur un plateau de télévision, certains n'ont pas manqué de me dire les jours suivants : « On ne s'aperçoit pas que vous n'y voyez pas ! » Sans doute. Leur remarque m'a fait réfléchir : quelque chose reste donc du voyant que j'étais, y compris dans mon apparence. Pourtant, qui me fréquente

1. Amin Maalouf, *Les Identités meurtrières*, Grasset, 1998.

un peu réalise bien vite la réalité de mon état. Mais, à première vue, je fais illusion. Je suis donc double : je porte en moi les deux identités — de la vue et de la non-vue —, sans pour autant chercher à me dissimuler.

Je m'interroge aujourd'hui : où donc ai-je trouvé la force de faire ce long voyage, de parvenir à destination sans trop de casse, sans disparaître dans les affres de la dépression ? Assurément dans l'affection et le soutien de mes proches qui, lorsque les idées noires me gagnaient, ont su me dire : « Ne t'en fais donc pas, tu vas bien finir par y arriver. » Grâce aussi — je ne veux surtout pas les oublier — à la chaîne solidaire de ces lecteurs qui, au fil des années, m'ont généreusement donné leur voix, comme d'autres donnent leur sang.

Mais ceux qui vous aiment et vous aident ne peuvent se battre à votre place. C'est vous — et vous seul — qui décidez ou non de lutter. Tout se joue dans votre tête, dans le regard que vous portez sur votre vie. Or, le mien a toujours été celui de la révolte contre mon destin. Selon Albert Camus, la seule dignité de l'homme réside dans « la révolte tenace contre sa condition »[1]. Et comment ! Ces mots de Camus, je les ai pris pour moi ; je les ai vécus dans toutes les fibres de mon être. C'est ce sentiment de révolte intérieure qui m'a donné le goût de me battre, qui m'a porté vers l'engagement et l'écriture. Encore aujourd'hui, je demeure un éternel révolté. Chaque fois, par exemple, que je sais être privé du spectacle de la beauté, je maugrée, je peste, j'enrage.

1. Albert Camus, *Le Mythe de Sisyphe*, Paris, Gallimard, 1948, p. 156.

Je dois l'admettre avec sérénité : l'infortune de mon hérédité a constitué un formidable défi. Borges a raison : la perte de la vue n'est pas une tragédie en soi ; elle peut même être une puissante source de renouvellement et d'enrichissement. Dans ma jeunesse, n'avais-je pas tendance à vouloir être un « mec », un vrai, à me montrer toujours fort, comme la plupart des garçons de mon âge ? Rien de tel qu'une petite cécité en perspective pour vous changer l'état d'esprit d'un jeune homme, l'aider à gagner en profondeur et en sensibilité, à lui faire perdre tout réflexe naissant de « macho »…

La peur de cet avenir tant redouté a surtout nourri une farouche volonté de me dépasser. C'est bel et bien l'angoisse qui m'a mis en mouvement, arc-bouté contre la fatalité de mon destin. Refusant de couler, je me suis efforcé de maintenir la tête hors de l'eau, en m'accrochant aux branches de la connaissance. C'est en effet par le savoir, par l'étude et la recherche, bref en engageant une bataille intellectuelle et morale de longue haleine, que j'ai finalement réussi à m'extraire du courant qui pouvait m'emporter. Ce faisant, à force d'obstination, en me cherchant, je suis devenu chercheur !

Il n'est donc pas étonnant que mes travaux scientifiques se soient trouvés en résonance avec cet itinéraire tourmenté. Est-ce le fruit du hasard si j'ai commencé par travailler sur la question de la résistance, et singulièrement de la résistance civile ? Évidemment non. Toute mon existence repose au quotidien sur une manière de résister moralement… à la dictature des images. Résistance sans armes, bien sûr, faite de petits riens. Cette lutte de longue haleine a finalement connu un dénouement heureux, même si le désastre a fini par s'accomplir. Dès que j'ai rejoint la cellule de mon enfermement annoncé, je n'ai eu de cesse que de vouloir m'en échapper ! Et comment ? À travers l'écoute de la radio, bien sûr ! Je ne peux m'empêcher de penser que l'intérêt que j'ai porté en tant que chercheur au rôle joué par ce média dans l'ouverture de l'Europe communiste s'enracine dans ma propre expérience d'amoureux de la radio. C'est elle qui, chaque jour, à travers l'univers fascinant de ses voix et de ses musiques, m'ouvre sur le monde et me permet de percer les murs de mon isolement. À moi qui suis prisonnier de mes yeux, la radio procure la sensation exaltante de la liberté au bout des ondes.

Mon attrait pour l'étude du génocide me paraît plus énigmatique. Rien dans mon héritage familial ne m'y prédisposait, n'étant ni juif, ni arménien, ni tutsi... Pourquoi avoir choisi un si funeste sujet, me demandent parfois mes collègues ? Sur le ton de la plaisanterie — pas de mauvais goût, je l'espère ! — je leur réponds parfois : « Certes, il est éprouvant de travailler sur l'horreur. Mais, dans mon cas, c'est un peu plus facile : au moins puis-je regarder la réalité en face ! » Plus sérieusement, il m'arrive d'expliquer que cet objet de recherche est fondamental pour qui veut comprendre l'homme en profondeur, sa fascinante passion pour le pouvoir, y compris de détruire. Mais au-delà d'une argumentation purement intellectuelle, j'avancerai des éléments liés à ma propre expérience de vie : bien sûr, ma rencontre avec un lieu nommé Auschwitz, relatée dans ces pages, mais peut-être, plus encore, l'intimité de mon rapport à la mort. Car, j'en suis convaincu, j'ai éprouvé très tôt le sens du tragique, me vivant comme un peu mort alors que j'étais — en principe — dans l'exubérance de ma jeunesse. Perdre ses yeux à petit feu, c'est mourir un peu. C'est sentir très tôt, trop tôt, le sol qui se dérobe sous les pas. Je me demande donc — mais ce n'est qu'une supposition — si la sensation aiguë de la finitude n'aiguise pas le regard pour penser la mort. Ce sentiment de détresse, à la petite échelle du soi, tend à ouvrir à une compassion universelle envers ceux qui ont éprouvé une détresse bien plus immense : ceux qui ont été tués en masse alors qu'ils étaient innocents de tout crime.

Ainsi ai-je construit mes objets de recherche sur le socle mouvant de ma propre vulnérabilité, sans doute pour la transcender, à tout le moins pour la questionner. Il n'y a là rien d'exceptionnel : l'itinéraire d'un chercheur peut souvent se lire à partir de sa propre histoire de vie. C'est pourquoi j'ai souhaité un peu mieux élucider la mienne. Or, la préparation de ce livre m'a conduit à une surprenante découverte…

~

J'en étais au tout début de ce projet, m'interrogeant encore sur son intérêt. La rédaction de *Purifier et détruire* m'avait épuisé, et je souhaitais faire une pause ; de plus, j'hésitais à franchir le pas du récit autobiographique, car il est rare, dans le milieu universitaire, que l'on parle ouvertement de soi. Finalement, j'ai décidé de prendre ce risque, non pas tant pour me mettre en scène que pour tenter de me comprendre. Je me suis donc lancé dans une enquête sur mon propre passé. Ne voulant pas me fier à mes seuls souvenirs et émotions, j'ai commencé à interroger mes proches et mes plus vieux amis. C'est ce regard rétrospectif qui a fait la matière de ce livre.

Durant toutes ces années, j'avais en effet peu parlé de mon problème visuel autour de moi : toujours cette peur de gêner, de mettre les gens mal à l'aise. Désormais, mon attitude était inverse : je voulais interroger ceux qui me connaissent depuis très longtemps. Chacun à leur tour, je les pressais de questions : comment m'avaient-ils vu évoluer ? De quoi se souvenaient-ils précisément ? Pouvaient-ils me rapporter des anecdotes en relation avec la perte de ma vue, que je pourrais reprendre dans mon livre ? Des détails qui auraient éclairé mes réactions à l'époque ? Je vérifiais aussi avec eux l'exactitude de certaines dates, sachant que la mémoire pouvait me jouer des tours. Je cherchais à m'appuyer sur des documents écrits (lettres ou pièces administratives) pour valider certaines informations essentielles. En somme, je m'étais engagé dans une nouvelle recherche, sauf que l'objet de mon enquête, c'était moi !

Or, voici qu'un jour de novembre 2005, à Noirmoutier, j'en vins à discuter de ce projet avec mon frère. Celui-ci me livra bientôt une information extraordinaire que, dans un premier temps, je ne parvins pas à croire : nos parents avaient appris dès mon enfance ce qui allait m'arriver ! Ma sœur le savait et lui aussi. Autour de moi, tout le monde était au courant. Pourtant, jamais personne ne m'avait prévenu de quoi que ce soit. Quelle nouvelle ! Je m'empressai de lui demander :

« Quand précisément l'ont-ils appris ?

— Après ton examen à l'hôpital, par le professeur Offret, je crois ; tu devais avoir 10 ou 11 ans. »

De fait, je me rappelais cette visite, qui ne m'avait pas laissé un bon souvenir. Tout à coup, mon histoire prenait une autre dimension. J'en restai coi. Ainsi, tout le monde parmi mes proches savait, et tout le monde se taisait. Cela s'appelle un secret de famille, n'est-ce pas ?

Dans le train qui me ramenait à Paris, je ne cessai de repenser à cette conversation avec mon frère. Une fois passée la surprise, maintenant que je savais qu'ils avaient su, cette situation me sembla rétrospectivement de plus en plus vraisemblable : mes parents ne pouvaient pas ne pas avoir été au courant. Et il était curieux que, de mon côté, je n'eusse jamais cherché à apprendre s'ils l'avaient été. Soudain, je me remémorai mes dernières années au domicile familial, au Plessis-Robinson. Dans quelle étrange situation de faux-semblant étions-nous donc plongés ! Car, lorsque j'avais découvert par moi-même, à l'âge de 16 ans, que j'allais perdre la vue, j'avais également préféré ne rien en dire ! Quand nous nous retrouvions tous le dimanche autour de la table familiale, chacun savait à quel avenir j'étais destiné, et personne n'évoquait la question — surtout pas moi…

Fallait-il que je le regrette aujourd'hui ? Que je m'en plaigne ? C'était tout réfléchi : je ne parvenais pas à en vouloir à mes parents, aujourd'hui décédés. Qu'aurais-je fait à leur place si j'avais eu un enfant promis au même sort ? Personne ne pouvait dire à quel âge allait se dégrader ma vue : cela pouvait arriver à 30 ans comme à 50 ou 70. Pourquoi affoler un gamin de 11 ans ? J'étais même plutôt reconnaissant à mes parents de m'avoir caché la vérité, me laissant vivre ma vie, sans la charger du poids de ce fatal héritage. En aucune manière ils n'avaient cherché à me surprotéger.

Qui pourrait souhaiter une société de complète transparence ? Pas moi, en tout cas. Je suis favorable à un certain secret, afin que ne soient pas brisées les ailes de celui qui veut se construire. Mes parents, il est vrai, devaient être démunis pour faire face à la catastrophe qui me guettait. Comme je le fus moi-même un peu plus tard. Quoi qu'il en soit, je leur sais gré de m'avoir laissé me chercher, en toute liberté, par essais et erreurs. Aussi ai-je souhaité leur dédier ce livre.

Barbâtre, le 26 février 2007

Table

RÉALISATION : P.A.O. ÉDITIONS DU SEUIL
ACHEVÉ D'IMPRIMER SUR PRESSE NUMÉRIQUE
PAR CPI FIRMIN DIDOT AU MESNIL-SUR-L'ESTRÉE (EURE)
DÉPÔT LÉGAL : SEPTEMBRE 2007. N°88398-4 (95135)
IMPRIMÉ EN FRANCE

Afin de rendre le présent ouvrage accessible à tous,
une version sonore, disponible en librairie, en a été réalisée
par l'association *Lire dans le noir* (www.liredanslenoir.com).
Le comédien Pascal Parsat a accepté de prêter
sa voix à Jacques Sémelin